Originalausgabe
Ein Buch in der Reihe
»Informationen zur Zeit«

Über dieses Buch

»Eine zentrale, nicht nur als Provokation gedachte These dieses Buches ist, daß die Sicherheitspolitik, wie sie in Ost und West verstanden und praktiziert wird – nämlich das Auftürmen immer neuer Waffen, immer groteskerer Vernichtungspotentiale im Rahmen eines hemmungslosen Rüstungswettlaufes –, auf einer Psychose beruht, also auf einer seelischen Erkrankung. Die Bereitschaft vollends, diese Waffen auch einzusetzen, um Hunderte von Millionen Menschen zu töten, die Bereitschaft zum Risiko, die Existenz des eigenen Volkes zum Zwecke der Verteidigung aufs Spiel zu setzen, die Bereitschaft also, ›unter der schwachsinnigen Drohung, ‚wenn es denn sein muß', den Erdball in eine von giftigen Dünsten umhüllte Wüste zu verwandeln‹ (Thomas Mann), kann nur als Krankheit verstanden werden.

Wer diese Auffassung teilt, muß freilich die Konsequenzen kennen. Wenn nämlich das Abschreckungssystem und die von ihr abgeleitete ›Verteidigungs‹-, Sicherheits- und Rüstungspolitik auf einer Psychose beruhen, wird eine rationale Auseinandersetzung sinnlos; es werden auch alle Formen rationalen Protestes und Widerstandes sinnlos. Nicht rationale Argumentation könnte etwas bewirken, sondern allenfalls eine Therapie. Nur: Wer behandelt und heilt die viel zu vielen Militärexperten, Verteidigungs- und Sicherheitspolitiker, Abschreckungsapologeten in Ost und West?

Viele Anzeichen sprechen dafür, daß die Menschheit schicksalsergeben, weil nichts anderes übrig bleibt, einer Katastrophe entgegengeht; denn in einer Psychose ist die Bereitschaft zu Weltvernichtung und Selbstmord angelegt. Daher will dieses Buch auch Betroffenheit auslösen, um bei möglichst vielen Menschen den Willen zum Überleben zu stärken.« (Anton-Andreas Guha)

Der Autor

Anton-Andreas Guha, geboren 1937, ist seit 1967 Redakteur bei der »Frankfurter Rundschau«. Er studierte in Erlangen Germanistik, Geschichte und Englisch und in Frankfurt Soziologie und Psychologie. 1971 veröffentlichte er *Sexualität und Pornographie. Die organisierte Entmündigung* (Fischer Taschenbuch Bd. 6153). Seit Jahren befaßt er sich in seiner journalistischen Arbeit mit rüstungs- und sicherheitspolitischen Fragen, deren Ergebnisse er erstmalig 1977 im Zusammenhang vorlegte: *Die Neutronenbombe – oder: Die Perversion menschlichen Denkens* (Fischer Taschenbuch Bd. 2042).

Anton-Andreas Guha

Der Tod in der Grauzone

Ist Europa noch zu verteidigen?

Fischer
Taschenbuch
Verlag

Für Juliane und Harald, meine Kinder

Lektorat: Walter H. Pehle

Originalausgabe
Fischer Taschenbuch Verlag
Oktober 1980
Umschlagentwurf: Jan Buchholz/Reni Hinsch
Foto: dpa
Fischer Taschenbuch Verlag GmbH, Frankfurt am Main

Gesamtherstellung: Hanseatische Druckanstalt GmbH, Hamburg
Printed in Germany
1080-ISBN-3-596-24217-7

Inhalt

»Der Frieden ist das Meisterstück der Vernunft.«
Immanuel Kant

»Der Krieg ist die höchste Lebensäußerung eines Volkes.«
Erich Ludendorff

Vorwort

Die Berechtigung oder gar Notwendigkeit eines Buches, das sich mit einem aktuellen politischen Thema befaßt, kann der Leser leicht ermitteln: Er muß sich nach der Lektüre nur die Frage vorlegen, ob er dem Buch Informationen und eine Darstellung von Zusammenhängen entnehmen konnte, die ihm zuvor diejenigen Informationsquellen, aus denen er sich zu unterrichten pflegt, nicht oder nur bruchstückhaft vermittelt hatten. Dieser Hinweis erscheint mir im Zusammenhang mit diesem Buch deshalb geboten, weil sich im *Weißbuch 1973/74* der Bundesregierung die Feststellung findet, daß militär- und sicherheitspolitische Fragen »für die Mehrheit der Bevölkerung... keine Diskussionsthemen« seien. Diese Feststellung ist leider richtig: Die Bevölkerung der Bundesrepublik ist über sicherheits- und militärpolitische Fragen äußerst mangelhaft informiert – lückenhaft, einseitig und falsch.

Das aber bedeutet, daß das Volk trotz einer demokratischen Verfassung seiner Rolle als Souverän, von dem alle Gewalt ausgehen und der letztlich auch »die Richtung« der Politik bestimmen soll, nicht gerecht werden kann. Von ihm geht kein Druck aus, der die Parteien, den Bundestag, die Bundesregierung, aber auch die Massenmedien zwänge, detailliertere, umfassendere, korrektere Informationen über eine im Wortsinne lebenswichtige Problematik zu vermitteln, wie sie die Verteidigungs-, Militär- und Sicherheitspolitik darstellt. Denn Informationen sind entscheidend, weil erst sie die Voraussetzung für öffentliche Diskussionen und Auseinandersetzungen über eine »richtige« Sicherheitspolitik schaffen, d. h. für eine Politik, die unserer Sicherheit unter den gegebenen Umständen am besten dient.

Die »Diskussion« über die sogenannte Nachrüstung und darüber hinaus über die Problematik der atomaren Mittelstreckenwaffen (auch Grauzonenwaffen genannt) hat deutlich gezeigt, daß von einer Diskussion, die diesen Namen verdient, nicht die Rede sein konnte. Vielmehr handelte es sich um eine einseitige Wiedergabe dessen, was von »Wehrexperten« jedweder Couleur, zivilen wie militärischen, in Bonn (dort herrscht in sicherheitspolitischen Fragen seit langem faktisch eine Allparteienkoalition), in Brüssel bei der NATO oder vor allem im Pentagon, dem US-Verteidigungsministerium, als Sicherheitspolitik definiert wird. Die Voraussetzungen und Begründungen für diese Politik entziehen sich der kritischen Nachprüfung, weil es an den notwendigen Informationen fehlt. Das wirft natürlich die Frage auf, weshalb denn die Presse diese notwendigen, Diskussion und Auseinandersetzungen ermöglichenden, Informationen nicht beisteuern konnte.

Trifft denn, um nur ein Beispiel zu nennen, die offizielle, nie angezweifelte Behauptung wirklich zu, daß die NATO den sowjetischen Mittelstreckenwaffen »nichts Gleichwertiges entgegenzusetzen« habe? Könnte es nicht sein, daß dies eine falsche Behauptung ist? Daß die Begründungen für den »Nachrüstungsbeschluß« daher ebenfalls Falschinformationen sind? Daß somit eine falsche, d. h. gefährliche sicherheitspolitische Maßnahme getroffen wurde? Um diese Frage beantworten zu können, bedürfte es alternativer Informationen.

Dieses Buch will fehlende Informationen nachliefern. Informationen sind nicht nur Zahlen und Fakten, sondern beispielsweise auch konträre Ansichten von Experten, die aber in den Massenmedien nicht zu Wort kommen, die Angabe von Quellen (also Informationen über Informationsmöglichkeiten), kritische Analysen, das Aufzeigen von Motivationen für politische Entscheidungen, die Darstellung von Sachzusammenhängen und vor allem die Prüfung der Grundlagen unserer Sicherheitspolitik, nämlich der Abschreckungstheorie und des auf ihr beruhenden Abschreckungssystems.

Angesichts der äußerst schwierigen Problematik kann dieses Buch nur einen Einstieg bieten. Um dem Leser, d. h., dem sicherheitspolitischen Laien und dem Staatsbürger, dennoch zu ermöglichen, den roten Faden in der Hand zu behalten, wurde bewußt die eine oder andere Information, diese oder jene Ausführung wiederholt, sofern es für das Verständnis eines Zusammenhangs geboten erschien.

Neben Informationen – ihre Vermittlung ist das Hauptanliegen – enthält dieses Buch aber auch kommentierende Schlußfolgerungen und Bewertungen. Sie sollen den Leser nicht indoktrinieren, sondern ihn im Gegenteil dazu herausfordern, sie auf ihre Stichhaltigkeit hin zu überprüfen; eine sich daraus möglicherweise ergebende kontroverse Diskussion zwischen Leser und Autor wäre erwünscht, denn es fehlt ja an kontroversen Diskussionen in der Öffentlichkeit. Dies wäre auch eine gute Übung, um die von offizieller Seite angebotenen Informationen über militär- und sicherheitspolitische Probleme kritischer unter die Lupe zu nehmen oder vorenthaltenen Informationen nachzuspüren. Es wäre ja schon viel gewonnen, wenn aus der

Öffentlichkeit heraus Fragen an die politisch Verantwortlichen gestellt werden könnten.
Eine zentrale, nicht nur als Provokation gedachte These dieses Buches ist, daß die Sicherheitspolitik, wie sie in Ost und West verstanden und praktiziert wird – nämlich das Auftürmen immer neuer Waffen, immer groteskerer Vernichtungspotentiale im Rahmen eines hemmungslosen Rüstungswettlaufs –, auf einer Psychose beruht, also auf einer seelischen Erkrankung. Die Bereitschaft vollends, diese Waffen auch einzusetzen, um Hunderte von Millionen Menschen zu töten, die Bereitschaft zum Risiko, die Existenz des eigenen Volkes zum Zwecke der Verteidigung aufs Spiel zu setzen, die Bereitschaft also, »unter der schwachsinnigen Drohung, ›wenn es denn sein muß‹, den Erdball in eine von giftigen Dünsten umhüllte Wüste zu verwandeln« (so *Thomas Mann* in den *»Briefen Todgeweihter«*), kann nur als Krankheit verstanden werden.
Wer diese Auffassung teilt, muß freilich die Konsequenzen kennen. Wenn nämlich das Abschreckungssystem und die von ihr abgeleitete »Verteidigungs«-, Sicherheits- und Rüstungspolitik auf einer Psychose beruhen, wird eine rationale Auseinandersetzung sinnlos; es werden auch alle Formen rationalen Protestes und Widerstandes sinnlos. Nicht rationale Argumentation könnte etwas bewirken, sondern allenfalls eine Therapie. Nur: Wer behandelt und heilt die viel zu vielen Militärexperten, Verteidigungs- und Sicherheitspolitiker, Abschreckungsapologeten in Ost und West? Viele Anzeichen sprechen dafür, daß die Menschheit schicksalsergeben, weil nichts anderes übrig bleibt, einer Katastrophe entgegengeht; denn in der Psychose ist die Bereitschaft zu Weltvernichtung und zum Selbstmord angelegt. Daher will dieses Buch auch Betroffenheit auslösen, um bei möglichst vielen Menschen den Willen zum Überleben zu stärken.
Allen denen, die mir bei der Informationsbeschaffung behilflich waren, vor allem *Jo Rodejohann*, danke ich herzlich.

Wiesbaden, im Mai 1980 *Anton-Andreas Guha*

Einleitung
Die Grauzone wird plötzlich entdeckt

Ausgerechnet dem sozialdemokratischen Bundeskanzler *Helmut Schmidt* war es vorbehalten, die öffentliche Debatte über die Problematik der Mittelstreckenwaffen und die angebliche Notwendigkeit ihrer »Modernisierung«, auch »Nachrüstung« genannt, ins Rollen gebracht zu haben. Eine Debatte, deren Ausgang durch zuvor eingeleitete und teilweise geschaffene Tatsachen offenkundig längst vorgeplant war, und die dann in den »Nachrüstungsbeschluß« der NATO-Regierungen einmündete, der der Rüstungsspirale wiederum einen kräftigen Schub versetzte. Dessen politische und militärische Konsequenzen für die Welt, für das Ost-West-Verhältnis und vor allem für Europa sind noch nicht abzusehen. In einer Rede vor Mitgliedern und Gästen des *Internationalen Instituts für Strategische Studien (IISS)* in London Ende Oktober 1977 wies der Kanzler mit Nachdruck auf die sowjetischen nuklearen Mittelstreckenraketen hin, die weder von den sowjetisch-amerikanischen Gesprächen über eine Begrenzung der strategischen Waffen *(SALT-II, Strategic Arms Limitation Talks)*, noch von den in Wien seit Jahren stattfindenden Verhandlungen über eine beiderseitig ausgewogene Truppenreduzierung in Mitteleuropa *(MBFR, Mutual Balanced Force Retirement)* erfaßt seien, Waffen also, deren Reichweite zwischen 1000 und 5000 Kilometern liegt. Schmidt nannte diese Waffen daher »Grauzonenwaffen«, ließ aber an ihrer Gefährlichkeit keinen Zweifel: Sie bedrohten Europa und setzten auch das strategische Gleichgewicht zwischen den beiden Militärblöcken außer Kraft, da ihnen das westliche Verteidigungsbündnis, die NATO, nichts Gleichwertiges entgegenzusetzen habe. Die Grundüberlegungen des Kanzlers waren, kurz skizziert, folgende:

Da *SALT-II* endgültig die nuklearstrategische Parität zwischen den beiden Supermächten USA und Sowjetunion festschreibe, bedeute dies, daß deren Potentiale sich gegenseitig künftig neutralisieren würden. Die USA würden sich daher hüten, so schlußfolgerte *Schmidt* weiter, im Konfliktfalle ihre strategische Streitmacht einzusetzen, da dies die eigene Vernichtung bedeuten müßte. Die Sowjets wüßten dies; folglich habe die strategische Streitmacht der USA keine allzu hohe Glaubwürdigkeit mehr. Der nuklearstrategische Schirm der USA für ihre westeuropäischen Alliierten sei durchlöchert worden.

Was die NATO und vor allem die westeuropäischen Verbündeten der USA an Schutz durch strategische Abschreckung verlören, gewänne die Sowjetunion an militärischer und politischer Handlungsfreiheit hinzu, schlußfolgerte *Schmidt* weiter, da sie nunmehr ihre konventionelle Überlegenheit und vor allem ihre Übermacht an weitreichenden nuklearen Mittelstreckenwaffen in die Waagschale werfen könne, und sei es nur, um politischen Druck auszuüben. Es existiere also eine »Lükke« in der Abschreckung. Die NATO habe wenig Optionen für eine Eskalation, um die Sowjetunion selbst zu bedrohen. Das westliche Bündnis brauche daher, so die Schlußkonsequenz dieser auch als »Markstein in der Geschichte des westlichen Bündnisses« bezeichneten Rede[1], eurostrategische Waffen. Die Sicherheit Europas sei andernfalls ernsthaft bedroht, und dieser Gefahr müsse entgegengewirkt werden.
Das Echo, das diese Rede, wenn auch mit einem gewissen »Zeitzündereffekt«, auslöste, und die Konsequenzen, die ihr mittlerweile gefolgt sind und mit Sicherheit noch folgen werden, dürfte auch der Kanzler zum damaligen Zeitpunkt nicht vorhergesehen haben. Seither begannen die »Grauzonenwaffen«, womit die sowjetischen Mittelstreckenraketen vom Typ *SS-4*, *SS-5* sowie vor allem die *SS-20* und der Bomber *TU-22 N*, genannt *Backfire*, gemeint sind, immer öfter in aller Munde zu sein.
Es war, als ginge ein jähes Erwachen durch die westliche Welt. Die Bedrohung durch die Sowjets trat jedermann als neue schreckliche Tatsache vor Augen, der man hilflos ausgesetzt sei. Man fühlte sich überrumpelt und getäuscht von der Arglist Moskaus. Die plötzlich entdeckte sowjetische Bedrohung machte sofort gewaltige Schlagzeilen in der Presse[2], von »supermodernen Raketen der Sowjets« war nunmehr die Rede, die »die NATO beunruhigen«.[3] Ein Militärexperte analysierte: »Die bis heute ausgewogene Struktur des Abschreckungspotentials der NATO, die Triade, hat durch den Eskalationsverbund ihrer Komponenten gewirkt.« Damit sei es nun vorbei. Zwar hatte es bis zu jener epochalen *Schmidt*-Rede in London auch eine sowjetische Bedrohung im Mittelstreckenbereich gegeben, die *SS-4* ist schließlich schon seit 1959 in den westlichen Gebieten der Sowjetunion stationiert, die *SS-5* seit 1960, aber diese Bedrohung galt seltsamerweise nicht als sonderlich beunruhigendes Problem. Sie wurde zwar zur Kenntnis genommen, aber nicht dramatisiert. Die Mittelstreckenraketen wurden zu den sogenannten nukleartaktischen Waffen gezählt.[4]
Es drängt sich daher die Frage nach dem Motiv auf, das den

Bundeskanzler bewog, die Mittelstreckenraketen ins öffentliche Bewußtsein zu bringen. Warum wurden diese Waffen plötzlich zum akuten Sicherheitsproblem gemacht, warum zu diesem Zeitpunkt, warum stellte sie ausgerechnet der deutsche Bundeskanzler zur Diskussion? Das sind Fragen, deren Bedeutung sich als zentral herausstellen wird, wenn auch die Antworten teilweise hypothetischen Charakter behalten werden.
Eine nicht so ohne weiteres von der Hand zu weisende Antwort könnte lauten, daß das »Scheitern« der Einführung der *Neutronenwaffe* kompensiert werden sollte. »Die *SS-20* wurde fast am selben Tag zu einem öffentlichen Thema, als die Diskussion über die Neutronenwaffe begann..., als in Westeuropa heftige Widerstände dagegen entstanden, wurde die Notwendigkeit der Einführung immer stärker mit dem Hinweis auf die ›supermoderne Mittelstreckenrakete SS-20‹ (General *Alexander Haig*) begründet.«[5]
Die Entscheidung von US-Präsident *Jimmy Carter*, unter dem Druck eines erheblichen Teiles der Öffentlichkeit in einigen westlichen NATO-Staaten die Produktion der Neutronenwaffe vorläufig auszusetzen, wurde in der Allianz als schwerer Schlag nicht nur gegen die »Verteidigungsfähigkeit« empfunden, wofür *Carter* von den Falken in Washington – und auch in der Bundesrepublik – heftige Kritik einstecken mußte, sondern mehr noch als signifikantes Zeichen der Handlungsunfähigkeit des Bündnisses. Diese These machte sich innerhalb der Bundesregierung vor allem Bundesaußenminister *Hans-Dietrich Genscher* zu eigen, der offenbar nicht zuletzt aus diesem Grund zu einem der energischsten Befürworter der »Nachrüstung« mit eurostrategischen Waffen wurde. Die »Handlungsfähigkeit« und »Einheit des Bündnisses«, so *Genscher* bei vielen Gelegenheiten, müsse unter allen Umständen wiederhergestellt werden. Da aber *Schmidt* und die SPD wegen ihres Lavierens, aber auch wegen ihres entschiedenen Einspruchs, mitverantwortlich gemacht wurden für *Carters* Entscheidung, ergo für die Demonstration der gefährlichen »Handlungsunfähigkeit« der NATO, ist nicht auszuschließen, daß der Kanzler unter dem Druck Washingtons und des eigenen Koalitionspartners seinen Teil zur Wiedergutmachung leisten mußte.
Daß der Bundeskanzler die öffentliche Debatte bewußt suchte und das Problem der sowjetischen Nuklearrüstung im Mittelstreckenbereich gezielt vor dem renommierten Londoner Institut aufwarf, darf als unbezweifelbare Tatsache gelten. Vom Prinzip der Demokratie her wäre die Absicht begrüßenswert gewesen, eine solche »Schicksalsfrage der Nation« und der

westlichen Allianz auf dem Forum der Öffentlichkeit zu diskutieren, ehe die Regierung eine Entscheidung fällt, die in jedem Fall eine folgenschwere sein mußte. Formal hätte *Schmidt* selbst dann korrekt gehandelt, wenn er die Absicht gehabt haben sollte, durch die öffentliche Debatte die Meinung in seiner Partei, der SPD, zu beeinflussen oder sich artikulieren zu lassen. Als Regierungschef ist der Bundeskanzler zwar parteiunabhängig, aber gegen den Widerstand der Mehrheit in der SPD wären Regierungsbeschlüsse, wie auf die sowjetische eurostrategische Rüstung zu reagieren sei, kurz vor der Bundestagswahl 1980 kaum durchsetzbar gewesen, es sei denn um den Preis einer schweren Krise, die letztlich die Wahlchancen der Sozialdemokratischen Partei erheblich hätte mindern müssen.
Allerdings – und daran dürfte ebenfalls kaum ein Zweifel bestehen – schien sich *Schmidt* sicher gewesen zu sein, daß die öffentliche Debatte in seinem Sinne laufen würde: Die »hemmungslose Aufrüstung Moskaus« im Mittelstreckenbereich erfordert als angemessene Antwort der NATO eine »Nachrüstung«, in Form eigener Mittelstreckenwaffen, so Bundesaußenminister *Genscher* (der, soweit ersichtlich, auch den Begriff der sowjetischen »Vorrüstung« erfunden hat). *Schmidt* wie *Genscher* dürften als erfahrene Politiker, auch ohne die grundlegende, schon klassisch gewordene historisch-soziologische Analyse von *Jürgen Habermas* zu kennen, wissen, daß es vor allem im weiten Bereich der Militärpolitik eine kritisch räsonierende Öffentlichkeit kaum gibt, weil die Institutionen, die theoretisch und von ihren konkreten Möglichkeiten her dazu in der Lage wären, militärische und außenpolitische Fragen kritisch und informativ darzustellen, weder ein politisches noch ein ideologisches Interesse daran haben oder faktisch aus Mangel an eigener Information dazu unfähig sind, trotz oftmals guten Willens. Es würde in diesem Zusammenhang zu weit führen, die vielfältigen aktuellen wie traditionellen Gründe näher zu untersuchen, weshalb sich so einflußreiche Institutionen wie die Gewerkschaften oder die Kirchen aus der Debatte über Fragen der Rüstung und Rüstungskontrolle sowie ihren Konsequenzen heraushalten, obwohl diese Fragen auch ihre spezifische Interessensphäre unmittelbar berühren und nach Antworten verlangen. Der Leser mag sich nach der Lektüre dieses Buches die Antwort selbst geben, ob diese beiden Institutionen nicht abermals versagt haben: durch Schweigen und Abstinenz.
Daß aber auch Presse, Funk und Fernsehen in ihrer Gesamtheit

zugelassen haben – von einigen wenigen und obendrein in sich selbst noch uneinigen Ausnahmen, wie etwa der *Frankfurter Rundschau* oder der *Süddeutschen Zeitung,* abgesehen –, daß das Problem der eurostrategischen Waffen über den Status einer Scheindiskussion nie hinauskam, daß es nie die Chance hatte, eine kritische Öffentlichkeit zu finden, sondern von Anbeginn an das Opfer wurde von teils beabsichtigter Indoktrination und Einseitigkeit, teils aber auch Opfer einer zu kritischer und korrigierender Einsicht unfähigen Berichterstattung, dürfte als weiterer Beweis für den Zerfall kritischer Öffentlichkeit gelten. Obwohl *Habermas* und die Kommunikationsforschung detailliert die politisch-soziologischen und sozialen Vorbedingungen sowie Techniken und Manipulationsmechanismen beschrieben haben, wie sich im Rahmen formaldemokratisch verfaßter Gesellschaften die Willensbildung steuern und determinieren lasse, um politische Entscheidungen zu legitimieren, wäre es notwendig, den Ablauf der (Schein-)Debatte über den Komplex der Mittelstreckenwaffen auch und zusätzlich mit psychologischen Erklärungen und Begriffen zu analysieren, da Merkmale des Psychopathologischen nicht zu übersehen sind. Wie beispielsweise könnte es anders erklärt werden, daß die Bundesregierung in ihrem *Weißbuch 1979* »Zur Sicherheit der Bundesrepublik Deutschland und zur Entwicklung der Bundeswehr«, die dem NATO-Oberbefehlshaber (SACEUR) unterstellten und für die eurostrategische Abschreckung (im Kriegsfalle Vergeltung) zweckgebundenen amerikanischen Atom-U-Boote vom Typ *Poseidon* einfach unterschlägt, obwohl sie mit ihren 480 Sprengköpfen die Sowjetunion bis hinter den Ural so gut wie vernichten könnten?[6]
Wie kommt es dazu, daß kaum eine Zeitung diesen »Fehler« aufdeckt? (Da das *Weißbuch* offenbar dem größten Teil der Presse als nicht in Frage zu stellende Informationsquelle dient und andere Informationsquellen, etwa Berichte und Analysen von Friedensforschungsinstituten, in diesem speziellen Falle aber nicht einmal die konservative Fachliteratur, zur Kenntnis genommen wurden, kann von einem Verstoß gegen das journalistische Prinzip, nach »bestem Wissen und Gewissen« zu berichten, gesprochen werden.) Daß ein angesehener Militärjournalist, der diesen Sachverhalt erwiesenermaßen sehr wohl kennt[7], bei der Präsentation der eurostrategischen Gesamtproblematik im Zweiten Deutschen Fernsehen dennoch nur die landgestützten Mittelstreckenwaffen herausgreift und somit natürlich den Zuschauern und militärischen Laien auf ein groteskes Mißverhältnis zuungunsten der NATO verweisen kann?

Warum übernahm die Presse unkritisch die *Genscher*schen Begriffe der »Nachrüstung« (für die NATO) und »Vorrüstung« (für die Sowjetunion), obwohl sie im Lichte historischer Fakten schlicht falsch sind? Selbst wer das Abschreckungssystem nicht in Frage stellt und tatsächlich der Überzeugung ist, daß es seit 1945 den Frieden, zumindest den Nicht-Krieg in Europa gesichert und einen strategischen Atomkrieg verhindert habe, müßte über ein solches Minimum an intellektueller Redlichkeit verfügen, um nachprüfbare Fakten bzw. Zahlen korrekt wiederzugeben oder eine unkorrekte Wiedergabe von Zahlen und Fakten zu korrigieren. Da dies nachweislich nicht geschieht, muß die Frage nach den Ursachen aufgeworfen werden.

Wenn »böse Absicht«, das heißt bewußte Manipulation, auf seiten der Presse ausgeklammert werden soll, drängt sich die Hypothese auf, daß die Presse selbst an schweren Informationsmängeln leidet, die sie unfähig machen, die Realität adäquat wiederzugeben.

1. Das Abschreckungssystem oder: die Abschreckung des Friedens

Im *Weißbuch* der Bundesregierung für 1975/76 wird den sowjetischen Mittelstreckenwaffen nur ein knappes Kapitelchen von acht Zeilen gewidmet, sie tragen auch noch nicht den mysteriösen Namen »Grauzonenwaffen« oder den eine neue Dimension ahnen lassenden der »eurostrategischen Waffen«. Schlicht heißt es da: »Das sowjetische Potential von 600 Mittelstreckenraketen *(MRBM)* ist ein wichtiger Faktor für den strategischen Kräftevergleich in Europa. Aus den gegenwärtigen Versuchen der Sowjetunion mit einer neuen *MRBM (SSX-20)* kann ein zusätzliches Bedrohungspotential entstehen. Das sowjetische Arsenal von Mittelstreckenraketen wird ergänzt durch rund 600 Mittelstreckenbomber, die mit Nuklearwaffen eingesetzt werden können.« Der im Westen *Backfire* genannte sowjetische Bomber vom Typ *TU-22 N* wird noch zu den interkontinentalen Waffen gezählt, da er »vom sowjetischen Territorium aus die USA erreichen kann«.[8]
Das NATO-Potential erscheint demgegenüber als bescheiden, aber der Mittelstreckenbereich galt ja damals noch nicht als problematisch. An amerikanischen Mittelstreckenwaffen gibt dieses Weißbuch lediglich 60 Mittelstreckenbomber an, was eine grobe Irreführung darstellt, von der noch die Rede sein wird.
Ebenso fahrlässig geht dieses *Weißbuch* mit dem Nuklearpotential Großbritanniens und Frankreichs um. Die Raketenzahlen werden zwar korrekt wiedergegeben, nicht jedoch die Zahl der Mittelstreckenbomber; es werden nur 36 französische genannt, die 98 britischen beispielsweise fallen schlicht »unter den Tisch«.
Da auch verschwiegen wird, daß die sowjetische *SS-4* und *SS-5* nur jeweils einen Sprengkopf tragen können, die britischen *Polaris*-Raketen beispielsweise dagegen je drei Sprengköpfe, wird das Bild zusätzlich verzerrt. Maßgebend sind schließlich Sprengladungen und nicht Raketenzahlen. Mit anderen Worten: Die damals verfügbaren, nur auf Raketen (ohne Bomber) montierten 192 britischen und die 64 französischen Sprengköpfe, zusammen also 256, die das Gebiet der Sowjetunion bis weit hinter den Ural erreichen können, stellen eine verheerende Vernichtungsdrohung dar, wenn man bedenkt, daß jeder einzelne Sprengkopf mindestens die dreifache Vernichtungskraft der Hiroshima-Bombe hat.

Beschränken wir uns auf diese erste grobe, nur einen Teilaspekt herausgreifende Korrektur des *Weißbuches* von 1975/76, die aber nicht unwichtig ist, weil sie eine Methode der offiziellen Verlautbarungen anzudeuten in der Lage ist: Durch fehlende, falsche, untertreibende oder ergänzungsbedürftige Angaben über das NATO-Potential die sowjetische Bedrohung übergroß erscheinen zu lassen, die Möglichkeiten zur »Verteidigung« bzw. Abschreckung der NATO dagegen als gefährlich niedrig.

Bis 1918 hieß im Deutschen Reich der Minister, der in Friedenszeiten für Aufbau und Unterhalt der Armee zuständig war, schlicht Kriegsminister. In nüchterner Klarheit taufte 1935 *Adolf Hitler* den Reichswehrminister in Reichskriegsminister um. Obwohl seit 1945 über 120 Kriege geführt worden sind, gibt es auf der ganzen Welt keinen Kriegsminister mehr, vielmehr nennen sich die zuständigen Ressortchefs samt und sonders Verteidigungsminister. Der Rückschluß, daß es demnach seit der Weltkatastrophe von 1939 bis 1945 nur Verteidigungskriege gegeben habe, wäre freilich ein makabrer Scherz.

Nach 1945, als viele Menschen zutiefst davon überzeugt waren, daß künftig Kriege undenkbar sein würden, und ihre Ächtung allgemein befürwortet wurde, war die Bezeichnung »Kriegsminister« obsolet geworden. Abgesehen davon, daß der Ersatzbegriff »Verteidigungsminister« auch nur eine Wortkosmetik bedeutet, hat er sich weitgehend sinnentleert und ist zu einem bloßen Euphemismus geworden, also zu einem beschönigenden Begriff: In einem Krieg, der mit nuklearen Waffen ausgetragen würde, gäbe es nichts zu verteidigen, sofern »Verteidigung« soviel heißen soll wie Schutz des eigenen Bestandes – Territorium, Güter, Menschen – vor dem Zugriff eines auswärtigen Aggressors. Gegen Raketen mit Nuklearsprengköpfen gibt es einstweilen und auf absehbare Zeit keinen Schutz. Es gibt daher auch keine »Verteidigungspolitik« und keine »Verteidigungskonzeption«. Die Verteidigungsminister sowohl der NATO als auch des Warschauer Paktes sollten daher zutreffender »Abschreckungsminister« heißen, denn darum geht es: um Abschreckung. Entsprechend gibt es auch keine Verteidigungspolitik, sondern de facto nur eine Abschreckungspolitik.

Der Begriff »Abschreckung« ist quasi ein Begriff aus der Alltagssprache und jedermann kann sich von ihm eine konkrete Vorstellung machen, kann ihn vielleicht sogar zutreffend definieren, da sich möglicherweise der eine oder andere schon einmal in einer Situation befand, in der er einen aggressiven Mitmenschen abschrecken mußte. Abschreckung heißt, so viel Gewaltpotential, also Waffen, bereitzuhalten, daß der mögliche Angreifer in jedem Falle und unter allen denkbaren Umständen mit so schweren Schäden rechnen muß, daß diese den möglichen Nutzen eines Angriffes bei weitem übersteigen. Wenn ihm dieses Schicksal stets glaubwürdig vor Augen gehalten wird, wird er den Gedanken an Angriff aufgeben, es sei denn, er wähle (im Zeitalter nuklearstrategischer Waffen) die »Selbstmordoption«, was aber bei einem rational denkenden und handelnden Gegner nicht anzunehmen ist. Der frühere preußische Generalstabschef *Helmuth von Moltke* brachte die Abschreckungsthese auf eine klassische Formel: »Lange schon und auch jetzt noch ist es nur das Schwert, das die Schwerter in der Scheide hält.«[9]

Diese Abschreckungsthese wirkt also auf den ersten Blick bestechend logisch, rational und obendrein einfach; jedermann kann sie nachvollziehen, quasi als eine Alltagserfahrung. Eine Abschreckungs- bzw. Drohhaltung scheint so alt zu sein wie die Menschheit, und was läge näher, als sie auch auf das Verhalten von Staaten und Paktsysteme von Staaten zu übertragen.

Sicherheit eines Staates oder eines Bündnissystems durch Abschreckung, das klingt ebenfalls bestechend, rational und plausibel, zumal die Ansicht im Westen von niemandem bezweifelt wird, daß der Frieden zwischen Ost und West seit 1945 einzig und allein der Abschreckung zu verdanken sei. Dennoch verbirgt sich hinter der sogenannten Abschreckungstheorie und dem aus ihr entwickelten Abschreckungssystem eine solche Fülle von Schwierigkeiten, Ungereimtheiten und selbst Widersprüchen, daß die Annahme nahezu ausgeschlossen erscheint, mit Hilfe der Abschreckung ließe sich der Frieden auf Dauer sichern. Denn das ist im Zeitalter globaler nuklearer Verteidigungswaffen die Bedingung ohne Wenn und Aber: Abschrekkung muß auf Dauer funktionieren, infinitiv.

Der Abschreckungstheorie liegt ihrerseits eine Theorie über das Verhalten von Staaten zugrunde, die, so glaubte man, auf historischen Erfahrungen beruht, welche dann nur systematisiert zu werden brauchten. Einer der Väter dieser Theorie ist der englische Philosoph und Staatsdenker *Thomas Hobbes* (1588–1679), der seine Ideen über Staaten und ihr Verhalten in seinem berühmten Werk »*Leviathan*« niedergeschrieben hat. Hobbes zufolge haben sich die Menschen, als sie noch völlig frei, d.h., auf sich selbst gestellt waren, gezwungen gesehen, diesen Naturzustand aufzugeben, weil die Freiheit nur zu Mord und Totschlag führte und ein geregeltes Zusammenleben, d. h. Gesellschaft, nicht möglich war. Das Leben im Naturzustand mit seiner totalen Freiheit war »einsam, armselig, ekelhaft, tierisch und kurz«. Die Individuen, die sich zueinander wie Wölfe verhielten *(homo homini lupus),* sahen sich um ihrer eigenen Sicherheit willen gezwungen, auf ihr Faustrecht zu verzichten, d. h. auf einen wesentlichen Teil ihrer Freiheit, nämlich auf das Recht der Gewaltanwendung. Dieses wurde durch einen Vertrag auf einen Souverän übertragen, der dafür fortan die Regeln des Zusammenlebens bestimmte und vor allem Sicherheit garantierte. Zu diesem Zweck erließ der Herrscher Gesetze mit Strafandrohung, die für alle Untertanen galten, außer für ihn selbst (*Hobbes* lehrte im Zeitalter des Absolutismus und hielt diese Regierungsform für die sinnvollste). Die Garantie von Sicherheit und Ordnung »legitimierte« den Souverän, letztlich den Staat.

Die Staaten selbst verhalten sich untereinander jedoch wie früher die Individuen im Naturzustand, lehrte *Hobbes:* Egoistisch, aber rational kalkulierend, auf ihr eigenes Interesse bedacht, und, wenn es diesem dient, zu Gewaltanwendung bereit. Sie handeln dabei stellvertretend für ihre Bürger, für ihre Sicherheit und Wohlfahrt. *Hobbes* erklärt: »Aber obwohl es niemals eine Zeit gegeben hat, in der sich einzelne Menschen im Zustand des gegenseitigen Krieges befanden, so befinden sich doch zu allen Zeiten Könige und souveräne Machthaber aufgrund ihrer Unabhängigkeit in ständigen Eifersüchteleien und verhalten sich wie Gladiatoren: Sie richten ihre Waffen gegeneinander und lassen sich nicht aus den Augen, das heißt, sie haben ihre Festungen, Garnisonen und Geschütze an den Grenzen ihrer Reiche und ihre ständigen Spione bei ihren Nachbarn. Das ist eine kriegerische Haltung. Weil sie aber dadurch den Fleiß ihrer Untertanen fördern, so folgt daraus nicht dieses Elend, das die Freiheit von Einzelmenschen begleitet.«[10] Dabei wissen die einzelnen Regierungen, daß jede andere ebenfalls so denkt und notfalls so handelt wie sie selbst, was diesem System eine gewisse Kalkulierbarkeit und damit Stabilität verleiht; es erhob Anspruch auf Rationalität, Moral spielte in den internationalen Beziehungen zwischen Staaten keine Rolle.

Auf dieser sicherlich zutreffenden Theorie von *Thomas Hobbes,* darüber hinaus auch auf den Theorien von *Nicolo Machiavelli, Jean Bodin, Hugo Grotius* usw., beruhen letztlich auch die modernen Theorien des internationalen Staatensystems. Sie, wenn auch mittlerweile in verschiedene Schulen unterteilt,

erheben den Anspruch, der schon *Hobbes* vorschwebte: die Außenpolitik des einzelnen Staates zu beraten und das eigene Verhalten rational zu bestimmen, um auch im Konfliktfall Lösungsvorschläge anbieten zu können.
Diese Theorien – im Grunde ist es nur eine – setzen folgende als gesichert behauptete Annahme für außenpolitisches, damit auch militärisches Handeln voraus:[11]

- Staaten sind souverän, d. h. frei, und handeln ausschließlich nach ihren Interessen, also rational. Dabei konkurrieren sie miteinander.
- Die Interessen der einzelnen Staaten sind keineswegs dekkungsgleich. Beispielsweise können Konflikte entstehen, weil die Staaten über ökonomische Ressourcen wie Land, Bodenschätze, Menschen usw. uneinig sind, oder weil ein Staat, der militärisch oder ökonomisch zu mächtig wird, schwächere bedroht und somit das »Gleichgewicht der Kräfte« aus der Balance bringt. Die Konkurrenz der Staaten ist also *eo ipso* ein ständiger »Kampf« aus ganz realen Ursachen und Motiven heraus.
- Um eine international gerechte Güterverteilung sicherzustellen oder um Gefahren durch den Machtzuwachs eines Staates abzuwehren, kann, wird und muß jeder Staat auch militärische Gewalt anwenden. Jeder Staat muß daher Macht besitzen, auf deren Grundlage er handelt.
- Die ständig vorhandene Möglichkeit, daß ein Staat seine Interessen durch Krieg als »Fortsetzung der Politik mit anderen Mitteln« sichert, führt trotz der grundsätzlichen Kalkulierbarkeit zu einem Zustand der Unsicherheit im internationalen Staatensystem.
- Dieser Unsicherheit begegnen die Staaten wiederum mit der Bereitstellung und Androhung von Gewaltmitteln. Sie rüsten auf und unterhalten Armeen, kleinere, schwächere Staaten schließen sich zu Bündnissen zusammen.

Dies war nichts anderes als ein System der Abschreckung: Das Risiko sollte für den Angreifer möglichst unkalkulierbar gemacht werden und so hoch sein, daß es die Erwartungen eines möglichen Nutzens aus dem Angriff übersteigt. Der Friede sollte also durch Kriegsbereitschaft gesichert werden. *Si vis pacem, para bellum* (Wenn du Frieden willst, sei kriegsbereit), lautete schon der außenpolitische Grundsatz des römischen Imperiums. Rüstung soll Sicherheit produzieren. Demnach hat es zu keiner Zeit einen echten Frieden gegeben; was wir als »Frieden« verstehen, war lediglich eine unterschiedlich lange, aber stets begrenzte Epoche ohne Krieg.

Ohne Zweifel beschreibt diese Theorie, die hier nur stichwortartig wiedergegeben werden konnte, recht treffend das historische Verhalten von Staaten. In diesem Verständnis war gute Außenpolitik immer die »Kunst des Möglichen«, wie sie der erste deutsche Reichskanzler, *Otto von Bismarck*, definiert hat.

Diese Außenpolitik war bestimmt von den Interessen, das heißt von den Zielen, den verfügbaren ökonomischen Mitteln, die wiederum die militärischen bestimmten, und den allgemeinen politischen Konstellationen. Das internationale Staatensystem war kontrollierbar, berechenbar und beeinflußbar. Periodische Zusammenbrüche, also Kriege, waren gewissermaßen eingeplant. Wenn das nationale Interesse nur durch Gewaltanwendung erreicht werden konnte oder seine Erreichung durch den Einsatz militärischer Machtmittel aussichtsreich erschien, gab es für die Erhaltung des Friedens keine rationale, d. h. vernünftige Begründung. »Frieden« war ein Zustand des Nicht-Krieges und, wie der Krieg, Mittel zum Zweck, den nationalen Zielen und Interessen untergeordnet, aber kein Ziel an sich, etwa aus ethisch-moralischen Gründen. Friedensbestrebungen aus humanitären, christlichen oder sonstwie ethisch-moralischen Erwägungen galten der traditionellen Außenpolitik allenfalls als bloße gefährliche Gefühlsduselei von Leuten, die von Staatskunst nichts verstanden. Im Rückblick auf die Geschichte erscheint der Krieg fast als Korrektiv, das die Ordnung der Staatengemeinschaft, die durch einen zu mächtig gewordenen Staat aus der Balance gebracht zu werden drohte, wieder herstellte, weil das expandierte Machtstreben eines Staates meist mit einer Niederlage durch die gegen ihn verbündeten, sich bedroht fühlenden Staaten endete.

Für diese These gibt es in der Tat viele Beispiele aus der europäischen Geschichte. Vor allem die britische Politik hat stets streng darauf geachtet, daß auf dem Kontinent ein Machtgleichgewicht herrschte *(Balance of Power)*. Sobald ein Staat übermächtig zu werden drohte, sei es Frankreich unter *Ludwig XIV.* oder unter *Napoleon*, sei es das Zarenreich oder das Deutsche Reich unter Kaiser *Wilhelm II.* oder *Hitler*, stets fand er in Großbritannien und in anderen schwächeren Staaten entschlossene Gegner. Diesem Gleichgewicht der sich eifersüchtig beäugenden Großmächte verdanken im übrigen, so diese Theorie, die kleinen Mächte ihre Existenz.

Allerdings wird gerade aus dem Hinweis auf die europäische Geschichte deutlich, daß diese Theorie über das Verhalten von souveränen Staaten, die mit- und gegeneinander konkurrieren und sich durch Abschreckung in der Balance zu halten versuchen (der Krieg war als Korrektiv ein Bestandteil dieser Ordnung), aus dem europäischen Staatensystem entwickelt worden ist; sie gilt nur für Europa. Das Faktum der kolonialen Eroberung der Welt durch die europäischen Staaten kann mit ihr nicht mehr erklärt werden, allein schon deshalb, weil die außereuropäischen, nichtchristlichen Staaten durchweg als »unzivilisiert« galten (obwohl sie vielfach eine höhere Kulturstufe erreicht hatten als Europa – man denke nur an China, Indien, Indonesien und die südamerikanischen Reiche. Ihr Schicksal war jedoch, daß sie versäumt hatten, das Pulver als Waffe zu gebrauchen. Einzig die Schußwaffen verschafften den Europäern die Überlegenheit, diese Reiche zu erobern.) Nach der Eroberung verschwanden sie als souveräne Staaten und tauchten als integraler Teil des Eroberers, als Kolonien oder Protektorate wieder auf. Als souveräne Staaten und »Völkerrechtssubjekte« erscheinen die Kolonien erst wieder, nachdem sie sich – meist mit Gewalt – vom jeweiligen »Mutterland« befreit hatten. Gerade die Entstehung der Staaten aus den Kolonien offenbart, daß eine wesentliche Prämisse dieser Theorie falsch und gefährlich ist, denn sie erklärt zwischenstaatliche Beziehungen ausschließlich als Machtbeziehungen und unterstellt, daß Staaten dann souverän sind, wenn sie nicht der unmittelbaren Einwirkung oder Drohung mit physischer Gewalt eines anderen Staates unterliegen. Auf diese Prämisse gründet sich auch das Völkerrecht nahezu ausschließlich.

Dabei ist es eine offenkundige Tatsache, daß es heute innerhalb der Beziehungen zwischen »souveränen« Staaten eine Fülle von Abhängigkeitsverhältnissen gibt, die meist ökonomisch begründet und verursacht sind.

Staaten wie die USA, Großbritannien, Frankreich oder die Bundesrepublik Deutschland einerseits und Bolivien, Niger, Tschad oder Malaysia andererseits sind nur formal in ihren Beziehungen souveräne, unabhängige und gleichberechtigte Völkerrechtssubjekte. In Wahrheit herrscht ein Abhängigkeitsverhältnis, das von den zwischenstaatlichen ökonomischen Beziehungen bestimmt wird. Aber: »Welthandel, Kapitalverflechtungen, internationale Arbeitsteilungen der Produktion, die unterschiedliche Verteilung von Reichtum, ungleiche ökonomische Entwicklungen, Abhängigkeiten vom Weltmarkt etc. sind keine Probleme internationaler Politik. Sie sind zwar von Interesse für eine Theorie des Weltwirtschaftssystems und für die Außenwirtschaftspolitik oder die Entwicklungspolitik, aber für die Außenpolitik im eigentlichen Sinne sind sie nahezu bedeutungslos.«[12]

Wenn also, um ein Beispiel zu nennen, ein Staat der Dritten Welt in eine Existenzkrise gerät, weil der Preis für sein Hauptausfuhrprodukt auf dem Weltmarkt aufgrund mangelnder Nachfrage seitens der Industriestaaten oder aufgrund eines Überangebots verfällt, so bleibt er formal ein gleichberechtigtes Mitglied der Völkerfamilie. Gleichwohl ist er außenpolitisch kaum noch handlungs- und handelsfähig, weil er sich durch Kreditaufnahme und Verschuldung oder Konzessionen für ein günstiges Investitionsklima gegenüber einem transnationalen Unternehmen oder gegenüber Internationalen Finanzinstituten wie der Weltbank und dem internationalen Weltwährungsfonds faktisch in fast völlige Abhängigkeit begeben muß. Das schränkt seine tatsächliche Souveränität gegenüber den Industriestaaten erheblich ein; der Schein jedoch wird gewahrt, weil ihm die Bedingungen für politisches Handeln und Verhalten nicht »politisch« diktiert werden (obwohl dies die Weltbank neuerdings ziemlich offen tut), sondern von den *Terms of Trade*, den Handels- und Finanzbedingungen auf dem Weltmarkt und seinen Tauschverhältnissen. Diese wiederum sind von den Industriestaaten festgelegt, ohne daß sie aber in dieser Theorie als »politische Beziehungen« erschienen.

Souveränität und gleichberechtigtes Konkurrenzverhalten der über 100 kleinen und mittleren Staaten der Erde sind also allenfalls regional begrenzt »und selbst, wenn sie überregionale Bedeutung haben, sind sie nur komplementär zu den Funktionen der Groß- und Supermächte«.[13] Sogar militärische Konflikte zwischen diesen Staaten lassen sich nicht mehr mit der Souveränitäts- bzw. Konkurrenztheorie erklären, weil auch sie der Kontrolle der Großmächte unterliegen (wobei das spezifische Konkurrenzverhältnis zwischen den USA und der Sowjetunion zunächst ausgeblendet bleiben soll): Die Androhung, die Lieferung militärischer Ausrüstung zu stoppen (ein weiterer Faktor von Abhängigkeit) bzw. die Gegenseite kurzfristig mit Waffen zu versorgen, hebt das Prinzip, daß der Krieg die »legitime« Fortsetzung der Politik mit anderen Mitteln sei – ein Kriterium für Souveränität – für abhängige Staaten auf. (Eine Erklärung für die Tatsache, daß dennoch seit 1945 rund 120 Kriege und militärische Interventionen stattgefunden haben, wird im Rahmen der Diskussion der Abschreckungstheorie weiter unten untersucht.)

Die Weltgesellschaft ist also hierarchisch strukturiert, wobei die Position und die Handlungsfähigkeit eines Staates innerhalb dieser Rangordnung nicht von seiner politisch formalen Souveränität bestimmt werden, sondern von seiner Chance und seiner Macht, auf den Weltmarkt, wo die einzelnen nationalen Kapitale um die bestmöglichen Verwertungsbedingungen konkurrieren, Einfluß zu nehmen. Außenpolitik wird also von konkreten materiellen Interessen bestimmt.

Das aber bedeutet, daß innerhalb des kapitalistisch westlichen Systems, in das jedoch zunehmend auch der kommunistische Ostblock wirtschaftlich und handelspolitisch integriert wird, die Unsicherheitsfaktoren heute nicht mehr aus dem politischen Konkurrenzverhalten souveräner Staaten resultieren, sondern aus dem Konkurrenzverhalten der nationalen Kapitale. »Die jederzeit mögliche Verschlechterung der Kapitalverwertungsbedingungen bedeutet einen Verlust der Weltmarktposition und bedeutet immer für andere einen Gewinn. Die vom Konkurrenzmodell konstatierte strukturelle Unsicherheit hat hier ihr materielles Substrat. Staatliche Machtpolitik ist nur eine Erscheinungsform, in der der Kampf um die Dominanz auf dem Weltmarkt ausgetragen wird. Sie hat nicht ihre Ursache in einem fragmentierten Staatensystem, sondern in einem staatlich organisierten und damit fragmentierten kapitalistischen Herrschaftssystem.«[14]
Diese »strukturellen Unsicherheiten« lassen sich für die weitaus meisten Staaten nicht mehr – wie von der Souveränitätstheorie unterstellt – durch die Androhung von militärischer Gewaltanwendung beseitigen und auf diese Weise im nationalstaatlichen Interesse lösen. Die Fähigkeit dazu besitzen nur noch die beiden Weltmächte sowie Frankreich, aber auch nur regional begrenzt oder gegenüber kleineren Mächten. Die USA zum Beispiel könnten Unsicherheitsfaktoren, die die Verwertungsbedingungen ihres Kapitals in einem bestimmten Land der Dritten Welt beeinträchtigen, durch Anordnung und Vollzug militärischer Gewalt beseitigen, wobei als Gewaltfaktor auch die Untergrundtätigkeit des mächtigen Geheimdienstes CIA gelten muß. Beispiele aus der jüngsten Geschichte seit 1945 wie Kuba, die Dominikanische Republik, Libanon, Vietnam, Chile, Brasilien, Guatemala oder Kongo belegen dies. Die französische Regierung rühmt sich seit der Afghanistan-Krise öffentlich, hart und kompromißlos zuzuschlagen, wenn die Interessen der Grande Nation bedroht sind, beispielsweise in Mauretanien, Tschad, Zaire oder der Zentralafrikanischen Republik.[15]
Die Sowjetunion hat, sieht man von ihrer Intervention in

Afghanistan ab, seit 1945 außerhalb ihres unmittelbaren Machtbereichs militärisch nicht direkt interveniert, sondern versucht, Konflikte, die aus den untragbar gewordenen sozialen Verhältnissen der jeweiligen Länder entstehen, durch militärische Hilfe oder subversive Strategien zu ihren Gunsten zu nutzen, wobei sie von der Tatsache profitiert, daß für die klassische Souveränitätstheorie Befreiungsbewegungen nicht existent sind, vielmehr als Störfaktoren der internationalen Ordnung diskriminiert werden. In Angola, Moçambique und Äthiopien bediente sich die UdSSR der kubanischen Armee. Ökonomische Vorteile strebte Moskau dabei offenkundig nicht in erster Linie an. Es sei jedoch angemerkt, daß sich offenkundig eine qualitativ neue, weitaus brisantere Konfliktursache im Verhältnis der beiden Supermächte und der von ihr kontrollierten Bündnissysteme abzuzeichnen beginnt, die über die Durchsetzung gesicherter und optimaler Kapitalverwertungsbedingungen weit hinausreicht: Der Kampf um Rohstoffquellen. Zwar hat das Weltwirtschaftssystem die Länder der Dritten Welt ohnehin längst gezwungen, eine globale Arbeitsteilung zu akzeptieren und sich mit der Rolle von Rohstofflieferanten abzufinden, aber die sich abzeichnende Verknappung und damit zunächst drastische Verteuerung von Rohstoffen, evident bereits als Menetekel beim Erdöl, beschwört die Gefahr eines historisch unbekannten Weltkonfliktmusters herauf: Die Industriestaaten, kapitalistische wie kommunistische, sehen sich womöglich schon mittelfristig vor die Notwendigkeit gestellt, die Rohstoffquellen in der Dritten Welt militärisch oder durch permanente Gewaltandrohung zu sichern. Die Rationalität der beiden Paktsysteme würde dadurch auf das darwinistische Prinzip des Kampfes ums Dasein reduziert, wobei sich der Stärkere durchsetzt (dieses darwinistische Prinzip ist teils falsch und teils mißverstanden worden. Nicht zu Unrecht hat *Friedrich Engels* *Darwin* vorgeworfen, er übertrage gesellschaftliche Repressionsmechanismen des Manchesterliberalismus kritiklos auf die Natur, wobei dieses so gewonnene »Naturprinzip« als Rechtfertigung für gesellschaftliche Repression und Rücksichtslosigkeit genommen werde.)[16]

Der Gedanke der »friedlichen Koexistenz« könnte durch den Kampf um die Rohstoffe wieder zurückgeführt werden auf eine brisante und letztlich ausweglose, weil auf eine Entscheidung drängende Konkurrenz, die die »Überlegenheit« eines der beiden Gesellschaftssysteme beweisen soll.

Das Funktionieren des internationalen Staatensystems ist aber vorerst noch davon abhängig, daß die Fiktion aufrechterhalten bleibt, es verkehrten souveräne Staaten miteinander, obwohl die Realität das Gegenteil offenkundig macht. Diese politische »Ideologie« wird auch auf die ökonomische Ebene übertragen, indem auch hier unterstellt wird, daß sich auf dem Weltmarkt formal gleiche, souveräne, unabhängige Tauschpartner gegenübertreten und miteinander konkurrieren, wobei jeder Staat sein nationales Interesse durchsetzen könne.

Diese juristisch-politische Fiktion ist wichtig, um einigermaßen stabile Verhältnisse in den internationalen Beziehungen aufrechtzuerhalten. Denn würde anerkannt, daß ungleiche Tauschbedingungen herrschen, würde die ökonomisch bedingte einseitige politische Herrschaftsstruktur der Staatengesellschaft zugegeben, dann müßten die schwächeren Staaten nach der Souveränitätstheorie die ungleichen politischen Beziehungen kündigen und aufzuheben versuchen. So aber fehlt es ihnen an einer legitimen Handhabe, weil, wie erwähnt, ökonomische Faktoren in der außenpolitischen Theorie keine Rolle spielen, obwohl sie allein die Realität bestimmen.

Das Festhalten an der Souveränitätstheorie, die nicht nur die Realität nicht mehr widerspiegelt, sondern auch widersprüchlich zu ihr ist, führt aber zu einer weiteren Konsequenz: Die Staaten halten daran fest, daß sie auch die ökonomischen Interessen im Rahmen ihres außenpolitischen Spielraumes notfalls militärisch sichern und durch ihre Position als souveräne Staaten auf dem Weltmarkt verbessern können. Im Rahmen dieser durchaus praktizierten Theorie erscheint außenpolitisches Handeln als durch äußere Beziehungen aufgezwungen, daher »muß« jeder Staat auch sicherheitspolitische Vorsorge treffen. Außenpolitik stellt sich als Reaktion auf »Sachzwänge« dar, die Beziehungen zwischen Staaten demzufolge als kontinuierliche Reaktionskette. Die Ausschaltung dieser die eigenen Interessen bedrohenden Unsicherheitsfaktoren macht also die Bereitstellung von militärischem Potential notwendig, um über geeignete Reaktionsmöglichkeiten auf Bedrohung von außen zu verfügen. Dies ist zwar nur eine von mehreren, aber eine wichtige offizielle Begründung und Legitimation für das Anhalten des Wettrüstens der Staaten der Dritten Welt.

Die Industriestaaten ihrerseits haben ein Interesse an dem Fortbestehen der Souveränitätstheorie und der von ihr abgeleiteten Praxis, weil sie auf diese Weise ihre ökonomischen Privilegien absichern und obendrein durch Waffenexporte die Rentabilität ihrer Rüstungsindustrie verbessern können. Daß dies zu einer Verstärkung der hierarchischen Gliederung der Weltgesellschaft führt und Herrschaftsverhältnisse stabilisiert, ist zwar einsehbare Realität, wird aber durch die Souveränitätstheorie faktisch geleugnet. Militärisch und rüstungsökonomisch abhängige Staaten können nicht souverän sein und ihre nationalen Interessen nur insoweit wahren und verbessern, wie es der Rüstungslieferant gestattet. Allenfalls besteht ein gewisser begrenzter Spielraum dadurch, daß ein Staat diesem Druck zu entrinnen versucht, indem er das politische Lager wechselt, zum Beispiel Allianzen mit westlichen Mächten kündigt, und solche mit östlich-kommunistischen eingeht oder umgekehrt. Doch bedeutet dies in der Regel nur einen Wechsel der Abhängigkeitsverhältnisse innerhalb der Interessenkonstellationen der dominierenden beiden Weltmächte. Nennenswerte Veränderungen des Status quo zum eigenen Vorteil sind kleineren und mittleren Staaten nicht mehr möglich, was freilich die Führung von lokalen Kriegen nicht ausschließt. Doch begrenzt der mit der modernen Kriegführung und Waffenwirkung verbundene ungeheure Materialverschleiß, der auch die Reserven rasch auszehrt, in zunehmendem Maße die Möglichkeit des Krieges als politische Alternative. Am Ende bleibt es beim Status quo und einer verstärkten Abhängigkeit vom Rüstungslieferanten.

Ausnahmen wie die Invasion Vietnams in Kambodscha, die türkische Besetzung eines Teils der Insel Zypern, die indisch-pakistanischen Kriege oder vor allem die israel-arabischen Auseinandersetzungen, die für Israel mit einer realen Verbesserung des Status quo endeten, bestätigen partiell diese Regel. Partiell, weil außergewöhnliche Bedingungen berücksichtigt werden müssen, so die teilweise emotional bestimmte Unterstützung Israels vor allem durch die USA, deren Regierung stets auch den starken Einfluß der jüdischen Minderheit berücksichtigen mußte. Andererseits ist die nahezu totale Abhängigkeit Israels von den USA oder die Vietnams von der Sowjetunion offenkundig, was sicherlich die Kritik an der Souveränitätstheorie bestätigt.

Wir können also nach all diesen Überlegungen festhalten, daß auch die klassische Souveränitätstheorie das Prinzip der Abschreckung in Europa kennt. Sie war ein kalkulierbarer Faktor der Außenpolitik, die selbst durchaus transparent erschien. Die Regierungen gingen davon aus, daß jeder Staat, wie sie selbst auch, Gewalt anwenden würde, wenn er sich davon einen Nutzen verspräche oder der Nutzen zumindest höher als der Schaden zu sein schiene. Dagegen suchte sich der Bedrohte zu sichern, indem er sich mit Waffen und Armeen ausstattete oder in Bündnissen Verstärkung suchte. Entweder einigte man sich

auf eine friedliche Lösung, dann wirkte die Abschreckung, oder es gab Krieg, d. h., ein Staat rechnete sich durch die Anwendung dieses »Mittels der Politik« einen höheren Vorteil aus als durch Nachgeben und Kompromiß; in diesem Falle hatte die Abschreckung versagt.
Die »schimmernde Wehr« oder »die Schärfe des deutschen Schwertes« sollten beispielsweise den oder die Gegner einschüchtern und von einem Angriff abhalten, während das deutsche Kaiserreich sich in einem von seinen Nachbarn, vor allem Frankreich und Großbritannien, als bedrohlich empfundenen Aufstieg befand. Es eroberte Kolonien, wurde zur stärksten Wirtschaftsmacht zumindest des Kontinents, baute seine überlegenen Landstreitkräfte aus und begann mit Großbritannien sogar auf See in Konkurrenz zu treten. Dennoch fühlte sich das Kaiserreich seinerseits ebenfalls bedroht, trotz der zur Schau gestellten militärischen Stärke und des Machtwahns, der aus den politischen Dokumenten jener Zeit und der offiziellen Politik selbst spricht.
Dieses Bedrohtwerden resultierte, unabhängig von dem damals vorherrschenden Gefühl, daß aus dem Krieg 1870/71 gegen Frankreich noch einige Rechnungen offengeblieben waren, nicht zuletzt aus der forcierten Rüstung der Großmächte und der betriebenen Drohpolitik, da man sich in Berlin, Paris, London, Wien oder Petersburg vorstellen konnte, daß die Rivalen nicht tatenlos bleiben würden. Vor allem London sah das Gleichgewicht der Kräfte durch das Kaiserreich längst aus der Balance gebracht. Das Ergebnis war ein immer rasanter werdender Rüstungswettlauf; jeder wußte, wenn der andere stärker wird oder stärker zu sein glaubt, wird er angreifen, man selbst würde es ja auch tun. Doch gerade der Ausbruch des Ersten Weltkrieges zeigt, daß der am meisten abschreckende Staat, das deutsche Kaiserreich, das zuletzt mit seiner gewaltigen Flottenrüstung selbst Großbritannien »abschrecken« wollte, am Ende die eigene Drohhaltung gegenüber den anderen europäischen Mächten für bare Münze nahm. Wie sich zeigte, war das kalkulierte Risiko eine Fehlrechnung, wobei die Frage offenbleiben soll, ob mit Abschreckung allzu siegessicher drohende Politiker und Militärs, ja ganze Völker, ihrer eigenen Propaganda und ihrem Imponiergehabe zum Opfer fallen, indem sie die Realität verzerrt und nur selektiv wahrnehmen, mithin den Gegner unterschätzen.
Die Wirksamkeit und gleichzeitig die Begrenztheit der klassischen Abschreckungshaltung zeigte sich dann auch zu Beginn des Zweiten Weltkrieges. Voller Respekt vor dem rasch auf-

rüstenden Dritten Reich und seinem offenbar zu allem entschlossenen, nüchtern und kalt kalkulierenden Führer wichen die Westmächte dreimal zurück: bei der Besetzung des Rheinlandes, beim Anschluß Österreichs und bei der zwar widerrechtlichen, aber von Frankreich und Großbritannien geduldeten Zerschlagung der Tschechoslowakei. Doch beim Angriff auf Polen brach die einseitig gewordene Abschreckung zusammen. In diesem Zusammenhang ist bemerkenswert, daß in Europa der Angreifer in diesem Jahrhundert angesichts der modernen Waffen seine politischen und militärischen Ziele nicht erreichen konnte.

Das wissen übrigens auch die Sowjets, wie aus ihrer Militärliteratur klar hervorgeht.

Abschreckung und das Bemühen um ein Gleichgewicht der Kräfte im internationalen Staatensystem haben, wie die Geschichte lehrt, periodische Zusammenbrüche, also Kriege, nicht verhindern können, eben weil der Frieden kein Ziel, sondern lediglich begrenztes Mittel im politischen Kalkül der Staaten war. Frieden gab es nur so lange, wie mit ihm das nationale Interesse bestmöglich verfolgt werden konnte. Dabei scheint der Hinweis wichtig, daß militärische Abschreckung und politische Drohung Konstanten sind (die offenbar auf einer genetischen Disposition beruhen), auch wenn sich die Auffassung vom Wesen und der Funktion des Krieges im Laufe der Zeit stark gewandelt hat, und zwar vom Rationalen zum Psychopathologischen. Für den preußischen General *Carl von Clausewitz* beispielsweise war der Krieg (und analog der Frieden) nur ein Mittel zum Zweck, um ein politisches Ziel zu erreichen, wobei man mit »dem Kriegsinstrument«, also der Armee, »behutsam umgehen« mußte.[17] »Nur, wenn sich ein entschiedener Vorteil zu ergeben schien, machte man Gebrauch von der Sache.« War das Ziel erreicht, wurde »Frieden« geschlossen, im Grunde nur ein Waffenstillstand, ein Nicht-Krieg. War das Ziel aber nicht zu erreichen, gab man ebenfalls nach und suchte die Kampfhandlungen zu möglichst günstigen Bedingungen einzustellen. Dabei obliegt die Entscheidung stets der politischen Führung, nie der militärischen; diese ist nur Instrument. Der Primat der Politik darf nicht in Frage gestellt werden.

Helmuth von Moltke glaubte zwar noch, daß nur »das Schwert die Schwerter in der Scheide hält«, doch wird an ihm bereits eine irrationale Idealisierung des Krieges sowie eine neue Form seiner Rechtfertigung deutlich: »Der ewige Friede ist ein Traum und nicht einmal ein schöner, und der Krieg ein Glied in

Gottes Weltordnung. In ihm entfalten sich die edelsten Tugenden des Menschen, Mut und Entsagung, Pflicht, Treue und Opferwilligkeit, mit Einsetzung des Lebens. Ohne den Krieg würde die Welt im Materialismus versumpfen.«[18]
Was *Clausewitz* in den Befreiungskriegen gegen *Napoleon* als ein durchaus neues und befremdendes Element entdeckte, nämlich eine gesteigerte Totalität des Krieges aufgrund der Mobilisierung und Emotionalisierung von Massenarmeen, kommt bei *Moltke* bereits klarer zum Ausdruck und wird von *Erich Ludendorff* zu einem ersten schaurigen perversen Höhepunkt geführt. Bezeichnenderweise heißt eines seiner Bücher auch »*Der totale Krieg*«. Der Krieg erscheint hier nicht mehr als rational kalkuliertes Mittel der Politik, sondern als Kampf zur »Lebenserhaltung des Volkes«.[19] Dabei braucht das Volk keineswegs von einem äußeren Gegner bedroht zu sein. Die »Lebenserhaltung« steht bereits auf dem Spiel, wenn ein Volk längere Zeit keinen Krieg geführt hat, denn *Ludendorff* begreift den Krieg als eine Regeneration des Volkes und als »höchste Äußerung des Lebenswillens«. »Die Todesnot des Krieges soll die Volksseele zum Sprechen bringen«, das Volk soll »zu sich selbst finden.« Der Krieg ist »eine sittliche und sittigende« Kraft. Diesem Zweck habe sich auch die Politik unterzuordnen, die *Ludendorff* daher ebenfalls als »totale Politik« versteht. Die »seelische Geschlossenheit eines Volkes ist im totalen Krieg aber nur zu erreichen auf dem Wege der Einheit von Rasse, Erbgut und Glaube und sorgsamer Beachtung der biologischen und seelischen Gesetze und Eigenschaften des Rasseerbgutes«.[20] Von Zeit zu Zeit, so *Ludendorff*, müsse das Volk diese existenzielle Erfahrung machen und durch die »Todesnot des totalen Krieges« hindurchgehen, um sich seiner Kraft und seines Lebenswillens bewußt zu werden, selbst wenn dabei, wie im Ersten Weltkrieg, seine besten Kräfte durch den Tod von Millionen Soldaten zugrunde gehen. Eine perverse, aus heutiger Sicht psychopathologische, krankhafte Auffassung.
Dennoch steigerte der Nationalsozialismus die »Totalität« des Krieges nochmals erheblich, indem er der perversen »Existenzerfahrung«, die der Krieg bei *Ludendorff* spielt, einen konkreten, barbarischen Sinn gab: Lebenserhaltung des eigenen, rassisch höherwertigen Volkes, auf Kosten anderer Völker, minderwertiger, die daher zu versklaven oder notfalls auszurotten seien. Der Krieg wurde zum gnadenlosen Vernichtungskrieg, um die Existenz des eigenen Volkes zu sichern. Sollte das deutsche Volk sich in diesem als darwinistisch mißverstandenen

Kampf als das schwächere erweisen, so hatte es eben selbst zugrundezugehen, wie *Hitler* mehrfach erklärte. Abschreckend wirkt, so ließe sich sagen, sowohl bei *Ludendorff* als auch bei *Hitler* der gnadenlose Lebenswille des Volkes. Die Waffen sind lediglich die Instrumente, mit denen sich dieser Lebenswille Bahn bricht.

Doch selbst die Kriegstotalität des Nationalsozialismus hat seit 1945 abermals eine Steigerung erfahren, die nunmehr, »endgültig totale«: Weniger durch eine brutal pervertierende, mystisch-rassische Existenzphilosophie, als vielmehr durch die unvorstellbar gesteigerte Vernichtungskapazität der nuklearen Waffen, die, zum Einsatz gebracht, das höhere Leben auf diesem Planeten auslöschen könnten. Geblieben aber ist die Bereitschaft, diese Waffen, »wenn es denn sein muß« *(Thomas Mann),* auch einzusetzen, bis zur »Totalität«. Mehr noch: In den Überlegungen beider Seiten wird nach Möglichkeiten gesucht, diese Waffen ungeachtet des totalen Risikos als Mittel der Politik wieder verfügbar zu machen, wie einst das »Kriegsinstrument« bei *Clausewitz.* Davon wird noch die Rede sein.

Die Anhänger der »modernen« Abschreckungstheorie pflegen gerade auf die Katastrophen der Geschichte zu verweisen, auf das oftmalige Versagen der Abschreckung nämlich, um ihre These zu untermauern. Doch gerade deshalb könnte man zum Pessimisten werden; denn aus der Geschichte läßt sich keinerlei Vertrauen und keinerlei Begründung dafür gewinnen, daß das Abschreckungssystem in Europa nicht abermals zusammenbricht und diesmal in einem vernichtenden nuklearen Krieg endet.

Dieser These widersprechen freilich die Regierungen und Militärs in Ost und West. Ihr Argument beziehen sie dabei gerade aus der totalen Vernichtungskraft der nuklearen Waffen, wie sie die USA und die Sowjetunion in, wenn nicht gleichem, so doch in ausreichendem Maße besitzen. Diese Vernichtungskraft soll dem Abschreckungssystem einen ungleich höheren Wahrscheinlichkeitsgrad und zugleich höhere Zuverlässigkeit verleihen. Denn dies sei der entscheidende Unterschied, lautet das Argument: Angesichts der begrenzten Waffenwirkung sei in all den Jahrhunderten, bis etwa zum Beginn der 50er Jahre, das Risiko eines Krieges trotz aller entsetzlichen Folgen doch kalkulierbar gewesen, wie eine Gewinn- und Verlustrechnung, der Abschreckungsgrad demnach relativ niedrig; Krieg und »Frieden« konnten Mittel der Politik sein. Allenfalls gab es zahlreiche Tote und Verletzte, selbst wenn ihre Zahlen in die Millionen gingen, Verwüstungen und Zerstörungen, Massenelend,

Gebietsverlust, Reparationszahlung, Besetzung usw. Doch die Substanz der beteiligten Völker konnte nicht zerstört werden, ihre Geschichte ging trotz allem weiter, auch die des Verlierers und Geschlagenen. Dies sei heute grundlegend anders, weil erstens die Vernichtungswirkung der nuklearen Waffen die Völker, ihre Kultur und ihre Geschichte auslöschen könnte und weil, zweitens, auch der Angreifer dieses totale Zerstörungsrisiko eingehe. Daher, so die Abschreckungstheoretiker, könne der Angriff, der Krieg, kein Mittel einer rationalen Politik im Namen des nationalen Interesses mehr sein, weil die Nachteile eines Angriffs mit 100prozentiger Sicherheit jeden nur denkbaren Vorteil überwögen. Angesichts der vorhersehbaren eigenen Vernichtung habe ein Angriff keinen rationalen Sinn als *ultima ratio* mehr, weder in dem pervertierten Sinne *Ludendorffs* noch in dem noch pervertierteren *Adolf Hitlers.* Es bleibe nur übrig, Konflikte mit friedlichen Mitteln auszutragen. Die Vermeidung eines Nuklearkrieges ist daher jetzt, der Abschreckungstheorie zufolge, oberstes Ziel des nationalen Interesses.

Der Frieden ist folglich nicht mehr nur Mittel, wie in den Jahrhunderten bisher, sondern zum Ziel der internationalen Politik geworden. Dies wäre der prinzipielle Unterschied zur Abschreckungsthese der klassischen Souveränitätstheorie. In diesem Sinne seien Staaten nicht mehr souverän, weil sie die Wahl des Krieges als Fortsetzung der Politik mit anderen Mitteln nicht mehr haben. Dies gelte auch für die beiden Supermächte USA und Sowjetunion.

Allerdings wird dieser Frieden nach wie vor mit Waffengewalt aufrechterhalten, mit der Androhung nämlich, diese Vernichtungswaffen gegenüber dem Angreifer einzusetzen, selbst um den Preis der eigenen Vernichtung. »Krieg und Frieden«, schreibt der französische Militärtheoretiker *André Beaufre,* »haben in einer nuklearen Welt ihren traditionellen Sinn verloren. Der Atomkrieg ist undenkbar und der Friede nichts anderes als das ständige Funktionieren der Abschreckung.«[21]

Ist dies glaubwürdig? Ist ein solches Abschreckungssystem stabil und verläßlich?

Fest steht nur eine Tatsache: Es gibt keine historische Erfahrung und daher keinen Beweis dafür, daß die Abschreckungstheorie nur deshalb funktionieren sollte – und zwar auf unabsehbare Zeit, das ist die entscheidende Bedingung –, weil ein künftiger Nuklearkrieg keinen Sieger, sondern mit hoher Wahrscheinlichkeit nur Verlierer, gar total Vernichtete, kennen würde. Vom »Ewigen Frieden«, so der Titel einer Schrift

Immanuel Kants, haben die Menschen vergangener Jahrhunderte geträumt, jetzt muß er für alle Zeit Wirklichkeit bleiben.

Es fällt im übrigen auf, daß ein militärisches Abschreckungssystem niemals »Frieden« in der Bedeutung dieses Wortes sichern kann, sondern wiederum nur einen Zustand des Nicht-Krieges, oder des »Kalten« Friedens (es hat sich in der Fachliteratur auch der Begriff »negativer Frieden« eingebürgert) als »ständiges Funktionieren der Abschreckung«. Dies aber wäre kein grundlegender Unterschied zur Abschreckungsdoktrin der klassischen Souveränitätstheorie.

Eine weitere Übereinstimmung ist festzustellen: Da der »negative Frieden« nur durch die Bereitstellung eines den möglichen Gegner und Angreifer abschreckenden Militärpotentials aufrechterhalten werden kann, entfallen auf unabsehbare Zeit alle anderen Alternativen zur Friedenssicherung, etwa konkrete und substantielle, vielleicht sogar einseitige Schritte zur Abrüstung – selbst wenn durch Vorleistungen die eigene Sicherheit noch nicht im Kern bedroht würde – oder gar Strategien der sozialen Verteidigung. Sie bleiben Utopie, weil – so die klassische wie die moderne Abschreckungstheorie – ein abgerüsteter, friedensbereiter Staat jedweder Erpressung ausgesetzt wäre und alle anderen gerüsteten Staaten geradezu auffordern würde, militärische Gewalt anzuwenden. Verzicht auf Abschreckung sichere daher nicht nur keinen Frieden, sondern führe geradezu zu Willkür, Herrschaftsstreben und Verbrechen.

Doch die moderne Abschreckung garantiert nicht nur den Nicht-Krieg, sondern logischerweise auch den Krieg selbst, indem sie ihn nämlich androht, die Verwirklichung dieser Drohung aber gleichzeitig verhindern will, weil er für die Beteiligten voraussichtlich der letzte Konflikt wäre. Wir leben also in einem Zustand der permanenten Androhung vernichtender Gewalt, um die Anwendung dieser Gewalt zu verhindern.

2. Die unkalkulierbare Bereitschaft zum Risiko

Nach gründlicheren Überlegungen läßt sich aber noch ein weiterer Schritt zur alten Souveränitätstheorie tun und zu ihrer These vom Krieg als *ultima ratio*. Denn die Erfahrung der jüngsten Zeit zeigt, daß die moderne Abschreckung konventionelle Kriege in der Welt nicht ausschließt. Vollends wird die These widerlegt, die Großmächte paralysierten sich durch die Möglichkeit der gegenseitigen Vernichtung selbst, sie seien »gefesselte Riesen«. Das Gegenteil ist richtig. Zumindest vermag die These die historische Erfahrung seit 1945 als Beweis anzuführen, daß unter dem Schirm der nuklearen Abschreckung nicht nur weiterhin konventionelle Kriege geführt werden können, sondern daß auch die beiden Supermächte USA und UdSSR in Kriege mit konventionellen Waffen verwickelt waren oder in mehrere direkte oder indirekte militärische Interventionen. Häufig stehen sich dabei die zwei Supermächte als Verbündete der kriegführenden Parteien selbst als Gegner gegenüber, wie im Korea-Krieg, im Vietnam-Krieg oder in den Nahost-Kriegen.

Es würde im Rahmen dieser Untersuchung zu weit führen, alle Beispiele aufzuzählen, wenn auch um der historischen Gerechtigkeit willen festgestellt werden muß, daß sich die Sowjetunion direkte militärische Interventionen mit der – wenn auch folgenschweren – Ausnahme Afghanistan bisher nur innerhalb ihres eigenen Bündnissystems gestattet hat, wie in der DDR, in Ungarn oder in der Tschechoslowakei, die USA hingegen auch außerhalb des NATO-Bereichs oft direkt militärisch eingriffen: in Kuba, Vietnam, Korea, der Dominikanischen Republik, Libanon, Guatemala, von den zahlreichen Interventionen der ersten Hälfte dieses Jahrhunderts ganz zu schweigen.

Es gibt sogar Abschreckungstheoretiker, die, wie *Georg Simonis* in seinem schon mehrfach zitierten, außerordentlich informativen Buch »*Außenpolitik und Abschreckung*« gezeigt hat, der Ansicht sind, daß solche regelmäßigen, regional begrenzten Kriege und militärischen Konflikte, in die beide Supermächte durch direkte Unterstützung verwickelt sind, geradezu notwendig seien, weil sie die Abschreckungstheorie erst durch die Praxis glaubwürdig machten. Bloße Drohung mit vernichtenden Gewaltmitteln schwäche sich ab, verliere an Glaubwürdigkeit. Daher sei »selektive Ausführung von begrenzten Drohun-

gen erforderlich, um die Glaubwürdigkeit unbegrenzter Drohung zu erhalten«.[22]
Mit anderen Worten, wenn einer damit droht, nach einem gegnerischen Angriff mit einem großen Hammer zum größeren zu greifen, um mit ihm zurückzuschlagen, und seine Bereitschaft kundtut, den Angreifer in den eigenen Untergang mit hineinzureißen, muß er dem Gegner regelmäßig mit einem kleinen Hammer auf die Finger klopfen, damit er die Drohung auch glaubt.
Diese Risikobereitschaft, diese Strategie des *risk-taking* demonstrieren beide Supermächte eindringlich. Sie wollen damit die Glaubwürdigkeit der Drohung erhöhen, wobei sie aber gleichzeitig das »Gleichgewicht des Schreckens« destabilisieren, weil *risk-taking* vom Gegner mit vergrößerten Rüstungsanstrengungen beantwortet wird. Er nimmt die Drohung nämlich für bare Münze, nur dadurch bleibt es bei der Drohung. Dafür gibt es zahlreiche Beispiele aus der jüngsten Geschichte. Die Sowjetunion demonstriert *risk-taking*-Verhalten, indem sie ihre Flottenrüstung entgegen jeder militärischen Notwendigkeit und letztlich auch entgegen jedem denkbaren praktischen Nutzeffekt enorm ausweitete, um mit starken Verbänden an den für die Versorgung der westlichen Welt neuralgischen Seeverbindungslinien aufzukreuzen. Die Antwort des Westens, vor allem der Vereinigten Staaten, war und ist eine maritime Gegenrüstung und ein verstärkter Ausbau der Überseestützpunkte. Offenbar war dies der einzige Zweck der sowjetischen Risikodemonstration, die von den USA ernstgenommen wurde, was die Gegenrüstung beweist; denn daß eine maritime und strategische Konkurrenz auf Dauer von der Sowjetunion gewonnen werden könnte, die zu einer im Ernstfall ausreichenden, also permanent aufrecht zu erhaltenden Überlegenheit führen würde, dürfte im Kreml ohnehin niemand geglaubt haben. Die Demonstration der Stärke ist wichtig. Während des Afghanistan-Konflikts demonstrierten beide Seiten ihre Glaubwürdigkeit mit starken Flottenverbänden im Indischen Ozean.
Umgekehrt sind die Sowjets ebenso überzeugt, daß die USA dieselbe Strategie der Risikobereitschaft verfolgen. Der stellvertretende Direktor der Abteilung Information beim ZK der KPdSU und frühere Botschafter in Bonn, *Valentin Falin,* wies darauf hin, welche Nervosität im Kreml ausgelöst wird, wenn die USA strategische Alarmübungen durchführen, d.h., die Interkontinentalraketen in Einsatzbereitschaft versetzen und die strategischen Bomber, wenn auch nur mit Attrappen, bis

kurz vor die sowjetischen Grenzen losschicken. »Dies kann neun Mal gutgehen, aber wer wird uns denn sagen, ob es sich auch beim zehnten Mal nur um ein Manöver handelt?«[23]

Diese Besorgnis klingt glaubwürdig. Die Folge ist, daß die Sowjets einen zusätzlichen Grund haben, ihr Ortungssystem sowie die Reaktionsfähigkeit ihrer strategischen Waffen zu verbessern oder gar verstärkt überlegen, wie einem eventuellen strategischen Erstschlag ihrerseits zuvorzukommen wäre. Der Versuch, die Drohung als ständige zu stabilisieren, destabilisiert also gleichzeitig das Abschreckungssystem, indem es den Rüstungswettlauf beschleunigt und die Wahrscheinlichkeit einer raschen Eskalation eines militärischen Konflikts erhöht.

Bei kaum einem Konflikt seit 1945 standen die beiden Supermächte abseits, meist waren sie Partei, übten Einfluß aus, ließen den Krieg von anderen führen. Das bedeutet, daß das Abschreckungssystem nicht weltweit gilt, also den globalen Nichtkrieg oder den negativen Frieden keineswegs sichern kann; das bedeutet daher umgekehrt auch, daß das Abschreckungssystem nur für Europa gilt, für jene zwar besonders neuralgische, weil für beide Supermächte wichtigste, aber eben nur lokal begrenzte Weltgegend, in der sich die USA und die Sowjetunion mit ihren militärischen Paktsystemen unmittelbar gegenüberstehen. Im übrigen sind die Berlin-Krisen bis etwa 1968 nichts anderes gewesen als eine *risk-taking*-Politik seitens der Sowjetunion.

Der Umkehrschluß ist freilich nicht erlaubt: Die Annahme nämlich, daß ein direkter Konflikt zwischen den Vereinigten Staaten und der Sowjetunion in einer anderen Weltgegend außerhalb Europas nicht auch einen Krieg mit unabsehbaren Folgen in Europa selbst auslösen könnte, der das Abschreckungssystem zusammenbrechen ließe. Im Gegenteil. Diese vom Abschreckungssystem selbst hervorgerufene, weltweit labile Situation bringt beide Supermächte immer dann in ein gefährliches Dilemma, wenn Konflikte zwischen Staaten entstehen, die von besonderer politischer, strategischer oder ökonomischer Bedeutung sind, oder die zu einer Supermacht ein besonders enges Verhältnis haben. Die Afghanistan-Krise hat dies endgültig deutlich gemacht. Lokale Konflikte werden als Teil der globalen Auseinandersetzung zwischen Ost und West interpretiert.[24] Hier entsteht eine gefährliche, weil im Grunde ausweglose Lage, wenn die Supermächte vom jeweils befreundeten Staat zu Hilfe gerufen werden und sich mit ihrem Prestige und mit direkter militärischer Hilfe engagieren. Einerseits muß eine direkte Konfrontation vermieden werden, ande-

rerseits brächte der militärische Erfolg der einen Seite die Glaubwürdigkeit der Abschreckung in Gefahr, weil die andere Supermacht den Kürzeren gezogen hat oder dies zumindest annimmt. Auch politische Konzessionen zur endgültigen Beilegung des Konflikts werden als Niederlage empfunden, die die andere Großmacht dazu verleiten könnte, die Glaubwürdigkeit der Abschreckungsthese bei nächster Gelegenheit aufs neue zu testen. Das Ergebnis sind Kompromisse, die ständig die Wahrscheinlichkeit neuer Kriege in sich bergen.
Ein Beweis dafür sind die Nahostkriege, die mit einer Schlappe der sowjetischen Diplomatie und Bündnispolitik endeten, oder die Konflikte in Angola, Moçambique und Äthiopien, bei denen der Westen den Kürzeren zog. Im Grunde trugen auch der Kubakonflikt und der Vietnamkrieg diesen gefährlichen Charakter. Während die Sowjetunion in der akuten Kubakrise nachgab und die Mittelstreckenraketen aufgrund der Interventionsdrohung der Vereinigten Staaten zurückzog, mußte sich Washington umgekehrt mit der Existenz eines kommunistisch-revolutionären Regimes vor seiner Haustür abfinden. Die Gefahr einer direkten Intervention der USA, und damit eines Zusammenstoßes mit der Sowjetunion, blieb aber lange ständig latent und ist noch immer nicht gebannt. Der Konflikt um Afghanistan aber verdeutlicht vollends, wie labil der globale Nichtkriegszustand ist, wenn die Interessen der beiden Supermächte unmittelbar aufeinanderprallen und eine Konfliktlösung vor dem Hintergrund der Abschreckungstheorie und ihrer Implikationen wie Prestige und ständig demonstrierte Glaubwürdigkeit gefunden werden soll. Eine präzise Analyse wird weiter unten versucht.
Analysieren wir die Abschreckungstheorie, wie sie von den Verteidigungsplanern des Westens für die NATO, dem Nordatlantischen Verteidigungspakt, entworfen wurde. Das Bündnis versteht sich ausschließlich defensiv, als Verteidigungsorganisation, und unterstellt daher notwendigerweise dem östlichen Bündnissystem, dem Warschauer Pakt (WP), unter politischer und militärischer Führung der Sowjetunion, die mögliche Rolle des Angreifers. Der Westen fühlt sich vom Osten aus vielerlei Gründen, realen und irrealen, militärisch bedroht und sieht sich daher gezwungen, einem möglichen, ständig drohenden Angriff entsprechende Abwehrkräfte entgegenzustellen. Die Verteidigungsplaner der NATO halten einen Angriff des Warschauer Pakts mit konventionellen Streitkräften grundsätzlich für möglich. Dieser Annahme wird dadurch Rechnung getragen, daß das Abschreckungssystem bereits auf der konventio-

nellen Ebene ansetzt. *Beaufre* definiert es so: »Die Abschreckung hat den Zweck, eine gegnerische Macht von der Entscheidung abzuhalten, zu den Waffen zu greifen. Das bedeutet, allgemeiner gesagt, den Gegner zu hindern, in einer bestimmten Situation zu handeln oder zu reagieren, indem man selbst Maßnahmen trifft, die für den Gegner eine ausreichende Bedrohung darstellen.«

Doch die Abschreckungswirkung der konventionellen Waffen ist nach Ansicht der NATO-Verteidigungsplaner zu gering, wobei sie sich allgemein auf die Geschichte berufen, eine Geschichte mit periodisch wiederkehrenden Kriegen, und auch auf das allgemeine Verhalten von Staaten nach der Souveränitätstheorie, nicht aber auf konkrete Erfahrungen mit der Sowjetunion selbst. Diese Souveränitätstheorie liefert dadurch wichtige Motive für die Unterstellung, daß die Sowjetunion einen konventionellen Krieg als ultima ratio beziehungsweise als Fortsetzung der Politik mit anderen Mitteln durchaus riskieren könnte, etwa um die Welt, zumindest Westeuropa, für den revolutionären Marxismus-Leninismus zu erobern. Zu diesem Zweck habe der Kreml seine konventionelle Rüstung so stark ausgeweitet, daß er dem westlichen Verteidigungsbündnis unverhältnismäßig stark überlegen ist. So jedenfalls lautet die immer wieder vorgebrachte Behauptung.

Das Abschreckungsrisiko muß dementsprechend beträchtlich erhöht werden, und das geschieht mit der Androhung von Nuklearwaffen. Die Verteidigungsdoktrin der NATO besagt, daß ein konventioneller Angriff des Warschauer Pakts zunächst ebenfalls mit konventionellen Streitkräften abzuwehren versucht werden soll. Man bezeichnet diesen ersten Schritt als »Reaktion mit adäquaten Mitteln« oder *»flexible response«*. Sollte allerdings ein konventioneller Angriff des Warschauer Pakts Erfolg haben und seine Verbände die NATO-Stellungen durchbrechen, so droht der Westen den Einsatz von sogenannten taktischen Atomwaffen *(TNF, Theatre Nuklear Forces)* an, Sprengkörpern, deren Vernichtungswirkung begrenzt ist und die im Verständnis der Militärs auf dem Gefechtsfeld gegen die angreifenden Verbände oder allenfalls im näheren Hinterland gegen die Reserven und den Nachschub eingesetzt werden sollen.

Zu diesen taktischen Atomwaffen zählen auch die *Neutronenwaffe* und die miniaturisierten Atomwaffen, die sogenannten *Mini-Nukes*. Sollte der Einsatz dieser taktischen Nuklearwaffen insoweit keinen Erfolg haben, als die sofort nach einem Angriff ins Auge gefaßten politischen Bemühungen um die

Beilegung des Konflikts ergebnislos verlaufen und der Gegner außerdem seinerseits taktische Atomwaffen einsetzt, so ist die NATO aufgrund ihrer Abschreckungstheorie entschlossen, den nächsten Schritt in der Eskalation zu tun und auf *eurostrategische Waffen* zurückzugreifen. Dies ergibt sich aus der Debatte und aus dem Beschluß der NATO vom 12. Dezember 1979, Mittelstreckenraketen vom Typ *Pershing-II* und *Cruise Missiles* (Marschflugkörper) in Mitteleuropa zu stationieren, sowie aus der in diesem Beschluß zum Ausdruck kommenden Absicht, das Eskalationsmodell und die Abschreckungstheorie um diese Waffen zu ergänzen.

Bis zum Beginn dieser Diskussion über eurostrategische Waffen, ab etwa November 1977, tauchen nukleare Mittelstreckenwaffen im offiziellen Eskalationsmodell der westlichen Verteidigungsplanung und Abschreckungsstrategie nicht auf, sie gelten seltsamerweise nicht als besonders vorrangiges Problem, obwohl die Sowjetunion seit Ende der 50er, Anfang der 60er Jahre mit den Raketen vom Typ *SS-4* und *SS-5* eurostrategische Waffen einsatzbereit hält.[25] Auch in der Fachliteratur, beispielsweise in dem Buch »*Wohin treibt die NATO?*« des früheren Vorsitzenden des NATO-Militärausschusses, *Johannes Steinhoff,* findet sich kein Wort zur eurostrategischen Problematik. Diese »Lücke« war offenbar keinem Politiker oder Experten zum Bewußtsein gekommen, ehe sie Bundeskanzler *Schmidt* in London für die Öffentlichkeit entdeckte. Bis zu diesem Zeitpunkt galt die These, daß die dem Einsatz taktischer Atomwaffen folgende Eskalationsstufe die strategische sei, der alles vernichtende Schlag mit den Interkontinentalraketen oder -bombern. Der These von der nicht wahrgenommenen »Lücke« widerspräche allerdings die Tatsache, daß schon seit 1968 dem NATO-Oberbefehlshaber drei amerikanische U-Boote mit je 16 *Poseidon*-Raketen unterstellt sind, mit einer im Mittelstreckenbereich liegenden Reichweite von über 3800 Kilometern.[26] Darüber hinaus verfügen auch Großbritannien und Frankreich seit Jahren über eurostrategische Waffen, die USA außerdem über eurostrategische Flugzeuge, die aber möglicherweise ebenfalls bis zur »Entdeckung« des Kanzlers als strategische verstanden wurden.

Unter eurostrategischen Waffen versteht man jedenfalls heute Nuklearsprengköpfe, die mit see- oder landgestützten Raketen (*LRBM= Long Range Ballistic Missiles,* weitreichende Mittelstreckenraketen), Bombern oder Jagdbombern sowie mit land-, luft- oder seegestützten Marschflugkörpern vom Territo-

rium der westeuropäischen NATO-Staaten auf das Gebiet der Sowjetunion geschossen werden könnten.
Die letzte Stufe des Abschreckungssystems und der Einsatzmöglichkeit beider Seiten im Kriegsfall stellen die *strategischen Waffen* dar, solche also, die vom Territorium der einen Supermacht aus gegen das Territorium der anderen abgefeuert werden können: Landgestützte Interkontinentalraketen *(ICBM)*, strategische Bomber und Langstreckenraketen, die von Unterseebooten aus gestartet werden können. Im zweiten Vertrag über die Begrenzung der strategischen Waffen *(SALT-II)* haben sich die Sowjetunion und die Vereinigten Staaten auf Höchstgrenzen festgelegt, jedoch nur bei den Raketenzahlen, nicht aber bei den Sprengköpfen, so daß sich das Wettrüsten bei den strategischen Waffen jetzt noch mehr auf die Qualitätsverbesserung konzentrieren wird.
Das Abschreckungssystem der westlichen Verteidigungsorganisation trägt einstweilen immer noch den schönen Namen *Triade* (nach Einführung der eurostrategischen Waffen wird man sicher bald von einer »Quadriade« sprechen), wobei erst die letzte, also dritte Stufe, die Androhung der Vernichtung mit nuklearstrategischen Waffen, die Abschreckung insgesamt lückenlos und somit wirksam macht. Allerdings wird betont, daß Lückenlosigkeit auf jeder Stufe herrschen müsse, auf der konventionellen ebenso wie auf der taktisch-nuklearen und nun eben auch auf der eurostrategischen. Diese Reaktionsmöglichkeiten sind je nach Lage nacheinander oder gleichzeitig denkbar. Das *Weißbuch 1975/76* »Zur Sicherheit der Bundesrepublik Deutschland und zur Entwicklung der Bundeswehr« faßt die nukleare Einsatzkonzeption der NATO so zusammen:
»Der taktische Ersteinsatz nuklearer Waffen muß so spät wie möglich, aber so früh wie nötig erfolgen, das heißt, daß die Doktrin der Vorneverteidigung Geltung behält, die konventionellen Kräfte des Verteidigers nicht erschöpft sind und die Unkalkulierbarkeit für den Angreifer erhalten bleibt.
Ersteinsätze nuklearer Waffen sollen weniger eine militärische Entscheidung herbeiführen, als vielmehr politische Wirkungen erzielen. Der Angreifer soll veranlaßt werden, seine Absichten zu ändern, seinen Angriff aufzugeben und sich zurückzuziehen. Gleichzeitig wird ihm vor Augen geführt, daß er das Risiko einer weiteren Eskalation eingeht, wenn er seinen Angriff fortsetzt. Diese weitere Eskalation würde für den Angreifer bedeuten, daß nuklearstrategische Waffen gegen sein eigenes Territorium eingesetzt werden. Der Einsatz würde sich zunächst selektiv gegen militärische Ziele richten.«[27]

Wann die NATO zu welchen Nuklearwaffen greift, in welcher Stärke und gegen welche Ziele, soll bewußt offenbleiben, um es dem Gegner unmöglich zu machen, sein Risiko abzuschätzen. Vielmehr soll er sich lediglich darüber im klaren sein, daß jeder Angriff mit konventionellen Waffen zu einem strategischen Nuklearkrieg führen könne, an dessen Ende die »todsichere« Vernichtung des Angreifers steht. Dabei ist die Tatsache von entscheidender Bedeutung, daß dieses Vernichtungsrisiko auch bei einem Überraschungsangriff mit strategischen Nuklearwaffen gilt; selbst beim Einsatz des gesamten Vernichtungspotentials durch den Angreifer bliebe dem Angegriffenen immer noch die sogenannte Fähigkeit zum zweiten Schlag *(second strike)*. Die in Silos unter der Erde verbunkerten oder auf Atom-U-Booten montierten Interkontinentalraketen lassen sich – vorerst noch – nicht mit einem Schlag ausschalten. Mit den verbliebenen Waffen könnte der Angegriffene, obwohl sein Land total verwüstet wäre und seine Bevölkerung im ungünstigsten Falle aufgehört hätte zu existieren, dem Land und der Bevölkerung des Angreifers immer noch dasselbe Schicksal bereiten.
Diese Abschreckungstheorie leuchtet auf den ersten Blick durchaus ein, sie erscheint logisch. Ohne Zweifel liegt hier, wie bereits erwähnt, der entscheidende qualitative Unterschied zur These der klassischen Souveränitätstheorie, die den Krieg, wenn es das nationale Interesse erforderte, nicht nur als denkbar, sondern als notwendig ansah, als ein Mittel, ebenso wie den »Frieden«. Die nuklearen Waffen heben diese These auf. Krieg, der die eigene totale Vernichtung bedeutet, kann nicht mehr im nationalen Interesse liegen. Frieden ist kein Mittel der internationalen Politik mehr, sondern muß im Gegenteil »mit allen Mitteln« als Ziel aufrechterhalten bleiben, wobei »Frieden« definiert bleibt als »ständig funktionierende Abschreckung«.
Das nukleare Verteidigungspotential in Ost und West wird auf 50 000 Megatonnen geschätzt, das entspricht 50 Milliarden Tonnen des Sprengstoffes TNT, anders formuliert: Auf jeden Menschen entfallen damit rund elf Tonnen TNT, auf jeden Einwohner in einem Staat der NATO oder des Warschauer Paktes 60 Tonnen. Angesichts dieses unvorstellbaren Vernichtungspotentials erscheint es tatsächlich undenkbar, daß eine Seite einen Krieg in Europa, und sei er noch so begrenzt, riskieren könnte, weil die Eskalation und das Risiko nicht abschätzbar erscheinen.
Dennoch ergeben sich bei einer gründlichen Analyse des Abschreckungssystems einige schwerwiegende Fragen und Zwei-

fel, die außerdem auf erhebliche Widersprüche hindeuten; als Widerspruch soll eine Systementwicklung bezeichnet werden, die die Existenz dieses Systems bedroht. Kann aber ein System mit Widersprüchen funktionieren, und zwar permanent auf unabsehbare Zeit, ohne die geringste Ausnahme? Denn eine einzige Ausnahme bedeutet bereits mit hoher Wahrscheinlichkeit das Ende des Systems.

Die erste Schwierigkeit liegt bereits in der Unterscheidung der Atomwaffen nach taktischen, eurostrategischen und strategischen sowie in ihrer Zuordnung zu einem operativen Konzept. Dabei ergibt sich eine gefährliche Meinungsdifferenz. Während die NATO eurostrategische Nuklearwaffen auf einer Eskalationsstufe unter den strategischen ansiedelt, sie also klar abgrenzt, macht die sowjetische Führung keinen Unterschied. Vielmehr betont sie, daß aus ihrer Sicht jede Atomwaffe, die auf dem Gebiet der Sowjetunion explodiert, eine strategische sei.

Wie keineswegs nur aus der Heeresdienstvorschrift der Bundeswehr hervorgeht, würden taktische Atomwaffen auf dem Gefechtsfeld eingesetzt, daher heißen sie auch atomare Gefechtsfeldwaffen *(TNF, Theatre Nuklear Forces)* und haben eine entsprechend kurze Reichweite. Die zu bekämpfenden Ziele »sollen wenigstens soweit von den eigenen Truppen entfernt sein, daß diese auch in unübersichtlicher Lage nicht gefährdet sind und ihre Handlungsfreiheit nicht aus Sicherheitsgründen eingeengt wird«.[28] Das bedeutet mit anderen Worten, daß taktische Atomwaffen auch auf dem Gebiet der Bundesrepublik Deutschland eingesetzt würden, falls dies nach einem Angriff der Warschauer-Pakt-Streitkräfte erforderlich wäre, darüber hinaus auch auf dem Territorium der DDR, dem anderen Teil Deutschlands, der Tschechoslowakei und anderen WP- oder NATO-Staaten. Angesichts der Sprengkraft von taktischen Nuklearwaffen – sie reichen von wenigen Kilotonnen bis zu 400 Kilotonnen (KT), was 400 000 Tonnen TNT entspricht[29] –, könnte man sich die verheerenden Konsequenzen vorstellen.

Es ist undenkbar, daß die eigene Bevölkerung nicht schwerstens getroffen würde, was den militärischen Planern und Experten im übrigen auch voll und ganz bewußt ist. So umriß der amerikanische Senator *Stuart Symington* das Problem treffend: »Ein nuklearer Schlagabtausch, den wir als einen taktischen ansehen, wäre für die betroffenen Europäer ein strategischer Nuklearkrieg.« Das heißt, er würde die Vernichtung Europas bedeuten.

Schon bald nach der Stationierung der ersten taktischen Nuklearwaffen im Oktober 1953 in Europa zeigte sich, daß die damalige Verteidigungsdoktrin der »massiven Vergeltung« auf einen sowjetischen konventionellen Angriff im Ernstfall schreckliche und gefährliche Konsequenzen hätte – für die eigene Seite –, was daher erhebliche Zweifel und Skrupel auslöste. Der Einsatz dieser Waffen mit ihrer gewaltigen Sprengwirkung (SPD und FDP wollten ein Vetorecht gegen den Einsatz dieser taktischen Nuklearwaffen sichern, das aber von den Amerikanern abgelehnt wurde[30]), müßte zwar zu unerwünschten, aber zwangsläufig verheerenden Schäden *(Collateral damage)* für die Bevölkerung im dichtbesiedelten Deutschland führen, vor allem in der Bundesrepublik. Eine 1955 unter entsprechenden Voraussetzungen und Bedingungen durchgeführte Übung mit dem Namen »Carte Blanche« ergab, daß, wenn ein sowjetischer konventioneller Angriff mit 335 taktischen Atomwaffen zu stoppen versucht worden wäre, von denen man 268 auf deutschem Boden hätte explodieren lassen, es unter der deutschen Bevölkerung innerhalb von 48 Stunden 1,5 bis 1,7 Millionen Tote gegeben hätte und 3,5 Millionen Verletzte. Dies erschien als ein zu hoher Preis für eine sinnvolle Verteidigung, da man ja zerstört haben würde, was zu verteidigen gewesen wäre. Der damalige sozialdemokratische Bundestagsabgeordnete *Helmut Schmidt* zeigte sich entsetzt über das Ergebnis dieses Planspieles.[31] Einige deutsche Offiziere sollen sogar geweint haben.
Wenige Jahre später bereits ergaben Studien des US-Verteidigungsministeriums, daß, je nach Annahmen und Voraussetzungen, die Abwehr eines sowjetischen Großangriffs mit taktischen Nuklearwaffen 20 bis 100 Millionen Todesopfer in Europa kosten würde.[32] Sowjetische Gegenschläge wurden dabei offenbar noch gar nicht einkalkuliert.
Etwa zur selben Zeit löste sich eine weitere Stütze dieses Verteidigungskonzeptes auf, nachdem die Sowjetunion zu Beginn der 60er Jahre ebenfalls Interkontinentalraketen entwickelt hatte und in Dienst zu stellen begann, also die Fähigkeit erwarb, einen amerikanischen Nuklearschlag mit einem Gegenschlag zu beantworten. Jetzt erschien es den USA nicht mehr so einfach, einen konventionellen Angriff mit Nuklearwaffen risikolos vergelten zu können. Diese Aussichten ließen das Vertrauen in die Funktionsfähigkeit der »massiven Vergeltung« unter der *Kennedy*-Regierung angesichts der Konsequenzen schwinden, die ein Ernsteinsatz von Atomwaffen für die USA gehabt hätte.

Unter Präsident *John F. Kennedy* und vor allem unter seinem Nachfolger *Lyndon B. Johnson* entwickelten daher die USA eine Modifikation und Differenzierung der bis dahin simplen und somit gefährlichen Abschreckungsdoktrin. Die massive Vergeltung wurde durch die *»flexible response«* (am besten zu übertragen mit »abgestufter« bzw. »angemessener Reaktion«) ersetzt. Ein sowjetischer konventioneller Angriff sollte nunmehr grundsätzlich mit konventionellen Streitkräften zu stoppen versucht werden. Sollte dies fehlschlagen und der Warschauer Pakt vor einem entscheidenden Durchbruch stehen, will das westliche Verteidigungsbündnis den Konflikt auf die nächsthöhere Eskalationsebene heben und taktisch-nukleare Kernwaffen einsetzen, allerdings begrenzt zunächst auf militärische Ziele. Dem Gegner sollte damit das Risiko klargemacht werden, das er eingeht, wenn er den Angriff fortsetzt. Der Angriff, so besagt dieses verdeutlichte Risiko, habe keine Chance auf Erfolg, weil die Kosten für den Angreifer weitaus höher wären als jeder denkbare Gewinn. Am Ende stehe die mögliche eigene Vernichtung des Angreifers.[33]
Auf dieser Eskalationsstufe hat der Einsatz von taktischen Nuklearwaffen eher eine politische Funktion. Er soll den Angreifer zum Einlenken bewegen und zum Rückgang hinter die ursprünglichen Stellungen. Ein solcher Gegenangriff hätte nach den Vorstellungen der Verteidigungsplanung sogar die Funktion, den Willen zur Beendigung des Krieges zu signalisieren, um eine Eskalation zu vermeiden. Gleichzeitig hat dieser »kontrollierte« Einsatz aber auch die Funktion eines »Bindegliedes« *(linkage)* zu den strategischen Nuklearwaffen der USA, genauer: nach dem »Nachrüstungsbeschluß« und nach einer Stationierung eurostrategischer Waffen in Europa eben zu den eurostrategischen Nuklearwaffen. Mit anderen Worten: Der Gegner soll sich dessen bewußt sein, daß die NATO und vor allem die USA entschlossen seien, die Fortsetzung des Angriffs, bei dem taktische Nuklearwaffen eingesetzt werden, mit eurostrategischen oder gar mit strategischen zu beantworten.
Bei der Formulierung der *»flexible response«* Mitte der 60er Jahre und den Beratungen mit den NATO-Partnern, die diesem Konzept 1977 schließlich zustimmten, zeigte sich, daß die Europäer diesen Differenzierungsbemühungen der USA zunächst heftigen Widerstand entgegensetzten. Sie sahen darin ein Zeichen dafür, daß die USA ein »ungutes Gefühl« gegenüber jedwedem Einsatz von Nuklearwaffen an den Tag legten, was den Abschreckungswert zwangsläufig mindern mußte.[34] Die

Verbündeten beklagten, daß ein zu eng begrenzter Einsatz von taktischen Nuklearwaffen vom Standpunkt Washingtons aus lediglich zu einem begrenzten Krieg führen würde, nach Einschätzung der Europäer indessen zu einem apokalyptischen, weil er den Gegner nicht abschrecke. Mehr noch: Verschiedenen amerikanischen Autoren erscheint die Haltung der europäischen NATO-Partner schlichtweg unverständlich. So schreiben *Samuel T. Cohen,* der als »Vater der Neutronenbombe« gilt, und *William R. van Cleave,* Professor für Verteidigung und strategische Studien an der Universität Südkalifornien: »Wann immer man in der Vergangenheit in den USA Betrachtungen über kontrollierbare, begrenzte, strategische Optionen angestellt hat oder über defensive, schadenbegrenzende Möglichkeiten, trafen sie nicht nur auf den starken Widerstand (seitens der Europäer), sondern das Ergebnis war eigentlich eine Selbstverleugnung... In der Tat, die Suche nach Mitteln und Wegen für eine wesentliche Begrenzung der zivilen Schäden wurde im wesentlichen als hoffnungslos beurteilt oder – etwas widersprüchlich – als unerwünscht, da sie einen Nuklearkrieg denkbarer und damit wahrscheinlich machen könnte«.[35] Und die beiden Autoren fahren fort, wobei man ihr verwundertes Kopfschütteln zu sehen meint: »Angesichts der Tatsache, daß die Westeuropäer, und vor allem die Deutschen, aus eigener unmittelbarer Erfahrung die Verwüstungen eines konventionellen Konfliktes kennengelernt haben und daher gute Gründe haben sollten, eine Wiederholung zu fürchten, scheint es merkwürdig, daß das Vorstellungsvermögen über das atomare Unbekannte nicht über die Vorstellung des konventionell Bekannten hinausreicht.« Die »widersprüchliche Logik«, d.h. die Ausweglosigkeit des Abschreckungssystems, kommt in dieser Beschreibung treffend zum Ausdruck: Hohe Waffenwirkung, hohes eigenes Vernichtungsrisiko und letztlich doch geringe Abschreckung – oder niedriges Vernichtungsrisiko für den Gegner und daher ebenfalls geringe Abschreckung. *Cohen* und *van Cleave* suchen nach einer Erklärung für diese ihnen unverständliche Haltung und stoßen dabei auf ein bemerkenswertes historisch-psychologisches Indiz: Die Zerstörung von Städten und Siedlungen sei in der Kriegsgeschichte Europas immer schon üblich gewesen, nicht zuletzt deshalb, weil die Städte auch zu Festungen und befestigten Stützpunkten ausgebaut zu werden pflegten. Ihre Vernichtung wird »als fatalistische Komponente des konventionellen Bodenkrieges« betrachtet und in der Haager Landkriegsordnung sogar legitimiert.

Ein aufschlußreiches Beispiel für diese fatale Tradition lieferte der frühere NATO-Oberbefehlshaber Europa-Mitte und jetzige Staatssekretär im Bundesverteidigungsministerium, *Karl Schnell.* Im November 1976 wurde eine Studie von ihm bekannt, in der er einen rascheren Einsatz von Atomwaffen empfahl.[36] Dementsprechend sollten die im NATO-Dokument MC 14/3 niedergelegten Verfahren über den Einsatz von Nuklearwaffen korrigiert werden.
Die mit der Formulierung der *»flexible response«* entstandenen unterschiedlichen Auffassungen in der Verteidigungs- und Abschreckungskonzeption zwischen den NATO-Partnern und den USA, die teilweise heute noch fortbestehen, wollten die Präsidenten *Nixon* und *Ford* auf zweifache Weise in Einklang bringen. Die Pentagonplaner hoben das Modell des begrenzten taktischen nuklearen Einsatzes nun auch auf die strategische Ebene. Begrenzte strategische Schläge gegen militärische und/oder industrielle Zentren in der Sowjetunion wurden als Option formuliert, wobei nunmehr zur Erhöhung des Risikos bewußt offengelassen wird, in welcher militärischen Lage diese Stufe der Abschreckung »gezündet« werden soll. Mit dieser begrenzten und kontrollierten *»Counter-Force-Taktik«* wollten die USA die Plausibilität der Abschreckung und ihre Risikobereitschaft gegenüber Moskau verstärken und gegenüber den europäischen NATO-Partnern die Garantie erneuern, die Sowjetunion notfalls direkt anzugreifen, um Europa zu schützen.
Dabei gingen diese Überlegungen von der Annahme aus, daß die Sowjets einen solchen begrenzten Nuklearschlag, wie auch schon einen begrenzten taktischen, nicht mit einem umfassenden nuklear-strategischen Angriff auf die Vereinigten Staaten beantworten würden, da dieser wiederum die umfassende Vergeltung der USA auslösen müßte. Mit anderen Worten: Die USA lassen sich nicht davon abschrecken, begrenzte taktische und strategische Nuklearschläge zu führen. Von den Sowjets wird aber angenommen, daß sie sich sehr wohl abschrecken lassen, die Entschlossenheit der USA zu testen.
Fords Verteidigungsminister *James Schlesinger* vertrat diese Auffassung allen Ernstes während einer Anhörung vor dem Senat im Jahre 1974: »Ich glaube, Herr Senator, wenn wir mit der sowjetischen Führung während des Nuklearkrieges kontinuierlich kommunizieren und ihr peinlich genau den begrenzten Zweck unserer Aktionen – einschließlich des Wunsches, einen Angriff auf die städtische industrielle Basis zu vermeiden – beschreiben, daß die politische Führung auf beiden Seiten

unter starkem Druck stehen wird, weiter Vernunft zu bewahren.«[37]
Die NATO will und kann nach Ansicht ihrer politischen und militärischen Repräsentanten nicht auf Atomwaffen verzichten, weil sie erstens die ständig behauptete konventionelle Unterlegenheit militärisch ausgleichen muß, und zweitens, weil mit begrenzten nuklearen Schlägen »politische Signale« gesetzt werden sollen, um den Angreifer zur Umkehr zu zwingen.[38]
Das zweite Ergebnis dieser unterschiedlichen Verteidigungskonzeptionen ist für Europa von weiterreichenden Konsequenzen. Um die Eskalationsgefahr durch den Einsatz starker taktischer Atomwaffen zu verringern und damit gleichzeitig die Glaubwürdigkeit zu erhöhen (die eben durch die verheerende Wirkung vermindert war), begannen die USA die taktischen Nuklearwaffen zu verkleinern, um sie für den Gefechtsfeldeinsatz tauglich zu machen. Dadurch sollte gegenüber der Sowjetunion die Absicht unterstrichen werden, daß dieser Einsatz rein defensiven Zwecken diene und eine Eskalation, gar eine strategische, nicht beabsichtigt sei. Gleichzeitig hoffte man natürlich, wenn es auch nicht zugegeben wurde, daß dies eine Möglichkeit sein könnte, die Abwehrkraft der konventionellen NATO-Streitkräfte zu stärken.
Das Modernisierungsprogramm für die taktischen Nuklearwaffen, dessen vorerst letztes Ergebnis die Neutronenbombe ist, hatte der damalige US-Verteidigungsminister *Melvin Laird* am 13. April 1972 in einem Interview mit der *New York Times* bekanntgegeben. Die USA, sagte er, strebten Atomwaffen von geringerer Explosionskraft und geringerem radioaktiven Fallout an, gleichzeitig aber eine verbesserte Zielgenauigkeit, Flexibilität, Sicherheit und Verwendungsfähigkeit, zum Beispiel durch Verschießen mit Acht-Inch- und 155-Millimeter-Haubitzen. Im April 1975 beschrieb Lairds Nachfolger *Schlesinger* die Rolle der taktischen Nuklearwaffen in Europa in einem Bericht an den Kongreß: Der Entwicklungstrend schließe alle Ebenen mit ein. Höhere Genauigkeit, geringere Schäden für die Zivilbevölkerung und deswegen geringere Sprengkraft für harte Ziele; verbesserte Sicherheit, höhere Mobilität auch für die mobilen Träger, verminderte Verwundbarkeit, schnellere und sichere Kommando-, Kontroll- und Kommunikationsstrukturen, größere Flexibilität und höhere Kampfkraft.[39] *Schlesinger* bekräftigte noch einmal die Absicht, zunächst einen begrenzten taktischen nuklearen Schlag zu führen, um den Angreifer zu warnen. Gleichzeitig müsse er aber »mit genügendem Nachdruck und mit Entschlossenheit geführt wer-

den«, damit der Angreifer ihn auch als politische Warnung begreife und seine Verbände zurückziehe.

Einige NATO-Partner, vor allem die Bundesregierung, betrachteten auch dieses »Herumbasteln« an der Abschreckungsdoktrin zunächst mit Mißtrauen. Sie wollten die energische Drohung möglichst gleich mit dem großen Hammer, da alles andere die Abschreckung schwächen und damit auch das Risiko für den Angreifer vermindern müsse. Die Aussicht, daß sich ein Konflikt in Europa auf die taktisch-nukleare Ebene begrenzen lasse, bedeutet aber, wie die europäischen NATO-Partner wissen, die Verwüstung Europas.

3. Das Dilemma der taktischen Atomwaffen

Durch die Verkleinerung der taktischen Nuklearwaffen auf eine Sprengwirkung von 0,1 KT bis zu zehn KT glaubten die Verteidigungsplaner der NATO, den Grundwiderspruch des Abschreckungssystems gelöst zu haben, daß nämlich die verheerende Flächenwirkung der bisherigen taktischen Nuklearwaffen das Risiko für den Angreifer erheblich mindere, weil er berechtigte Zweifel am Einsatz dieser Waffen haben könnte. Nunmehr sollte der abschreckenden Wirkung ein höheres Maß an Glaubwürdigkeit zukommen, da die Zivilbevölkerung, die ja verteidigt werden soll, nicht mehr von einem unkontrollierbaren Übermaß an Vernichtung durch die eigenen Waffen bedroht würde. Der *collateral damage* sei im Gegenteil gering und kontrollierbar, so argumentierten die Experten; daher müsse der Angreifer den Einsatz dieser taktischen Nuklearwaffen als sicher einkalkulieren. Daraus ergebe sich eine größere Abschreckung der kleineren Nuklearwaffen.

Aber der Widerspruch des Abschreckungssystems wird dadurch noch nicht gelöst, allenfalls für die beiden Supermächte vermindert. Denn der damit verbundene Versuch, das strategische Risiko zu senken, muß dazu führen, daß der Krieg auf der taktisch-nuklearen Ebene wieder denkbar und führbar wird. Dieser Logik des Abschreckungssystems zufolge müßten solcher Art Bemühungen also gerade einen potentiellen Aggressor ermuntern, da das strategische Risiko für ihn tragbar erscheint. Der Widerspruch wird also nur von der konventionellen auf die nächsthöhere Ebene verlagert.

Für die Verkleinerung der taktischen Atomwaffen gibt es freilich auch einen einsatztaktischen und einen technologischen Grund. Da der Vernichtungsgrad einer Nuklearwaffe nicht linear mit ihrer Sprengkraft steigt, werden *Mini-Nukes* relativ effektiver, vor allem handlicher. Das sei an einem Beispiel erläutert:

Eine taktische Nuklearwaffe von 0,5 KT (500 Tonnen Sprengstoff TNT) vermag Panzer im Umkreis von 120 Metern durch Hitze und Druck zu zerstören. Panzerbesatzungen werden im Radius von 350 Metern durch Neutronenstrahlung getötet.[40]

Eine 10-KT-Bombe vernichtet Panzer im Umkreis von 350 Metern durch Hitze und Druck, setzt die Besatzungen auf eine Entfernung von 700 Metern durch Neutronenstrahlung außer

Gefecht. Das heißt, daß die 20fach kleinere Atombombe wesentlich »ergiebiger« ist als die größere. Ihre Zerstörungswirkung durch Hitze und Druck beträgt flächenbezogen ein Neuntel der größeren; die Vernichtungswirkung durch Strahlung hingegen bereits ein Viertel.
Andererseits stellt sich heraus, daß selbst stark verkleinerte Atomsprengköpfe die grundsätzlichen militärischen Probleme immer noch nicht beseitigen könnten, wenn sie etwa als panzerbrechende Waffen eingesetzt werden sollten. Eine explodierende 10-KT-Bombe tötet zwar, wie an dem Beispiel deutlich wurde, Panzerbesatzungen im Umkreis von 700 Metern durch Strahlung, die vernichtende Druck- und Hitzewirkung zerstört aber Gebäude im Radius von 1200 Metern. Das bedeutet, daß, selbst wenn die Bombe über nichtbesiedeltem Gebiet explodierte, Felder, Wiesen und Wälder zu brennen anfingen, der Schaden also hoch wäre.[41] Der radioaktive Niederschlag *(fallout)* würde das Kampfgebiet außerdem für die eigene Truppe unpassierbar machen (allerdings verfügen sowjetische und auch NATO-Panzer neueren Typs über ein Belüftungssystem, das den Einsatz in radioaktiv verseuchtem Gelände erlaubt. Im Inneren der Panzer wird der Luftdruck höher gehalten als der in der Atmosphäre, so daß Luft nur entweichen, radioaktive aber nicht eindringen kann).[42]
Der Kosten-Nutzen-Effekt wäre also relativ ungünstig, zumal Panzer im Angriffsverband rund 100 Meter auseinandergezogen, nebeneinander oder gestaffelt operieren. Mit einer 10-Kt-Bombe ließe sich demnach noch nicht einmal eine Panzerkompanie vernichten. Zöge der Angreifer seinen Panzerverband um 50 Prozent auseinander, so müßte bereits eine Atombombe von mehreren 100 KT eingesetzt werden[43], die dann allerdings ausschließlich durch Druck und Hitze wirkte und verheerenden Schaden auslöste (zum Vergleich: Eine Ein-Megatonnen-Bombe – 1-MT – zerstört Panzer durch Druck und Hitze im Radius von 2,5 bis 3 Kilometern, Wohnhäuser im Radius von sechs Kilometern oder auf einer Fläche von 100 Quadratkilometern, Holzhäuser im Umkreis von neun Kilometern oder auf einer Fläche von 250 Quadratkilometern.) Der tödliche radioaktive *fallout* würde 100 Kilometer weit reichen und Leben auf einer Fläche von 1500 Quadratkilometern töten. Bei einem Einsatz mehrerer solcher Waffen ergäbe sich hinsichtlich der Wirkung des radioaktiven *fallouts* allerdings keine lineare, sondern eine potenzierte Wirkung. Mit zehn bis 15 solcher 1-MT-Bomben könnte beispielsweise ein Gebiet von der Größe Hessens vernichtet werden.[44]

Nach all dem wäre also zu erwarten, daß ein Angreifer nach Möglichkeit seine Panzerverbände »im Schutz« von größeren Siedlungen massieren würde, um den Gegner zu zwingen, die eigene Bevölkerung auszulöschen, in der Hoffnung, er würde dies angesichts dieser Kosten nicht tun.
Die NATO-Doktrin der 50er Jahre, die auf der Annahme basierte, jeder Krieg mit dem Warschauer Pakt werde ein Atomkrieg sein, wird von *Alain Enthoven,* von 1961 bis 1968 Leiter der Abteilung für Systemanalyse, so charakterisiert: »Das alles geschah ohne irgendeinen zusammenhängenden Plan oder eine Doktrin, wie ein Atomkrieg überhaupt zu führen wäre. Man beeilte sich einfach, jedermann, sogar die Infanterie, mit Atomwaffen auszurüsten.«[45]
Hat sich seitdem denn etwas geändert? *Joffrey Record,* der amerikanische Konfliktforscher und Militärexperte, beschreibt den gegenwärtigen Zustand folgendermaßen: »Am Ende dieser geschichtlichen Entwicklung steht ein Arsenal von mehr als 7000 amerikanischen taktischen Atomwaffen in Europa, vom früheren Abteilungsleiter im Pentagon, *Paul C. Warnke,* zutreffend als ein gefährliches Übermaß bezeichnet; es beruht auf einem Mischmasch von Begründungen, die im besten Fall fragwürdig und schlimmstenfalls illusorisch sind. Obwohl Verteidigungsminister *James R. Schlesinger* in seinem Verteidigungsbericht zugegeben hat, daß es ›nicht klar ist, unter welchen Umständen die USA und ihre Alliierten einen relativen militärischen Vorteil in einem taktischen nuklearen Schlagabtausch in Europa davontragen würden‹, geht er weiterhin mit dem alten, auch längst widerlegten Argument hausieren, die amerikanischen Kernwaffen müßten ›so lange dort bleiben, wie die gegnerischen Streitkräfte ähnliche Kapazitäten aufrechterhalten‹. Natürlich führte diese Art von Logik die UdSSR dazu, ihre eigenen taktischen Atomwaffen zu entwickeln, und machte damit das zunichte, was vorher der NATO an militärischen Vorteilen aus dem einzigen Besitz von taktischen Atomwaffen erwachsen sein mochte.«[46]
Eine weitere Schwierigkeit schließlich: Ein nukleartaktischer Atomkrieg erfordert mehr Soldaten. Eine zahlenmäßige Unterlegenheit läßt sich mit diesen Waffen nicht ausgleichen, wie *Enthoven* schreibt: »Taktische Nuklearwaffen können nicht dazu benutzt werden, eine zahlenmäßige Unterlegenheit bei den Mannschaftsstärken zu kompensieren. Das wurde über Jahre hin in zahllosen Studien bewiesen... Nehmen wir einmal an, wir und der Warschauer Pakt würden mit je einer Million Mann an Truppen ins Feld ziehen, sie (die Sowjets) aber hätten

eine weitere Million Mann in Reserve und wir nicht. Wenn wir dann mit einem nuklearen Schlagabtausch auf dem Schlachtfeld begännen und jeder die Streitkräfte des anderen vernichtete, wäre das Endergebnis, daß wir das Feld ihrer Reserve von einer Million Mann überließen.«[47]

Doch scheint dies lediglich ein Argument »an sich« zu sein, ein Unargument, das die Bedingungen des taktischen Atomkrieges in Europa völlig außer acht läßt. *Enthoven* fährt fort: »Jenseits des begrenzten demonstrativen Einsatzes einiger weniger Waffen gibt es so etwas wie einen taktischen Atomkrieg im Sinne einer fortgeführten, zweckmäßigen Militäroperation nicht. Studien haben gezeigt, daß die ersten Vernichtungsschläge Flughäfen (gewöhnlich in der Nähe von Städten), Hauptquartiere und Truppenansammlungen zerstören würden; Lähmung und ein allgemeiner Zusammenbruch wären die Folge. Taktische Atomwaffen können nicht zu einem vorhersehbaren militärischen Resultat führen. Niemand weiß, wie man einen taktischen Atomkrieg führt.«[48]

Militärstrategen, die in Manövern oder Planspielen die Szenarios des künftigen Krieges aufbauen und durchspielen, eines Krieges, den sie gar nicht kennen, und Politiker oder auch Wehrexperten, die sich dann von den Militärs beraten lassen, wie eine solche Abschreckungstheorie zum Abschreckungssystem zu machen sei, übersehen dabei augenscheinlich, daß ein wenig Phantasie und Vorstellungsvermögen realistischere Ergebnisse zutage fördern könnte. Im Ersten Weltkrieg war es der Soldat, der als erster die Erfahrung machen mußte, daß die schneidige Attacke angesichts der ratternden Maschinengewehre ein sinnloses Verheizen bedeutete. Die »Kriegskunst« der Generalität stellte sich darauf erst ziemlich spät ein, obwohl es Manöver, Planspiele und die ersten Schlachten eigentlich hätten sonnenklar machen müssen.

Derselbe Mangel an Phantasie kostete im Zweiten Weltkrieg Hunderttausenden von Soldaten das Leben, weil sich »die Kriegskunst« polnischer, französischer oder sowjetischer Generäle nicht rechtzeitig auf den von Tieffliegern unterstützten Panzerangriff einstellen konnte.

Vielleicht ist dieser Mangel an Vorstellungskraft bei Militärs, Politikern und auch Journalisten der gefährlichste Faktor, der einen künftigen Krieg ermöglichen könnte. Denn auf Zukunft gerichtetes menschliches Planen und Handeln wurzelt einerseits in der Vergangenheit, in der persönlichen Erfahrung, in dem, was man alles gelernt hat, andererseits in abstrakten Berechnungen, Zahlen und Statistiken: Die rapide, im Wort-

sinne unvorstellbare Entwicklung der modernen Waffentechnik, die in der Lage ist, den Zerstörungsgrad eines ehedem langjährigen Krieges mit hundertfach größerer Wirkung in Sekunden oder Minuten zu realisieren, hat auch die Phantasie überholt. Realität kann nicht mehr dargestellt werden, indem man gemachte Erfahrungen oder einst gelernte Fakten und Verhaltensweisen zu Rate zieht, sondern nur, wenn man in den Kategorien von *Science-fiction* zu denken gelernt hat.
Der frühere Oberkommandierende der US-Armee in Europa, Generalleutnant a. D. *Arthur S. Collins*, der ehemalige Generalinspekteur der Bundeswehr, *Heinz Trettner* und General a. D. *Johannes Steinhoff*, scheinen zu den wenigen Militärs zu gehören, die sich einen modernen, mit taktischen Nuklearwaffen ausgetragenen Krieg realistisch vorstellen können. In seinem Aufsatz »Taktischer Nuklearkrieg und NATO: Gangbare Strategie oder tödliches Ende?« schreibt *Collins*:
»Die Häufigkeit, mit der Menschen etwas zustößt, ist entscheidend. Im Zweiten Weltkrieg verlor die 3. Infanteriedivision 4992 Mann im Kampf, und die 4. Infanteriedivision 4097. Und das in einem Zeitraum von 28 Monaten (Januar 1943 bis Mai 1945). Was passiert, wenn so viele Männer in einer Division über Nacht fallen? Wie soll man das ersetzen? Der psychologische und menschliche Druck wird jedes bisher aus Kämpfen bekannte Ausmaß übersteigen. Sollten wir dem nicht mehr Beachtung schenken? ...
Wenn wir darüber reden ›was wir tun werden‹, dann wird oft übersehen, daß es in jedem Kampf zwei Seiten gibt. Wir reden davon, einen Krieg in Grenzen zu halten, als ob all diese Gewalt, die Bewegung und das Sterben, in einem antiseptischen Laboratorium stattfindet, wo genaue Maßangaben von Ergebnissen und Voraussagen, von Reaktionen im voraus getroffen und festgehalten werden können. Dabei ist es doch möglich, daß unsere Regeln und Einschränkungen für die Gegenseite unakzeptabel sind oder von ihr fehlinterpretiert werden – und umgekehrt.
Eine der großen Unbekannten im Kampf ist der menschliche Verstand. Wir gehen immer davon aus, daß eine Handlung, die wir begehen, von anderen auch so verstanden wird, wie sie von uns beabsichtigt war. Das läuft schon im Alltagsleben nicht so, wo die Einsätze nicht annähernd so groß sind. Deshalb gibt es keine Entschuldigung dafür, anzunehmen, daß das gegenseitige Verständnis im Krieg plötzlich selbstverständlich sein soll, wo Druck, Angst und Zeitnot ständige Begleiter sind ...
Nach meiner Erfahrung im Kampf sehe ich keine Möglichkeit,

die atomare Eskalation unter Kontrolle zu halten, wegen des Informationsmangels, des Zeitdrucks und der tödlichen Folgen auf beiden Seiten der Front. Ich will sagen, daß wir Amerikaner für unberechenbarer angesehen werden, eher dazu bereit als unsere Feinde, extreme Feuerkraft einzusetzen. Die Behauptungen, die ich darüber gelesen habe, wie wir einen Atomkrieg unter Kontrolle halten werden, sind schlicht nicht glaubhaft, wenigstens für mich nicht. Wir neigen dazu, von Schlachtordnungen auszugehen, die nur dann glaubwürdig sind, wenn sie vom Gegner begriffen werden und er sie akzeptiert und einhält. Wir nehmen allgemein an, daß der Gegner unsere Kampfbedingungen übernimmt. Was ist, wenn nicht?... Wenn man die bekannten Auswirkungen von Waffen in Betracht zieht und sich die Zahl der Toten und Verwundeten, der Krater und Zerstörungen, der Erblindungen und die Verseuchungen und den radioaktiven Niederschlag vorzustellen versucht, dazu eine Hitze, die Gummi schmelzen und Nachrichtengeräte verglühen läßt und Treibstoffvorräte entzündet, sind dann in einer solchen Umgebung ausgedehntere Operationen noch wirklich durchführbar? Ich sage voraus, daß die Operationen nach ein paar Tagen zu einem plötzlichen Stillstand kommen, und zwar auf beiden Seiten.

Einige Militärführer sprechen von Siegeswillen, von der Entschlossenheit und einer Menge Sachen, die nicht genau faßbar, wohl aber entscheidend sind bei der Art von Kampf und Zerstörung, denen die Menschen bisher unterworfen waren, an die sie sich anpassen und dennoch das komplexe Unternehmen eines bewaffneten Konfliktes koordinieren konnten. Aber wir kennen nichts aus der menschlichen Geschichte, was einem taktischen Atomschlachtfeld gleichkäme, wo Hunderte oder gar Tausende von Kernwaffen von beiden Seiten eingesetzt werden.

Wenige zivile Wissenschaftler, Waffenkonstrukteure und Theoretiker der atomaren taktischen Kriegführung haben diese intime Kenntnis der Bedingungen eines Schlachtfeldes. Es gibt auch gar keinen Grund, warum man von ihnen erwarten sollte, daß sie sie haben. Aber Militärführer wissen, was in einem Kampf alles geschieht, und sie wissen wohl besser darüber Bescheid, was den Menschen auf einem atomaren Schlachtfeld passieren könnte. Ich habe mich oft darüber gewundert, warum die Streitkräfte sich nicht intensiver mit diesem Aspekt des Problems beschäftigt haben. Viele Dinge fallen einem dazu ein, und ein Gedanke scheint mir besonders wichtig zu sein. Während meiner Dienstzeit habe ich oft die Beobachtung gemacht, daß die engagiertesten Befürworter der Atomwaffen in der Regel mit Flugzeugen, Raketenforschung und -entwicklung, Luftverteidigung und Feuerunterstützung zu tun haben. Mit diesen Interessen ähneln sie sehr ihren zivilen Gegenstücken. Sie sind stark in den Naturwissenschaften, im Ingenieurwesen und in der Mathematik. Sie sind technisch und theoretisch orientiert, im Gegensatz zu einer Orientierung am Menschen. Doch nur wenige der starken Befürworter der taktischen atomaren Kriegsführung haben den Blick des Frontsoldaten ...

Wir wollen uns nicht länger etwas vormachen. Bei der Kriegführung zu Lande gibt es kein logisches Argument für einen taktischen Atomkrieg. Für die Menschen, die in dieser Umgebung leben oder kämpfen, bedeutet das den totalen Krieg.«[49]

Adalbert Weinstein aber, der Militärfachmann der »*Frankfurter Allgemeinen Zeitung*«, will es »der schöpferischen Phantasie der Kommandeure und Befehlshaber überlassen, die Einheiten unter Atomdruck zu führen«.[50]

Sogar noch früher als *Collins* hat General a. D. *Heinz Trettner* die unsinnige Erwartung kritisiert, daß sich bei einem taktisch-atomaren Schlagabtausch noch sinnvolle militärische Operationen durchführen ließen. *Trettner* führt ein weiteres Argument an, das bei Planspielen offenbar hartnäckig verdrängt wird, um die künftige Realität nicht zur Kenntnis nehmen zu müssen: die Bevölkerung.

»Selbst, wenn man so optimistisch ist, zu glauben, daß Soldaten so ausgebildet und erzogen werden könnten, daß sie das Grauen der atomverwüsteten Schlachtfelder unberührt zu durchschreiten und ihre taktischen Aufträge planmäßig auszuführen vermöchten – ich teile diesen Optimismus nicht –, kann doch niemand von der unvorbereiteten und ungeschützten Bevölkerung ähnliches erwarten. Wer einem Atomtest beigewohnt oder Filme von Tierversuchen bei den Atomexplosionen gesehen hat, macht sich da keinerlei Illusionen. Mit einer demoralisierten Bevölkerung und einem zerstörten Land im Rücken kann sich aber auch der beste Soldat in einem modernen Krieg nicht behaupten.«[51]

Trettner verwirft auch das Argument, mit taktischen Atomwaffen ließe sich »eine echte Abschreckung gegen jeden Angriff« erzielen, zumal wenn man ihren Einsatz nur zu Demonstrationszwecken plant, wie dies unter anderem im *Weißbuch* 1975/76 formuliert wird, oder sie nur gegen die angreifenden feindlichen Truppen verwenden will.

»Einen rücksichtslosen Gegner kann man nicht dadurch ab-

schrecken, daß man nur die vorderste Welle seiner Streitkräfte bekämpft, sondern einzig und allein durch die Bedrohung seines eigenen Landes. Er kann sich leicht ausrechnen, daß die taktischen Atomwaffen, wenn sie aus dem Zusammenhang mit dem gesamten Atompotential herausgelöst werden, für den Verteidiger viel größere Nachteile als Vorteile bringen und deshalb die Gefahr ihres Einsatzes gering ist. Das ist das Gegenteil von Abschreckung.
Auch für Demonstrationszwecke sind die Gefechtsfeldwaffen weniger geeignet als andere atomare Waffen, weil sie die Entschlossenheit zur Verteidigung mit allen Mitteln nur unvollkommen zum Ausdruck bringen.«[52]
Trettner ist wie General a. D. *Wolf Graf Baudissin* offenbar der Ansicht, daß das Abschreckungssystem einzig und allein von der Stabilität des strategischen Gleichgewichts abhängt, vorausgesetzt, beide Supermächte werden nicht in ihrer Fähigkeit zum Zweitschlag bedroht. Taktische Atomwaffen sind daher, diesem Konzept zufolge, militärisch sinnlos und politisch gefährlich, weil sie das nuklear-strategisch begründete Gleichgewicht destabilisieren.
Zusammenfassend kommt *Trettner* zu dem Ergebnis: »Bei Abwägung aller Pros und Kontras kommt man unausweichlich zu dem Schluß, daß die Atomwaffen – so wie sie heute sind – einfach den Rahmen taktischen Operierens sprengen. Ihr isolierter Einsatz zur Führung von Gefechten schadet den Europäern, ohne den Amerikanern zu nutzen. Es handelt sich unter mitteleuropäischen Verhältnissen um eine schon im gedanklichen Ansatz verfehlte Konzeption.«
Trettner – ihm stimmt weitgehend auch General a. D. *Steinhoff* zu – findet Widerspruch bei seinem Kollegen *Ulrich de Maizière,* ebenfalls früher Generalinspekteur der Bundeswehr. *De Maizière* warnt mit Nachdruck davor, die 7000 taktischen Atomwaffen in Europa abzubauen, selbst wenn diese, was dem General natürlich bewußt ist, ein groteskes Übertötungspotential darstellen, da, die Reaktion des Gegners nicht berücksichtigt, nach dem Einsatz von 2000 solcher Sprengköpfe Mitteleuropa verwüstet wäre. Doch dem General a. D. geht es um die »lückenlose und unkalkulierbare Abschreckung. Sie setzt ein breites Spektrum aller Vernichtungskräfte – der konventionellen, taktisch-nuklearen und strategisch-nuklearen Mittel – voraus ... Man wird also die Zahl der in Europa ausgelagerten A-Waffen nicht wesentlich verändern dürfen. Wohl aber wird man ihre Zusammensetzung nach Art und Wirkung den technischen Entwicklungen, der Neuordnung der Waffensysteme

und der Verfeinerung der Nuklearstrategie anpassen können, ja müssen.«[53]
Schließlich verweist *de Maizière* auf »die negative politisch-psychologische Wirkung einer etwaigen Reduzierung von Atomwaffen in Europa«, das womöglich absurdeste Argument, weil es dem Gegner potentiellen Schwachsinn unterstellt. Eine Reduzierung der Übertötungskapazität auf ein »realistisches« Vernichtungsmaß »würde den Warschauer Pakt ermutigen, die europäischen Völker aber in ihrem Verteidigungswillen schwächen«.
Zwei bemerkenswerte Zeugnisse konträrer Auffassungen von Militärs ein und derselben Armee. Die Widersprüchlichkeit der Abschreckungstheorie läßt sich also ebensogut an ihren Befürwortern nachweisen.
Eine Mittelstellung zwischen *Trettner* und *de Maizière* nimmt der ehemalige US-Außenminister *Cyrus Vance* ein. Er plädierte 1976 für eine einseitige Reduzierung des taktischen Atomwaffenarsenals in Europa: »Es ist keine vernünftige Verteidigungspolitik, an veralteten, unbrauchbaren oder gefährlichen Waffensystemen festzuhalten.«[54] Später widerrief er zwar diese Auffassung, hielt aber daran fest, daß die Miniaturisierung der Atomwaffen militärisch wenig sinnvoll, politisch aber gefährlich sei. Außerdem müßten die enormen Kosten berücksichtigt werden:
»Befürworter der Miniaturisierung betonen, daß die Verbindung von niedriger Sprengkraft (unter einer Kilotonne) mit Präzisionstechnologie zu einer brauchbaren Nuklearwaffe führen würde, die nicht mehr Nebenschäden verursache als große konventionelle Munition. Die Gründe für kleine, saubere taktische Nuklearwaffen erscheinen uns jedoch ziemlich akademisch. Die Sowjets ... zeigen wenig Interesse an einer Miniaturisierung oder am ausgewählten Einsatz von Nuklearwaffen. Sollte die NATO gezwungen sein, auf Nuklearwaffen im Gefechtsfeld zurückzugreifen, dann wäre eine Eskalation schwer unter Kontrolle zu halten, und die Nebenschäden infolge eines taktischen nuklearen Schlagabtausches in Europa wären unweigerlich hoch.
Hinzu kommt: 1. Eine wirksame Anwendung von *Mini-Nukes* würde erfordern, daß sie an untere Einheiten in der Kommandohierarchie abgegeben werden; damit würden die Kommando- und Kontrollprobleme, Fragen der Verwundbarkeit und die Gefahr des Diebstahls durch Terroristen verschärft; 2. Die Kosten für ein vollständig neues, auf *Mini-Nukes* ausgerichtetes Arsenal werden auf sechs bis zehn Milliarden Dollar

geschätzt; und 3. Es scheint nur wenige Punktziele außer feststehenden Brücken (deren militärische Bedeutung mit der Entwicklung von Techniken des mobilen Brückenbaues gesunken ist) zu geben, die wirksamer mit *Mini-Nukes* angegriffen werden könnten als mit präzisionsgesteuerter konventioneller Munition *(PGM)*... Die Vereinigten Staaten sollten von der weiteren Entwicklung, Beschaffung oder Stationierung miniaturisierter Nuklearwaffen Abstand nehmen.«[55]

Als *Cyrus Vance* dies formulierte, war er noch nicht Außenminister der USA. Es ist nicht bekannt, ob er sich in diesem Amt den »Sachzwängen« gebeugt hat und sich »eines Besseren« belehren ließ. Es gibt aber keinerlei Indizien dafür, daß die Regierung *Carter* das Miniaturisierungsprogramm der taktischen Atomwaffen zu ändern oder zu stoppen gedächte.

Nachdem die Bemühungen, die Begleitschäden für die eigene Bevölkerung auf ein »erträgliches« Maß zu reduzieren, gescheitert sind, wobei auch die Neutronenwaffe das Dilemma nicht lösen würde, macht sich offenbar die Tendenz breit, die moralischen Barrieren, die der angeblichen Glaubwürdigkeitslücke entgegenstehen, einfach zu beseitigen – durch pathetischen Zynismus. Und wiederum leisten Deutsche die Schrittmacherdienste. In einer Studie für die CDU-Bundestagsabgeordneten *Würzbach* und *Berger* schreiben die Autoren *Hoffmann* und *Steinrücke:* »Eine Grundproblematik der Politik atomarer Sicherheit besteht darin, daß die westliche Gesellschaft mit ihrem Streben nach individuellem Wohlstand und sozialer Sicherheit kaum mehr bereit ist, unter Umständen die Gesundheit und das Leben zu opfern, um diese Errungenschaften und die freie nationale Selbstbestimmung zu verteidigen.«[56]

Ähnlich argumentiert der CDU-Wehrexperte *Manfred Wörner,* wenn er sich mit Schärfe gegen diejenigen wendet, die, wie beispielsweise General a. D. *Steinhoff,* taktische Nuklearwaffen nur als politische Waffen gelten lassen wollen, nicht aber als einsatzfähige: »Die Bereitschaft zur Hinnahme empfindlicher Verluste an Menschen und Material«, sinke bereits mit der Entscheidung, sich verteidigen zu wollen und nicht erst mit der über den Einsatz taktischer Atomwaffen. Mehr noch: Im Gegensatz zu den USA hätten die Europäer, laut *Wörner,* ein Interesse daran, »daß verhältnismäßig schnell eskaliert werden kann«. Es scheint, als hätten Wehrexperten dieser Art noch nicht einmal die Geduld, die eigene Vernichtung abzuwarten.[57]

Welche Errungenschaften sich darüber hinaus in einem Krieg, der mit Atomwaffen ausgetragen wird, durch »Aufopferung«

noch so vieler Leben »verteidigen« ließe, bleibt das Rätsel dieser phantasielosen, in der pathetisch-zynischen Kategorie »das Leben ist der Güter höchstes nicht« befangenen Phrase.
Ein weiterer Widerspruch der Abschreckungstheorie liegt darin, daß sie einerseits Gewalt androht, aber nur symbolisch, um den Einsatz von selbstvernichtenden Gewaltmitteln zu verhindern. Gleichzeitig aber muß der mögliche Gegner davon ausgehen, daß selbstvernichtende Gewalt im Konfliktfall eben nicht nur symbolisch, sondern tatsächlich angewandt wird. Kann dies glaubwürdig sein? Vor allem, kann Abschreckung unter diesem Vorzeichen überhaupt funktionieren?
Dieses »Glaubwürdigkeitsdilemma« wird von Militärtheoretikern durchaus erkannt. *Beaufre* zum Beispiel empfiehlt allen Ernstes, zur Minderung dieses Widerspruches unter anderem »einen irrationalen Standpunkt einzunehmen«, das heißt, falls erforderlich, eine rational kalkulierte Politik »am Rande des Abgrundes« *(risk-taking)* zu betreiben, vergleichbar einem Verrückten, der mit Selbstmord spielt, was aber gleichzeitig den Tod der in der Nähe befindlichen Personen bedeuten müßte. Dies soll freilich alles nur Täuschung sein, allerdings mit der Wirkung, daß der Gegner sie doch für bare Münze nehmen muß.
Die Glaubwürdigkeit der Abschreckung soll dadurch erhöht werden, daß der Gegner zu besonders vorsichtigem Verhalten gezwungen wird. Daß bei einem solchen Verhalten die Gefahr einer Fehlkalkulation größer wird, etwa indem der Gegner, der schließlich denselben Anforderungen und Widersprüchen des Abschreckungssystems unterliegt, diesen Trick zu durchschauen meint und ihn nicht ernstnimmt, liegt auf der Hand. Der Versuch, Abschreckung durch irrationale Drohungen und gesteigerte Risikobereitschaft glaubwürdiger und damit wirkungsvoller zu machen, erreicht also gerade das Gegenteil; die Wahrscheinlichkeit eines Zusammenbruchs des Abschreckungssystems steigt.
Man muß nicht erst auf derlei abstruse Problemlösungsversuche von Fachleuten eingehen (obwohl sie das real existierende Dilemma klar bezeichnen), um hinter die Glaubwürdigkeit der Abschreckungstheorie weitere Fragezeichen zu setzen.
Gerade die vernichtende Wirkung der strategischen Atomwaffen setzt die Abschreckung für den Gegner, der einen konventionellen Angriff plant, erheblich herab. Mit anderen Worten: Nur der mögliche Einsatz des alles vernichtenden Hammers schreckt ab, aber gerade seine totale Vernichtungsmöglichkeit

macht seinen tatsächlichen Einsatz bei einem konventionellen und selbst taktisch-nuklearen Angriff wenig wahrscheinlich (wenn er natürlich auch nicht auszuschließen ist). Somit bleibt theoretisch die Möglichkeit bestehen, daß konventionelle Kriege in Europa wegen und trotz der Abschreckung nach wie vor denkbar sind.

Folgende Gründe sind zu bedenken: Über den Einsatz von taktischen wie strategischen Nuklearwaffen entscheiden einzig und allein die beiden Supermächte und ihre politische Führung. Man kann unterstellen, daß ein strategischer Nuklearschlag nur bei extremster Gefährdung der eigenen Sicherheit und Existenz ausgelöst würde, wobei die Zweitschlagkapazität, über die beide Mächte verfügen, die Sicherheitsgrenze erheblich ausdehnt. Ein konventioneller Krieg und auch ein taktisch nuklearer würden die Sicherheitsgrenze der USA und der Sowjetunion noch nicht berühren, ihre Existenz nicht aufs Spiel setzen. Vernichtet würden sowohl Ost- als auch Westeuropa, nicht aber die beiden Supermächte. Es würde sich sogar – um in diesen, die Grenzen zum Wahnsinn überschreitenden Kategorien weiter zu denken – nach einem taktischen Nuklearkrieg ein für beide Supermächte insofern »vorteilhaftes« Patt einstellen, als es keinen Sieger und keinen Verlierer gäbe. Denn konventionelle militärische Operationen sind unter den Bedingungen eines mit taktisch-nuklearen Waffen ausgetragenen Krieges nicht vorstellbar und kaum möglich, allen gegenteiligen öffentlichen Versicherungen der Militärexperten zum Trotz. Sowohl die USA als auch die Sowjetunion sähen sich erst jetzt, nach einem taktischen Atomkrieg in Europa, der vollen Wucht der Abschreckung gegenüber, was die Annahme nahelegt, daß sie sich einigen könnten, da ihnen der Selbstmord nicht zuzutrauen ist. Wenn die Abschreckung zu wirken begänne, wäre es für die Europäer zu spät.

Das theoretische Sicherheitsrisiko der beiden Supermächte ist also innerhalb des Abschreckungssystems ungleich geringer als das ihrer Verbündeten. Entsprechend wäre umgekehrt die Auffassung nur konsequent, daß die Sicherheitsinteressen der Verbündeten und der jeweiligen Führungsmacht nicht identisch, vielmehr asymmetrisch sind. Doch das Gegenteil wird von den jeweiligen Regierungen beteuert. Uns wird dieses Problem noch beschäftigen.

Eine weitere wichtige Bedingung – und ohnehin nur eine hypothetische, da es keine historische Erfahrung gibt und auch keine geben darf – für das Funktionieren des Abschreckungssystems ist, daß es auf dem »Gleichgewicht des Schreckens«

beruht. Die Vernichtungspotentiale müssen auf beiden Seiten gleich groß sein, zumindest ausreichend, um dem Angreifer auf jeder Stufe des möglichen militärischen Konflikts und der zu erwartenden Eskalation die Sinnlosigkeit eines Angriffs vor Augen zu stellen, bis hin zu der Aussicht seiner eigenen Vernichtung in einem strategisch-nuklearen Krieg. Jedes Ungleichgewicht müßte, theoretisch, d. h. den Prämissen des Systems zufolge, das Kriegsrisiko der einen Seite mindern und die Gefährdung der anderen steigern. Anders formuliert: Wenn Abschreckung einseitig wird, indem eine der beiden Supermächte militärisch die Oberhand zu gewinnen droht, und daher glaubt, den Gegner stärker abschrecken zu können, wird das Abschreckungssystem um so labiler. Abschreckung bedarf also logischerweise der Stabilität. Entweder eines statischen Rüstungsstandes oder einer kontrollierten, kontinuierlichen, aber gleichmäßig quantitativen oder qualitativen Veränderung der Rüstungspotentiale nach oben oder nach unten, wobei kaum überwindliche Hürden bereits bei der Bewertung und Einschätzung von Waffensystemen, Rüstungspotentialen und übrigens auch ihrer Verwendungszwecke angesichts unterschiedlicher Strategien, Optionen usw. auftauchen.[58]
Genau diese Stabilität ist aber nicht gegeben. Nicht nur gibt es bislang keine wirksam kontrollierte Rüstung, beide Seiten versuchen vielmehr, das Gleichgewicht der militärischen Kräfte zu ihren Gunsten zu verändern und Überlegenheit zu gewinnen. Dies ist eine der Ursachen für die Dynamik des Rüstungswettlaufs. Dabei scheint auf den ersten Blick die Grenze zum Irrationalen längst überschritten zu sein, da der Begriff »Überlegenheit« seinen Sinn verloren hat, weil jede Seite so viel Vernichtungskapazität angehäuft hat und auch in der Lage ist, selbst nach einem tödlichen nuklear-strategischen Überraschungsschlag den Gegner noch vernichten zu können, was immer er anstellt.
Das Abschreckungssystem enthält in sich selbst die Dynamik des Rüstungswettlaufs. Denn innerhalb der Kategorien des *worst-case*-Denkens ist es rational, dem Gegner abgrundtief zu mißtrauen. Jede Seite geht daher davon aus, daß die andere alles daransetzen wird, im Kriegsfall militärische Überlegenheit durchzusetzen. Sie wird also in der Vorstellung der anderen beispielsweise jede technologische Neuerung für die Verbesserung ihrer Waffensysteme einsetzen.
Diese Annahme wiederum bestimmt das eigene Handeln in der gleichen Weise: Die andere Seite rüstet ebenfalls. So liefert die Abschreckungstheorie mit dieser *worst-case*-Annahme jeder

Seite ein Generalmotiv für das Verhalten der anderen. Da das Mißtrauen keine anderen Motive zuläßt, bleibt als realistisches Motiv für das Verhalten jeder der beiden Supermächte nur die Absicht der Nutzenmaximierung für sich selbst und der Schadensmaximierung für die anderen übrig. Der frühere amerikanische Botschafter bei der NATO, *Robert Strauzc-Hupé,* hat das *worst-case*-Denken geradezu klassisch und als Psychose formuliert:
»Alle Entscheidungen der Sowjets, mögen diese nun militärischer, bilateraler, multilateraler, diplomatischer, globaler oder regionaler Art sein, haben nur einem Ziel zu dienen: dem Angriff auf den Besitz und auf den Einfluß des Westens in der nichtwestlichen Welt.«[59] Ähnlich denken die Sowjets vom imperialistischen Westen.
Daraus folgt, daß ernstgemeinte Abrüstungs- oder auch Rüstungskontrollvorschläge der einen Seite bei der anderen eben auf solches Mißtrauen stoßen, daß sie als fadenscheinige Propaganda abgetan werden.[60] Sie werden vom *worst-case*-Denken als Strategievariante gewertet, mit der sich der eine Kontrahent einen Vorteil zu Lasten des anderen verschaffen will. Daß er es ernst meinen, daß er ein anderes Motiv haben könnte als das der Nutzenmaximierung für sich selbst und analog der Schadensmaximierung für den anderen, das wird ihm nicht abgenommen. Die Abschreckungstheorie hält aufgrund des Mißtrauens bzw. des *worst-case*-Denkens jeden der beiden Hauptkontrahenten in der einmal fixierten Rolle als gefährlichen Gegner fest und entläßt ihn auch dann nicht daraus, wenn er tatsächlich ehrliche Absichten haben sollte. Im Gegenteil, in der Kalkulation der anderen Seite erscheinen sie als besonders raffinierte Tricks, mit denen man eingelullt und überlistet werden soll. Daher gibt es auch keine Chance für Zugeständnisse, denn die Angst, die andere Seite fasse dies als Schwäche auf, verhindert sie.
Eine weitere Folge ist, daß auch Ansätze für innerstaatliche Diskussionen und Kritik an der Abschreckungstheorie auf Ablehnung stoßen.
Der stabile Faktor der Abschreckung ist der Rüstungswettlauf, der sie aber gleichzeitig destabilisiert, weil die Technologie keinen Stillstand kennt. Die Einführung neuer Waffen wird sogar als »dem Frieden dienend« interpretiert.[61] Als der sowjetische Staats- und Parteichef *Leonid Breschnew* beispielsweise am 6. Oktober 1979 den Abzug von 1000 Panzern und 20000 Soldaten aus der DDR ankündigte und darüber hinaus zum wiederholten Male anbot, über die eurostrategischen Waf-

fen zu verhandeln, wurde dies von zahlreichen maßgebenden Politikern und Militärs in den USA und in der Bundesrepublik als ein solcher Trick abgetan, obwohl *Breschnew* keine Gegenleistung verlangte und mit dem Abzug auch alsbald begann.[62]
Viele Kommentatoren werteten diese Geste darüber hinaus als Versuch, die bevorstehende Entscheidung des NATO-Ministerrates über die vereinbarte »Nachrüstung« und den SPD-Parteitag in Berlin zu beeinflussen, etwa indem die Geschlossenheit des westlichen Verteidigungsbündnisses aufgeweicht würde. *Breschnews* Maßnahme einer Rüstungsverminderung, die u. U. die Wiener *MBFR*-Verhandlungen wieder flottmachen sollte, wandelte sich daher in einen schäbigen Trick, um einen Keil in die NATO zu treiben. Vielleicht wollte *Breschnew* tatsächlich sowohl den NATO-Ministerrat als auch den SPD-Parteitag beeinflussen, von einem Nachrüstungsbeschluß Abstand zu nehmen. Nur: Der Gedanke, daß er es mit seinem Vorschlag und seinem Vorgehen ehrlich gemeint haben könnte, erschien als abwegig und absurd. Denn vom *worst-case*-Standpunkt aus will die sowjetische Führung, da sie im Rahmen der Abschreckungstheorie rational handelt, für sich den größtmöglichen Vorteil und für das westliche Bündnis den größtmöglichen Nachteil. Daher können solche Vorschläge, wie die von *Breschnew* zur Rüstungsverminderung unterbreiteten, nicht ehrlich gemeint sein.
Gleichzeitig freilich kommt das Abschreckungssystem ohne ein Minimum an Vertrauen doch nicht aus. Die eine Seite muß der anderen nämlich auch unterstellen, daß sie es nicht zum Äußersten kommen lassen und »die Selbstmordoption«, also den strategischen Nuklearkrieg, wählen wird. Doch könnte gerade wiederum diese Annahme ein tödlicher Irrtum sein. Denn wenn in einem Konflikt jede der beiden Supermächte davon ausgeht, die Vernunft werde den Gegner schon zum Einlenken bewegen, ehe er die Schwelle zum Nuklearkrieg oder auch nur zur direkten Konfrontation überschreitet, wird das Eskalationsrisiko gefährlich vermindert. Jede der beiden Seiten könnte glauben, noch einen Schritt relativ risikofrei gehen zu können, da der anderen die angenommene Rationalität schon rechtzeitig Halt gebieten wird. Die gegenseitige Unterstellung von Vernunft könnte also das Gegenteil bewirken, daß nämlich die Vernunft keines der Kontrahenten zum Tragen kommt. Einer der vielen Widersprüche, ja Absurditäten, der Abschreckungstheorie.
Die Stabilität des Abschreckungssystems ist permanent gefährdet und sie droht in naher Zukunft vollends in Frage gestellt zu

werden. Der wesentliche Grund ist, daß auf allen vier Ebenen der Kriegführung, der konventionellen, der nuklear-taktischen, der eurostrategischen und vor allem der nuklear-strategischen, der rüstungstechnologische Fortschritt zu immer neuen und vor allem verbesserten Waffensystemen führt. Dabei darf der Begriff »rüstungstechnologischer Fortschritt« keinesfalls abstrakt verwendet werden; natürlich ist er keine selbständige Wirkungskraft, da hinter ihm ideologische, militärische, politische, industrielle, wirtschaftliche und finanzielle Interessen stehen, wobei zusätzlich die psychopathologische Dynamik berücksichtigt werden muß.
Dabei zeigt die Geschichte der modernen Abschreckungstheorie seit 1945, daß es eine technologische Stabilität des Abschreckungssystems nie gegeben hat, weil zu keinem Zeitpunkt ein militärisch qualitatives Patt hergestellt werden konnte. Stets gab es eine technologisch führende Macht, die Vereinigten Staaten, und eine technologisch hinterherhinkende, die Sowjetunion, und zwar bei nahezu allen entscheidenden Waffensystemen auf allen vier Abschreckungsebenen. Die USA verfügten als erste über die Atombombe, dann über die Wasserstoffbombe, über die dafür nötigen Raketen, ferner als erste über atomargetriebene U-Boote, über U-Boote mit Mittelstrekken- und später mit Interkontinentalraketen als Träger von Nuklearwaffen. Schließlich gelang es den USA als erster Macht, die Atomwaffe zu verkleinern und sie damit für taktische Zwecke einsatzfähig zu machen. Während Washington schon seit 1970 über Interkontinentalraketen mit nuklearen Mehrfachsprengköpfen *(MIRV)* verfügt, konnten die Sowjets diesen Vorsprung erst sechs Jahre später aufholen und befinden sich immer noch erst im Aufbau dieses Waffensystems. Ähnliches gilt für eine Reihe von konventionellen Waffensystemen zu Land, zu Wasser und in der Luft.
Während gegenwärtig die Sowjets dabei sind, den Vorsprung der Vereinigten Staaten bei den *MIRVs* von sechs bis acht Jahren aufzuholen, sind die Amerikaner längst wieder einen Schritt weiter. Neue, das Abschreckungssystem destabilisierende Waffensysteme gehen in Serienproduktion, wie die Marschflugkörper *Cruise Missiles,* die umstrittene *Neutronenbombe* oder das *MARV*-System (das sind *ICBMs* mit Mehrfachsprengköpfen, die aber noch während des Zielanfluges einzeln, d. h. nach der Trennung von der Mutterrakete, selbständig und Ungenauigkeiten selber korrigierend, ins Ziel gesteuert werden können). Von besonders destabilisierender und damit das Abschreckungssystem gefährdender Wirkung dürfte die in der

Entwicklung befindliche *MX*-Rakete sein, eine *ICBM* mit zehn nuklearen *MARV*-Sprengköpfen, von denen jeder mit nahezu unglaublicher Präzision einzeln und vorprogrammiert ins Ziel gesteuert werden kann (man spricht von einer Abweichung von maximal plus/minus 20 Metern). Die Gefahr liegt vor allem in der strategischen Absicht, die die Vereinigten Staaten mit der *MX (missile experimental)* verbinden. Sie soll, wie es der frühere Verteidigungsminister *Schlesinger* mehrfach formulierte, die Fähigkeit zum *counter-force*-Schlag haben[63], d. h., mit ihren präzisionsgelenkten Sprengköpfen die Basen und Stellungen der sowjetischen Interkontinentalraketen zum Teil zerstören können, als Warnung oder in der Hoffnung, einen strategischen Nuklearkrieg begrenzen zu können, vielleicht auch in der weit in die Zunkunft greifenden Überlegung, der Sowjetunion doch noch die Möglichkeit des vernichtenden Zweitschlages zu rauben. Die USA gewännen die von ihren Strategen ersehnte Fähigkeit des Entwaffnungsschlages, also eine echte Überlegenheit, zumal die *MX*-Raketen nicht in Silos, sondern in Tunnels hin- und hergefahren werden, also mobil sein sollen. Sie werden dadurch faktisch unverwundbar.

Der unheilvolle Widerspruch tritt erneut zutage. Der Abschreckungsgrad für die Sowjetunion wird zwar entscheidend höher, gleichzeitig aber das Abschreckungssystem insgesamt in seiner Substanz, d. h. Stabilität, gefährdet. Denn Moskau dürfte, falls die Vereinigten Staaten auf die *MX* nicht verzichten, ebenfalls alle Kräfte mobilisieren, um die technologische »Lükke« auszufüllen.

Die Verwundbarkeit der sowjetischen strategischen Raketen dagegen erhöht sich im übrigen auch dadurch, daß sie Flüssigkeitstreibstoff verbrauchen, ein Teil von ihnen also im Konfliktfalle zeitraubend aufgetankt werden müßte. Mit hochgekühltem Flüssigkeitstreibstoff läßt sich eine Rakete nicht ständig einsatzbereit halten, da bei zu starkem Absinken der Treibstofftemperatur die Explosionsgefahr steigt. Im Gegensatz dazu können die amerikanischen Feststoffraketen innerhalb weniger Minuten startklar gemacht und gezündet werden.[64] Für sie genügt die Vorwarnzeit von 20 bis 25 Minuten, was bedeutet, daß sie vor einem Überraschungsschlag relativ sicher sind. Mit Sicherheit wird die Sowjetunion ebenfalls eine neue mobile *ICBM*-Generation mit *MARV*-Sprengköpfen einführen, wenn sie bestimmte Probleme wie die Feststoff- oder *MARV*-Technologie gelöst hat. Ein *counter-force*-Schlag der USA müßte das sowjetische strategische Potential mindestens zu 98 Prozent ausschalten, was aber trotz aller Präzisionstechnik vorerst

noch nicht vorstellbar ist. Mit der gegenwärtigen Technik könnte eine »Trefferquote« von 40 bis 50 Prozent erreicht werden. Indessen könnte das *MX*-System irgendwelchen Strategen den Glauben an die Fähigkeit der totalen Ausschaltung der sowjetischen Zweitschlagsfähigkeit geben und sie zu Kurzschlußreaktionen veranlassen, zumal mit Hochdruck an der Perfektionierung der U-Boot-Abwehr gearbeitet wird, um auch diesen bisher unverwundbaren Teil des nuklear-strategischen Abschreckungspotentials wirksam bekämpfen zu können. Neuartige Unterwasser-Ortungssysteme[65], aber auch U-Boot-Ortung über Weltraumsatelliten[66] werden es in Kürze ermöglichen, die Position jedes strategischen U-Bootes ständig fixiert zu halten. Dem Rüstungswettlauf sind offenbar keine technologischen Grenzen gesetzt.
Die Nagelprobe des Irrsinns wird spätestens dann erreicht sein, wenn sich die Fähigkeit einer der beiden Supermächte, und das heißt aller Wahrscheinlichkeit nach der USA, zum gesicherten Erstschlag abzeichnet. Die unterliegende Macht wird dann vor der Alternative stehen, entweder zu kapitulieren oder aber die technische Realisierung dieses Prozesses zu verhindern – mit allen Mitteln.
Die gefährliche Widersprüchlichkeit der Abschreckungstheorie ist so groß, daß selbst dort noch Widersprüche auftreten, wo das aufrichtige Streben vorherrscht, sie auszuschalten. Beide Supermächte bemühen sich, Mißverständnisse und mögliche Fehlreaktionen zu vermeiden, die schreckliche Folgen haben könnten. Zu diesem Zweck wurden die Kommunikationsmöglichkeiten zwischen den Führungsspitzen im Weißen Haus und im Kreml verbessert, etwa durch den »heißen Draht« oder »vertrauensbildende Maßnahmen«, wie die Ankündigung von Manövern mit Einladung von Manöverbeobachtern der Gegenseite. Abmachungen, wie sie in der Schlußakte der *Konferenz über Sicherheit und Zusammenarbeit in Europa (KSZE)* enthalten sind, dienen ebenfalls solchen Vertrauensbildungen. Man darf annehmen, daß darüber hinaus zwischen beiden Weltmächten weitere Kommunikationsstränge laufen und Informationen ausgetauscht werden, die der Gegenseite die eigenen Maßnahmen und Motive erläutern sollen. Doch, wie gerade die Afghanistankrise zeigt, ist nicht auszuschließen, daß in krisenhaften Situationen diese Kommunikation »total zusammenbricht«.[67]
Dies alles kann jedoch nicht verdecken, daß das Abschreckungssystem gerade auf dem Mißtrauen als einer von mehreren Säulen beruht. Der Gegner soll ja beispielsweise darüber im unklaren gelassen werden, mit welchen angemessenen Mitteln

in einem Konfliktfalle jeweils reagiert würde. Ferner produziert der Rüstungswettlauf, vor allem der sich abzeichnende vergrößerte Vorsprung der USA, Mißtrauen bei den ohnehin mißtrauischen Sowjets. Schließlich muß, zumal angesichts der wirksamen Satellitenaufklärung, die Geheimhaltung ständig verbessert werden, da die Kenntnis der eigenen Waffensysteme, Organisations- und Kommunikationsstrukturen, Strategien und Taktiken usw. dem Gegner entscheidende Vorteile für seine Kalkulation gäbe.

Das Mißtrauen wird also geradezu dadurch objektiviert, daß man dem Gegner unterstellt, er würde, da er ja vor denselben Problemen steht, nach demselben Prinzip des größtmöglichen Nutzens handeln wie man selbst auch, was sich aber vom anderen Standpunkt als die Wahl des ungünstigsten Mittels *(worst-case)* darstellt. Die Folge ist, daß das jeweilige Feindbild unverrückbar bleibt.

Doch ist selbst das Prinzip des größtmöglichen Nutzens einer fatalen Dialektik unterworfen. Der größtmögliche Nutzen der nuklearen Rüstung besteht ohne Zweifel darin, den Krieg zu verhindern. Das gilt als rational und ist in der Tat die einzige Legitimation für die Rüstung. Die dem Gegner unterstellte Aggressionsbereitschaft wird durch Abschreckung unter Kontrolle gehalten. Das »produziert« Sicherheit. Im Zustand des Nichtkrieges dient diesem Zweck am besten das Gleichgewicht der Kräfte. Dieses wiederum würde am sichersten durch militärische und rüstungskontrollpolitische Stabilität garantiert, die jedoch unmöglich ist, da das Abschreckungssystem die Rüstungsdynamik notwendigerweise als Wirkungsprinzip in sich trägt. Verantwortliche Politik will ja auch für den »Ernstfall« vorsorgen. Infolgedessen zeichnet sich nicht zuletzt in Erwartung technologischer Möglichkeiten eine Ausweitung des Prinzips des optimalen Nutzens ab. Es ist dann gegeben, wenn ein Rüstungsstandard Überlegenheit im Kriegsfalle garantiert, denn im Kriegsfalle hängt Sicherheit ausschließlich von militärischer Überlegenheit ab. Und genau in diese Richtung läuft der Rüstungswettlauf. Der Zustand des Nichtkrieges (auch Frieden genannt) soll durch militärische Überlegenheit gesichert werden. Doch dies würde bedeuten, daß für eine Macht das Risiko gering und der Krieg somit wiederum führbar wird, daher würde sie ihn führen[68] – natürlich um des endgültigen Friedens willen. Denn bereits im Rahmen der gültigen Abschreckungstheorie gilt jede Verbesserung des Waffenpotentials als »Beitrag zum Frieden«, um so mehr der als erfolgreich kalkulierbare Krieg.

4. *Theatre Nuclear Forces*

Vernichtung »in und für Europa«

Daß die Sicherheitspolitik im Westen wie im Osten auf der Abschreckungstheorie beruht (im Osten allerdings mit erheblichen interpretatorischen Einschränkungen; dort erklärt man, daß die Friedenspolitik der sozialistischen Staatsgemeinschaft den Frieden bisher garantiert habe, in Verbindung mit der Abschreckungsmacht vor allem der Roten Armee; es ist also der Westen, der abgeschreckt wird. Allerdings betont man auch in der Sowjetunion zunehmend die Bedeutung des Gleichgewichts der Kräfte), ist in erheblichem Maße ihrer vordergründigen Plausibilität zu verdanken und ihrer scheinbaren Rationalität. Sie ist vom einzelnen leicht nachvollziehbar, zumal sie für viele Menschen eine schon einmal gemachte Erfahrung widerspiegelt: Ein Angreifer wird in seiner Attacke einhalten, wenn er erkennt, daß er ins eigene Unglück läuft, daß das Ausmaß des drohenden Schadens für ihn in keinem sinnvollen Verhältnis zum möglichen Nutzen steht. Die große Unbekannte freilich ist, ob der Angreifer auch seine fünf Sinne beieinander hat und zu nüchternen Abwägungen fähig ist. Bei Individuen ist dies oft nicht der Fall, zumal, wenn sie in »besinnungsloser« Wut oder im Jähzorn fortgerissen werden. Regierungen unterstellt die Abschreckungstheorie dagegen die stetige Fähigkeit zur rationalen Kalkulation, andererseits aber wiederum doch nicht, zumal die Abschreckungstheorie ihrem Charakter nach eine Psychose ist. Unabhängig davon wird nachzuweisen sein, daß die Fähigkeit zum rationalen Handeln in akuten Krisensituationen von einer solchen Vielzahl von unwägbaren Faktoren abhängt, daß sie schlechterdings als aussichtslos erscheinen muß.

Indessen wird auch die öffentliche Debatte über die eurostrategischen Waffen auf der Grundlage von scheinbarer Logik und Plausibilität geführt, da sie sich ja voll und ganz im Rahmen der Abschreckungstheorie bewegt. Dabei hängt die Plausibilität, die Nachvollziehbarkeit, das »Einleuchten« der von Politikern, Militärs und dem größten Teil der Presse vorgebrachten Argumente von ihrer Einfachheit ab.

Ein vertieftes Eindringen in die Komplexität der Problematik ist nicht erwünscht und fand ja auch nicht statt[69], weil ihre Widersprüchlichkeit und damit ihre Ausweglosigkeit offen zutage getreten wären.

Die immer wieder vorgetragene Behauptung, daß »die NATO den sowjetischen Mittelstreckenwaffen nichts Gleichwertiges entgegenzusetzen hat«, daß sie also über ähnliche Waffen verfügen müsse, um den Gegner abschrecken zu können (denn es soll ja auf allen Eskalationsstufen Lückenlosigkeit herrschen), leuchtet ein, allerdings nur dann, wenn man erstens nicht weiß, daß die NATO sehr wohl über entsprechende Waffen verfügt, und zwar seit langem; zweitens, wenn man sich einen Blick auf die Landkarte versagt; drittens, wenn man von der Plausibilität so beeindruckt ist, daß man keine weiteren Fragen stellt. Es ließe sich daher die These aufstellen, daß sicherheitspolitische Plausibilität auf der Oberflächlichkeit der Argumente und auf Informationsdefiziten beruht.
Mit einem Blick auf die Landkarte soll unser Einstieg in die nukleare »Grauzone« beginnen. Er zeigt, wie gering die Entfernungen in West- und Osteuropa sind, wie riesig dagegen in der Sowjetunion. Unter Zuhilfenahme von etwas »militärischer« Phantasie entsteht folgendes Bild: Eine sowjetische Mittelstreckenrakete der kürzeren Reichweite *(MRBM)* von etwa 700 bis 900 Kilometern träfe, von der DDR aus abgeschossen, Ziele in Südwestengland, einschließlich London, Belgien, Holland, Nord- und Ostfrankreich einschließlich Paris, von Ungarn aus Nord- und Teile Mittelitaliens, von Bulgarien aus ganz Griechenland und große Gebiete der Türkei, die außerdem von der Sowjetunion aus direkt zu beschießen ist, ebenso wie ein weites Gebiet Norwegens. Die NATO-Staaten Bundesrepublik und Dänemark liegen erst recht vollständig im Feuerbereich dieser taktischen Atomwaffen der Sowjetunion.
Die USA haben in Europa mit der *Pershing-1* eine Rakete ähnlicher Reichweite wie die sowjetische *Skaleboard* stationiert. Sie läßt sich gegen das Territorium aller Staaten des Warschauer Paktes abschießen, mit Ausnahme der Sowjetunion. Diese sogenannten taktischen Atomwaffen – hinzukommen noch Flugzeuge, Atomartillerie und auf westlicher Seite Atomminen – könnten also ganz Mitteleuropa vernichten, zumal die Vernichtungskraft ihrer Sprengköpfe bis zu 400 Kilotonnen beträgt, also rund das 30fache der Hiroshima-Bombe, die eine Stadt von nahezu 500 000 Einwohnern in Schutt und Asche legte. Die USA haben etwa 7000 solcher Waffen in Europa stationiert, die Sowjetunion 3500.
Der Blick auf die Landkarte offenbart auch dem militärischen Laien eine Reihe bedenkenswerter Tatsachen:

- Mitteleuropa und große Teile von Nord- und Südeuropa könnten schon bei einem taktischen Atomkrieg zerstört werden.
- Eine Verteidigung im Ernstfall wäre unmöglich.
- Sowohl die Vereinigten Staaten als auch die Sowjetunion wären in einem solchen Konflikt, der sich mit größter Wahrscheinlichkeit an ihren Interessengegensätzen entzündete, nicht unmittelbar betroffen, sondern nur ihre Alliierten.

Verwundert wird sich der militärische Laie fragen, ob nicht jahrelang mit der Diskussion über die Grauzonenwaffen über den Rock debattiert wurde, während Europa doch schon an den taktischen Atomwaffen wie an einem Nessushemd verbrennen könnte; er wird nunmehr wissen wollen, welche Funktion den Mittelstreckenraketen zugedacht sei; welchen Sinn ein »Sicherheitssystem« durch Abschreckung habe, wenn es keine Sicherheit bietet, sofern die Abschreckung versagt? Was ist das für eine »verteidigungspolitische« Option, die, wenn sie in Funktion tritt, die »physische und biologische Vernichtung des deutschen Volkes und der Völker Mitteleuropas zur Folge hätte?« *(Franz Josef Strauß)*[70]

Die Frage, ob taktische Atomwaffen überhaupt einen entschlossenen Aggressor abschrecken können, wird in den USA ernsthaft und schon seit langem diskutiert.[71] Einer der geschätztesten Militärfachleute, *Philip Hughes,* gibt zu bedenken, daß der Wert der TNF nur darin liege, die Sowjets davon abzuhalten, als erste solche Waffen einzusetzen.[72] Hierin ist er sich mit General *Arthur S. Collins* einig. Im übrigen könnten die TNF die Sowjets von einem Angriff auch deshalb nicht abschrecken, weil diese wissen, daß die NATO nicht weiß, wie sie einen massiven konventionellen Angriff mit gezielten taktischen Nuklearschlägen stoppen sollte, ohne einen massiven, verheerenden sowjetischen Atomangriff zu provozieren. *Hughes* weist schließlich darauf hin, daß die TNF zu einer Zeit in Europa stationiert wurden, als die Sowjets weder taktische Atomwaffen besaßen noch auch ein größeres strategisches Potential. Nachdem die sowjetische Armee aber den Vorsprung in beiden Waffensystemen aufgeholt habe, »schwand der relative Schutz der NATO gegenüber nuklearer Vergeltung, und damit die Glaubwürdigkeit der Drohung mit einem Ersteinsatz dieser nuklearen Waffen«.

Auch General *Collins* stellt wie sein deutscher Kollege *Steinhoff* fest, daß »es keine glaubwürdige Doktrin für einen Nuklearkrieg gibt, weil der taktische Nuklearkrieg keine rationale

Form des Kriegführens ist«. Eine Verteidigung mit TNF würde »zu einem Desaster für Westeuropa führen, ohne große Verluste für die UdSSR«.
Taktische Nuklearwaffen führen also schon theoretisch in eine ausweglose »Verteidigungssituation«; sie schrecken nicht ab, und mit ihnen läßt sich auch nichts verteidigen, sondern nur zerstören *(Helmut Schmidt)*.[73]
Bieten also eurostrategische Waffen einen Ausweg aus der Sackgasse? Waffen, die das Territorium der Sowjetunion erreichen können? Erhöhen sie das Risiko für den potentiellen Aggressor und damit die Abschreckung, also die Sicherheit?

Die Mittelstreckenwaffen des Warschauer Paktes

Als kontinental- oder eurostrategische Waffen gelten Trägersysteme, die einen oder mehrere Atomsprengköpfe unterschiedlichen Kalibers über eine Entfernung von mehr als 1000 Kilometern transportieren können, jedoch nicht so weit reichen, daß sie vom Territorium der einen Supermacht gegen das Gebiet der anderen geschossen werden können; eine eher sophistische als realitätsgerechte Unterscheidung, wie noch zu zeigen sein wird. Eurostrategische Waffen gelten nach westlichem Verständnis als Waffen »in und für Europa«, ebenso wie die taktischen Nuklearwaffen, daher auch die Bezeichnung *Long Range Theatre Nuclear Force (LRTNF)*. »Grauzonenwaffen« hat man sie getauft – und als Taufpate darf Bundeskanzler *Helmut Schmidt* gelten –, weil diese Waffen weder Verhandlungsgegenstand der Wiener Konferenz über einen ausgewogenen Truppenabbau in Mitteleuropa *(MBFR)* sind noch von den Verhandlungen über eine Begrenzung der strategischen Rüstung *(SALT)* erfaßt werden.
Auf östlicher Seite besitzt die Sowjetunion solche *LRTNF*, auf westlicher Seite besitzen sie die USA, Großbritannien und Frankreich (das chinesische Nuklearpotential bleibt in diesem Zusammenhang ausgeklammert).

Das sowjetische eurostrategische Nuklearpotential umfaßt folgende Systeme:
● 500 landgestützte Raketen vom Typ *SS-4*, im NATO-Code auch *Sandal* genannt[74], die Flüssigkeitstreibstoff verbrauchen, etwa 2400 Kilometer weit reichen und einen Sprengkopf von etwa 1 MT (Megatonne) verschießen.

die Zielgenauigkeit (gemessen in *CEP = Circular Error Probability,* d.h. Radius, in dem rund 50 Prozent der Einschläge zu erwarten sind) ist nach heutigen Maßstäben außerordentlich mangelhaft. Die Abweichung dürfte bei 3600 Metern liegen, daher auch die riesige Sprengkraft. Das Ziel soll trotz der relativ hohen Zielungenauigkeit dieses Geschosses noch vernichtet werden können, obwohl dadurch gewaltige Begleitzerstörungen – etwa unter der Zivilbevölkerung – die Folge wären, die an sich wiederum nicht beabsichtigt werden. Die *SS-4* wurde ab 1959 in Dienst gestellt.

● Zwei Jahre jünger ist die *SS-5*-Rakete, von der die Sowjetunion etwa 90 Stück einsatzbereit hält, mit einer Reichweite von ca. 4000 Kilometern, ebenfalls mit Flüssigkeitstreibstoff und einem Sprengkopf im Megatonnenbereich, aber einem verbesserten, wenn auch immer noch ungenügenden *CEP* von 1500 bis 2000 Metern, so daß sie sich schwerlich für den Einsatz gegen »harte« Ziele eignen (Militäreinrichtungen jeglicher Art, Truppenansammlungen, Flugplätze, Depots, Häfen, Befehlszentralen, aber auch Verkehrsknotenpunkte usw. – Fabrikanlagen dürften entgegen anderslautenden Darstellungen kaum in den Ziellisten der beiden Großmächte aufgeführt sein, da ein Nuklearkrieg nur Stunden, allenfalls ein paar Tage dauern würde). Beide Raketentypen sind Massenvernichtungswaffen mit geringem militärischen, aber unter Umständen hohem Demoralisierungseffekt, die sich eigentlich nur gegen Bevölkerungszentren abfeuern lassen. Ein nicht unwichtiges Kriterium, da bei einem politischen Roulettespiel u.U. davon ausgegangen werden könnte, daß der Einsatzbefehl der sowjetischen Führung erst relativ spät, nach Überwindung erheblicher Skrupel, erfolgen würde, ehe unter der Zivilbevölkerung des Gegners ein unvorstellbares Massaker angerichtet wird. Es handelt sich also um restlos veraltete Waffen mit einem obendrein geringen Abschreckungswert, die aber als Vergeltungswaffen durchaus vorstellbar sind.

● Anders dagegen die berühmt-berüchtigte *SS-20,* das Nachfolgemodell für die *SS-4* und *SS-5.* Dieser Raketentyp, ausgestattet angeblich mit einem Dreifachsprengkopf *(MIRV),* wobei jeder Teilsprengkopf einzeln verschossen werden kann, besteht im Grunde aus den beiden ersten Stufen der *SS-16,* einer feststoffgetriebenen Interkontinentalrakete, die aber nicht in Serie ging; nach Ansicht einiger westlicher Experten deshalb, weil die sowjetischen Techniker die Schwierigkeiten des Feststoffantriebs nicht befriedigend gelöst haben, im Gegensatz zu den amerikanischen Technikern. Daher sei die *SS-16 auch dem SALT-II*-Abkommen geopfert worden. Als Hauptindiz gilt die Entwicklung und Einführung der ebenfalls flüssigkeitsgetriebenen *SS-18* – der vorläufig modernsten sowjetischen Interkontinentalrakete – nach der Erprobung der *SS-16*. Feststoffantrieb verleiht Raketen einen weitaus höheren, möglicherweise entscheidenden militärischen Wert, da die Geschosse dadurch praktisch permanent einsatzbereit gehalten werden können, während dies bei Raketen mit flüssigem Treibstoff nicht der Fall ist.

Das hochgekühlte Gemisch, vorwiegend aus Wasserstoff, muß nach etlichen Stunden wieder abgetankt und neu gekühlt werden, da sonst die Explosionsgefahr zu hoch würde. Eine umständliche Prozedur, wie auch das erneute Auftanken, das Stunden dauert. Flüssigkeitsgetriebene Raketen sind daher nicht ständig einsatzbereit. Entsprechend ist die Einsatzbereitschaft des Waffensystems insgesamt ebenfalls nur eine partielle. Nur ein Teil der Raketen ist einsatzbereit, während der Rest ab- oder aufgetankt wird, ein Nachteil, der vor allem in einer hochakuten Spannungssituation wirksam wäre.

Trotz der offenkundigen Schwierigkeiten mit dem Feststoffantrieb der dreistufigen *SS-16* gilt die *SS-20* als Feststoffrakete ohne entsprechende Probleme. Eine nähere Begründung für diese Annahme findet sich in der westlichen Fachliteratur nicht, in der im übrigen die Angaben über die technischen Daten dieser Raketen weit auseinandergehen.[75] Von zwölf Beschreibungen sind keine zwei deckungsgleich, was den Grad an Glaubwürdigkeit dieser Angaben nicht eben als hoch erscheinen läßt. Unterschiede ergeben sich schon bei der Längenangabe: Sie schwanken zwischen 11 m und 25 m, setzen sich fort bei der Reichweite (von 2700 km bis 7500 km), der Stärke des Einzelsprengkopfes (von 50 KT bis 600 KT, also eine Differenz von 1200 Prozent) bis zur Trefferwahrscheinlichkeit (von *CEP* 100 m bis *CEP* 740 m). Woher die Autoren – von den deutschen sind *Lothar Ruehl* (ZDF, »Die Zeit«), *Adelbert Weinstein* (FAZ), *Graf Brockdorff* (»Die Welt«) und *Hubertus Hoffmann* (VZ, Organ der CDU/CSU) zu nennen –, ihre Angaben, die sie der Öffentlichkeit als gesicherte verkaufen, beziehen, geben sie nicht an. Wenn sie nicht blanke Spekulationen sein sollen, drängt sich die Vermutung auf, daß sie ab und zu »Überlegungen« irgendeines Militärs aufgreifen.

Seriös ist das alles nicht, zumal wenn man bedenkt, mit welcher Vehemenz und zweifelsfreien Bestimmtheit die Debatte über

die bedrohliche Wirkung der *SS-20* in der westlichen und speziell in der deutschen Öffentlichkeit geführt worden ist. Die als absolut sicher behaupteten Daten über diese Rakete trugen ja nicht unwesentlich zum »Nachrüstungsbeschluß« der NATO bei.
Dabei steht nicht einmal fest, ob die *SS-20* tatsächlich einen dreifachen *MIRV*-Sprengkopf trägt. In einer technisch sehr kompetent anmutenden Analyse kommt *Friedhelm Reich* (Pseudonym) zu dem Ergebnis, daß die *SS-20* keine drei jeweils einzeln lenkbaren Sprengköpfe tragen könne, da die Nutzlast zu gering sei angesichts der erwiesenen technologischen Rückständigkeit der Sowjets, Sprengköpfe mit hohem KT-Wert und geringem Gewicht zu bauen.[76] Denn der Apparat im Raketenkopf, der nach Brennschluß der letzten Stufe die nuklearen Sprengköpfe über jedes der drei verschiedenen Ziele transportieren und über ihnen einzeln absetzen soll *(post-boost-vehicle* oder *bus),* hat ja selbst schon ein erhebliches Gewicht. Dieser Apparat ist aber ausschlaggebend für die Treffgenauigkeit der Rakete. Das Londoner *IISS* ermittelt für die *SS-20* eine Nutzlast von 545 kg. Fast exakt genausoviel müßte *Reich* zufolge allein schon der *bus* wiegen, ein Analogieschluß übrigens nach der modernen amerikanischen, der sowjetischen überlegenen *bus*-Technologie. Andererseits haben drei Sprengköpfe von je 50 KT ein Gesamtgewicht von 408 kg[77], was bedeutet, daß die *SS-20* eine Nutzlast von nahezu einer Tonne transportieren müßte: das aber dürfte kaum möglich sein. Vollends unwahrscheinlich dürften nach dieser Berechnung Sprengköpfe sein von je 300 KT *(Ruehl),* 500 KT *(Hoffmann)* oder gar 600 KT *(Brockdorff).*
Reich führt ein weiteres Indiz an, indem er auf den früheren Chef des vereinten Generalstabs *(JCOS)* der USA, General *George S. Brown,* verweist, der meint, daß die *SS-16* einen Einfachsprengkopf trage, allerdings mit einem *bus* zur Erhöhung der Treffgenauigkeit. Nach *Reich* ist es daher, unter Berücksichtigung aller verfügbaren, wenngleich im einzelnen keineswegs abgesicherten, Daten wahrscheinlich, daß auch die *SS-20* nur einen Einfachsprengkopf von 50 bis 75 KT trägt, der dafür aber relativ zielgenau ist. Dafür spräche auch, daß die Sowjets etwa 400 solcher Raketen in Dienst stellen wollen (als Ersatz für die *SS-4* und *SS-5*), womit sie alle nur denkbaren Ziele in Europa, die außerhalb der Reichweite ihrer Kurzstrekken- und kürzeren Mittelstreckenraketen liegen, treffen könnten, ein erhebliches Quantum an Verlusten durch Feindeinwirkung und »Rohrkrepierer« berücksichtigt. Andernfalls ist die Wahrscheinlichkeit hoch, daß die *SS-20* zwar einen Dreifach-

sprengkopf trägt, dessen Gefechtsköpfe aber nicht unabhängig und einzeln ins Ziel gelenkt werden können.
Die Vermutung, daß der Öffentlichkeit eher Schauermärchen als seriöse Informationen über die *SS-20*-Rakete vermittelt werden, liegt jedenfalls sehr nahe.
Daher verwundert es auch nicht, daß die Angaben über die bereits installierten Abschußgestelle und die schon einsatzfähigen *SS-20*-Raketen teilweise aus dem Bereich des Abenteuerlichen, bestenfalls Spekulativen geholt werden. Den Vogel schoß *Die Welt* ab, die diese Raketen »ausschließlich« gegen die Bundesrepublik gerichtet sah, und eben wieder *Lothar Ruehl,* der die Behauptung aufstellte, im Juli 1979 seien nach offizieller Bewertung von NATO-Experten 108 dreifach nachladefähige Startsysteme mit 324 Raketen und 972 Sprengköpfen einsatzbereit stationiert gewesen.[78] Dieser Übertreibung mochte sich nicht einmal Bundesaußenminister *Genscher* anschließen, der sonst alle sowjetischen Schreckgespenster zu beschwören pflegt; er nannte Anfang November 1979 im *FDP-Pressedienst* »über 100 sowjetische *SS-20* Raketen mit über 300 atomaren Sprengköpfen«. Andere glaubwürdige Quellen bleiben auch noch unter diesen Angaben.
In dieser Untersuchung soll, was die *SS-20* betrifft, trotz erheblicher Zweifel der *Worst Case* zugrundegelegt werden, also die für den Westen ungünstigste Annahme. Es soll gelten, daß diese Rakete mobil (auch über die Art der Mobilität gibt es stark abweichende Angaben) ist, einen dreifachen *MIRV*-Sprengkopf von je 200 KT trägt und rund 5000 km weit reicht. Für Anfang 1980 werden 180 Stück als einsatzbereit vorausgesetzt.

● Neben landgestützten Raketen verfügt die Sowjetunion noch über 18 einfache *SLBM* (*Sea-Launched Ballistic Missiles,* seegestützte Raketen) des Typs *SS-N-5*[79] (nach anderen Quellen 20, 33 oder 54), die eine Sprengkraft von 1–2 MT haben bei einer Reichweite von 1350 km.

● Von weitaus größerer Bedeutung als diese *SLBM* sind die verschiedenen Typen von Mittelstreckenbombern, also etwa die *Tu-16* (im NATO-Code *Badger* genannt), von denen 318 Stück verfügbar sind[80] mit einer Reichweite von 4800 bis 6400 km und einer Zuladefähigkeit von lediglich 3000 kg, wenn dieser Bomber die maximale Reichweite ausnutzen will. Das entspräche vier Atombomben[81] (nach *Metzger/Doty* sind es nur zwei).

● Der Bomber *Tu-22 (Blinder)*, von dem die Sowjetunion noch etwa 135 einsatzbereit hält, kann drei Atomwaffen (nach *Metzger/Doty* ebenfalls nur zwei) über 2280 km transportieren, die 230 schweren Jagdbomber *Su-19 (Fencer)* zwei Nuklearbomben über eine Reichweite von knapp über 1000 km.[82] (Die sowjetischen Streitkräfte – und teilweise auch die der WP-Verbündeten – verfügen darüber hinaus, ebenso wie die NATO-Armeen, noch über eine Reihe weiterer Flugzeugtypen, die sich für Aufgaben im eurostrategischen Bereich einsetzen ließen; sie werden in diesem Zusammenhang nicht einzeln, sondern weiter unten in einer generellen Bewertungsanalyse berücksichtigt.)
Die *Tu-16* wurde 1955 eingeführt und gilt als Waffe von äußerst begrenztem Wert. Nicht wesentlich höher dürfte der des 1962 in Dienst gestellten *Blinder*-Bombers liegen. Beide Typen sind veraltet und werden ausgemustert.

● Der Typ, der sie ersetzen wird, ist der im NATO-Code *Backfire* genannte Bomber *Tu-22N* (in manchen Quellen auch als *Tu-26* bezeichnet), der nach der *SS-20*-Rakete im Westen für die größte Aufregung sorgt (zwei *Backfire* sollen drei *Badger* bzw. *Blinder* ersetzen; die Zahl der sowjetischen Bomber wird sich also verringern[83]). Die meisten Quellen nehmen an, daß Ende 1979 für die Luftstreitkräfte etwa 80 dieser Flugzeuge verfügbar waren, die seit 1974 in Dienst gestellt werden.[84]
Der Wert dieses Bombers ergibt sich vor allem aus seiner relativ langen Reichweite von rund 5700 Kilometern, die er teilweise im Überschallbereich (2200 Stundenkilometer[85]) zurücklegen kann, mit fünf (nach *Metzger/Doty* nur vier) Atombomben an Bord. Schätzungen zufolge wird die Sowjetunion 275 dieser Bomber bis 1985 zur Verfügung haben, maximal jedoch 400[86], nach *Berman-Baker* 350 oder 450, davon 100 bzw. 190 für die Marine.[87] Theoretisch könnte der *Backfire* durch Auftanken interkontinentale Reichweite erhalten, doch hat sich die Sowjetunion verpflichtet, die *TU-22N* nicht als strategische Waffe zu benutzen, sie wird daher auch nicht von *SALT-II* erfaßt. Der Grund dafür ist, daß der *Backfire* von Anfang an nicht für einen strategischen Einsatz vorgesehen war, im Gegensatz zu den US-Bombern vom Typ *B-52;* diese Aufgabe übernehmen innerhalb der sowjetischen Militärplanung ausschließlich Raketen.
Da der NATO bereits 1967 bekannt war, daß der *Backfire* entwickelt und gebaut wurde[88], noch ehe also die Sowjets eine gegen entfernter liegende harte militärische Ziele in Europa und Fernost einsatzfähige präzise Mittelstreckenwaffe besa-

Abb. 1: Der sowjetische Überschallbomber *Backfire* sorgt im Westen für Aufregung. Er war neben der *SS-20*-Rakete der Grund für den »Nachrüstungsbeschluß« der NATO, weil ihm das westliche Verteidigungsbündnis angeblich »nichts Gleichwertiges entgegenzusetzen« habe. In Wirklichkeit verfügt die NATO über Flugzeuge, die dem *Backfire* mindestens ebenbürtig sind.

ßen, muß der *Backfire* als ursprünglich geplanter Vorläufer der *SS-20* angesehen werden; weshalb seine Dislozierung fast zeitgleich mit der *SS-20* zusammenfällt, ist unbekannt. Ein Grund könnte aber sein, daß es während der Erprobungsphase dieser überschallschnellen Maschine offenbar enorme Schwierigkeiten gab, die immer noch nicht völlig gelöst sind.

Nüchtern urteilende amerikanische Experten wie *Berman-Baker* oder auch der Kongreßabgeordnete *Bob Carr*[89] weisen auf die Tatsache hin, daß die Sowjets im Grunde 20 Jahre lang völlig veraltete und obendrein außerordentlich verwundbare Waffensysteme unterhalten haben und damit faktisch nicht in der Lage waren, im Kriegsfall harte Ziele in der Tiefe des gegnerischen Raumes oder Bereitstellungs- bzw. Aufmarschgebiete der NATO wirksam zu bekämpfen – aus der Sicht eines jeden NATO-Militärs sicherlich eine grobe Fahrlässigkeit, um so mehr aus der Sicht eines sowjetischen Strategen, der sich im Kriegsfall ja nicht nur den starken Kräften der NATO im Westen konfrontiert, sondern den konzentrischen Angriffen von zahllosen Basen rings um die Sowjetunion bis nach Fernost ausgesetzt sähe, von einem möglichen Eingreifen Chinas einmal abgesehen.

So betrachtet – und es ist nicht nur zweckmäßig, sondern

geradezu notwendig, sich in die Vorstellungen und Interessen des angenommenen Gegners versetzen zu können –, füllen die *SS-20* und der *Backfire* nicht nur eine drohende Lücke in der Strategie, die die Sowjetunion schon mittelfristig unfähig gemacht hätte, nach dem obersten Grundsatz ihrer »Verteidigungsdoktrin« im Kriegsfall zu handeln, nämlich einen Krieg unbedingt außerhalb des eigenen Territoriums auszufechten; sie stellen auch objektiv eine Modernisierung des veralteten Potentials dar. Was den technologischen Standard betrifft, ist diese Modernisierung nicht nur überfällig, sondern sie hätte, wäre sie nicht durchgeführt worden, die Glaubwürdigkeit der sowjetischen Abschreckungsfähigkeit in Frage gestellt.
Diese Technik ist sogar schon veraltet, noch während die *SS-20* und der *Backfire* als Waffensysteme produziert und disloziert werden.
Dennoch ist die sowjetische Mittelstreckenwaffe ein furchtbares Instrument. Theoretisch könnte Moskau vier Raketen gegen jede europäische Stadt mit mehr als 200 000 Einwohnern einsetzen. Unterstellt man einen massiven Erstschlag der

Abb. 2: Sowjetisches Atom-U-Boot mit nuklearen Raketen an Bord. Diese Waffe ist zwar von verheerender Wirkung, eignet sich aber wegen ihrer Zielungenauigkeit nur zu Vergeltungsschlägen. U-Boote sind daher nicht für Einsätze in einem eurostrategischen Konflikt gedacht.

NATO – und deren »Verteidigungskonzept« sieht bekanntlich den Ersteinsatz ausdrücklich vor, wenn auch nur »selektiv« und als »politisches Signal« (was aber für die Sowjets alles andere als eine Garantie sein würde), der drei Viertel des sowjetischen Mittelstreckenpotentials ausschalten könnte, zumindest die feststationierten *SS-4* und *SS-5*-Basen, so daß den Sowjets nur noch der *Counter-City-Strike* übrig bliebe, so hätten sie immer noch eine Rakete für jede dieser Großstädte bereit, jeder Sprengkopf mindestens 30- bis 50mal stärker als die Hiroshima-Bombe. Mag dieses Szenario auch reichlich hypothetisch sein, weil es zu viele Unbekannte und unwahrscheinliche Annahmen enthält, über mögliche Reaktionen der einen oder anderen Seite in einem Atomkrieg obendrein keinerlei gesicherte Aussagen möglich sind, so zeigt es doch den Umfang der Bedrohung, die über Europa liegt.

Die Mittelstreckenwaffen der NATO

Während der Debatte über die am 12. Dezember 1979 beschlossene Einführung von Mittelstreckenwaffen mußte die westliche Öffentlichkeit den Eindruck gewinnen, als habe die NATO dem sowjetischen Potential »nichts Gleichwertiges entgegenzusetzen«. So lautete die Standardformulierung, die diese »Nachrüstung« als zwingend notwendig begründen und damit legitimieren sollte. Diese »Lücke« bedrohte angeblich die Abschreckungsfähigkeit des westlichen Bündnisses, gefährdete mithin die Sicherheit. Denn Abschreckung muß, will sie Glaubwürdigkeit beanspruchen und dem Gegner das ganze Ausmaß des Risikos vor Augen führen, »lückenlos« sein.[90] Schließlich kann die »Lücke« definiert werden als mögliche Handlungsalternative des Gegners, die »nicht mit unmittelbaren Sanktionen bedroht ist, so daß diese Alternative dem Gegener gewinnversprechend erscheint«.[91] D. h., die Sowjets könnten einen Krieg bis zur Eskalation auf der Ebene der eurostrategischen Waffen als »gewinnversprechend« ansehen.
Alle nur denkbaren Autoritäten und Experten der Regierungsbürokratie, des Parlaments, der Parteien und der Bundeswehr (mit Ausnahme des Generals *Bastian*), vom Bundeskanzler, dem Bundesaußenminister und Verteidigungsminister angefangen bis zu den Wehrexperten und verteidigungspolitischen Sprechern[92], haben in zahllosen Äußerungen, Stellungnahmen und Dokumenten diese »eurostrategische Lücke« beschworen

Abb. 3: Die amerikanische Atomrakete vom Typ *Pershing-I* bedroht die Alliierten der Sowjetunion, nicht aber die Sowjetunion selbst. Der Kreml rechnet daher diese Mittelstreckenwaffe gegen seine *SS-20* auf, weil diese das Territorium der USA ebenfalls nicht erreicht. Mittelstreckenraketen der NATO, die Ziele in der UdSSR treffen könnten, betrachtet der Kreml daher als strategische Waffen, ein gefährlicher Unterschied in der Auslegung des Begriffes »Mittelstreckenwaffe«.

und die Behauptung variiert, daß die NATO den Sowjets nichts Gleichwertiges entgegenzusetzen habe, daß die sowjetische Bedrohung ein gefährliches, nicht länger tragbares Ausmaß annehme und die Sicherheit des Westens auf dem Spiel stehe.

Prüfen wir also zunächst, welche eurostrategischen Potentiale der NATO zur Verfügung stehen, ehe wir beide vergleichen und bewerten:

● Großbritanniens eurostrategische Atomstreitmacht besteht aus vier Atomunterseebooten mit insgesamt 64 *Polaris-A/3*-Raketen, die je drei Sprengköpfe à 200 KT tragen. Ferner aus etwa 50 Bombern des Typs *Vulkan B-2,* mit einer Reichweite von rund 3200 Kilometern und der Fähigkeit, vier Atomwaffen[93] (nach *Metzger/Doty* nur zwei) zu transportieren. Der ab 1960 in Dienst gestellte Bomber gilt als relativ veraltet und soll in wenigen Jahren durch den Jagdbomber *Tornado* ersetzt werden. (Mitte Juli 1980 beschloß die Regierung *Thatcher,* vier amerikanische Atom-U-Boote mit Raketen vom Typ *Trident* anzuschaffen. Sie sollen ab 1990 einsatzbereit sein. Eines dieser U-Boote verfügt über 16 Raketen zu je acht oder zehn Sprengköpfen. Die Reichweite beträgt 7200 km, der CEP wird auf unter 100 m geschätzt.)

● Den USA stehen in Europa an Mittelstreckenwaffen zunächst 156 schwere Jagdbomber des Typs *F-111 E/F* zur Verfügung, eine Maschine von hervorragenden Flugeigenschaften, die, obwohl als taktischer Bomber konzipiert, dem sowjetischen *Backfire* in allen Belangen mindestens ebenbürtig, in der Waffenzuladung aber erheblich überlegen ist. Der Bomber erreicht 2200 Stundenkilometer in Maximalhöhe und immerhin noch 1250 Stundenkilometer Geschwindigkeit in Bodennähe und verfügt über eine Reichweite von 5500 Kilometern. Die Waffenzuladungskapazität beträgt etwa 10 000 Kilo.
Ferner halten die USA 66 Mittelstreckenbomber vom Typ *FB-111 A* für die eurostrategische Abschreckung bereit. Dieses Flugzeug verfügt über ähnliche Flugeigenschaften wie die *F-111 E/F;* allerdings mit einer um 4280 Kilo höheren Waffenzuladekapazität und einer längeren Reichweite.
Umstritten ist, ob die *F-4 Phantom* mit einer Reichweite von immerhin 2500 Kilometern[94] als eurostrategische Waffe im engeren Sinne zu betrachten ist. Die meisten der hier zugrundegelegten Quellen führen sie in dieser Kategorie nicht auf, obgleich nicht vergessen werden darf, daß die *F-4* von der Türkei aus eine für die Sowjetunion eminent gefährliche Waffe wäre, die das südukrainische Industriegebiet sowie die Erdölfelder am Kaspischen Meer bei Baku bedrohen könnte (nicht nur die NATO, sondern auch die Sowjetunion hat also eine empfindliche südliche Flanke).
Auf jeden Fall müssen die etwa 72 *A-6e-* und *A-7e*-Bomber aufgeführt werden, die von US-Flugzeugträgern aus für Angriffe in der Tiefe des gegnerischen Raumes gedacht sind. Die Reichweite dieser nuklearfähigen, überschallschnellen Maschinen beträgt 1600 Kilometer bzw. 2160 Kilometer. Sie können ein bis zwei Atomwaffen transportieren.[95]
Die eurostrategische Hauptschlagkraft bilden jedoch vier amerikanische *Atom-U-Boote,* jedes mit 16 *Poseidon*-Raketen an Bord, von denen jede 10, einige sogar 14 Sprengköpfe in bis zu 5200 Kilometer entfernte Ziele tragen kann. Diese U-Boote sind, obwohl sie als strategische Waffen gelten, dem NATO-Oberkommandierenden *(SACEUR)* zur eurostrategischen Abschreckung unterstellt und in die Zielplanung *(SIOP = Single Integrated Operation Plan)* voll integriert. Jeder Gefechtskopf,

Abb. 4: Eine *Poseidon*-Rakete (rechts) trägt 10 Sprengköpfe und kann ebenso viele Ziele bekämpfen. 48 solcher Raketen stehen der NATO für die eurostrategische Verteidigung zur Verfügung. Mit einer Rakete könnte eine Stadt wie Leningrad ausgelöscht werden, mit allen 48 alle sowjetischen Städte mit mehr als 200 000 Einwohnern.

der sich nach Lösung der Trägerrakete selbständig ins Ziel steuern kann, hat eine Sprengkraft von 50 KT, also etwa rund dem Vierfachen der Hiroshima-Bombe. Der CEP beträgt 600 Meter. Mit einer einzigen Rakete ließe sich demnach eine sowjetische Stadt wie Leningrad mit 4,6 Millionen Einwohnern in Schutt und Asche legen. In amerikanischen Expertenanalysen ist dieses Szenario ausführlich dargestellt und beschrieben.[96] Die Sowjets dürften ähnlich konkrete Planungen haben.

Obwohl alle der hier angeführten Quellen korrekt die *Poseidon*-Waffe zur verfügbaren eurostrategischen Abschreckung der NATO zählen, einschließlich des Berichts des Unterausschusses für Europafragen im US-Senat, unterschlägt das Verteidigungsweißbuch ’79 der Bundesregierung diese furchtbare Waffe schlicht und einfach. Sie wurde von keinem Politiker erwähnt, ebenso wenig von der Presse. Hätte die deutsche

Öffentlichkeit und vor allem ein politisches Gremium wie der SPD-Parteitag aufgrund korrekter Informationen Kenntnis von der eurostrategischen Verfügbarkeit der *Poseidon*-Waffe gehabt, darüber hinaus von den *F-111*-Bombern und ihren Flug- bzw. Kampfeigenschaften, dann wäre den verantwortlichen Politikern aller Parteien die Behauptung schwergefallen, die NATO habe den sowjetischen *SS-20* und dem *Backfire* nichts Gleichwertiges entgegenzusetzen.

Damit ist das westliche Potential freilich noch nicht erschöpft. Denn obwohl Frankreich sich aus der NATO-Integration zurückgezogen hat, wird mit seinen nuklearen Waffen im Ernstfall sicher gerechnet, da sie auch im Frieden einen gewissen Abschreckungseffekt ausüben sollen und ausüben, nicht als separates Waffensystem, sondern eben und gerade in der Addition zum britischen und amerikanischen Potential.
Die berühmte *Force de Frappe* ist längst keine »Farce de Froppe« mehr, sondern verfügt über 18 landgestützte und verbunkerte Raketen vom Typ *S-2* und *S-3,* die je eine Nuklearwaffe von 150 KT, also das Zwölffache der Hiroshima-Bombe, über 3600 Kilometer ins Ziel feuern können. Außerdem hat Frankreich vier Atom-Unterseeboote mit insgesamt 64 *M-20*-Raketen, die je einen Sprengkopf von bis zu einer Megatonne in 5400 Kilometer entfernte Ziele schießen können. Schließlich gelten auch noch 33 *Mirage*-Bomber vom Typ *IVa* mit einer Reichweite von 3600 Kilometern und einer Zuladefähigkeit von drei Atomwaffen als eurostrategische Systeme.
Nach einer Mitteilung von Verteidigungsminister *Yvon Bourges* werden neben den See-Boden-Raketen auch die landgestützten Nuklearsysteme mit Hochdruck modernisiert, wobei Fachleute überzeugt sind, daß sie Mehrfachsprengköpfe erhalten werden. In den nächsten zehn Jahren will Paris, so betonte *Bourges,* neue strategische Waffensysteme bauen und »über eine nukleare Schlagkraft verfügen, deren technologisches Niveau dem der USA und der UdSSR entspricht.«[97]

5. Der Vergleich: Wer ist überlegen?

Obgleich die bloße numerische Gegenüberstellung von Waffensystemen und Sprengkopfzahlen nur sehr beschränkt aussagefähig ist, weil sie eine Vielzahl noch zu erörternder Faktoren von entscheidender Bedeutung außer acht läßt, sei dies hier als erster, vorläufiger Schritt zu einer realitätsgerechten Wertung dennoch gestattet, nicht zuletzt aus dem Grunde, weil offizielle Angaben, Verlautbarungen und Dokumente, darüber hinaus die Argumentation der Presse, sich auf diese relativ simple Methode beschränken, ohne jede weitere Differenzierung. Es scheint daher wichtig zu sein, zunächst im offiziellen Argumentations- und Informationsrahmen die Behauptung zu prüfen, die NATO habe der Sowjetunion im eurostrategischen Bereich »nichts Gleichwertiges entgegenzusetzen«. Es ergeben sich bereits mit dieser groben Aufzählung einige Überraschungen.
Schon nach unserer Statistik löst sich diese Behauptung in Schall und Rauch auf. Beschränken wir uns nur auf die Raketensysteme, so zeigt sich, daß die Sowjetunion Anfang 1980 über maximal 848 eurostrategische Sprengköpfe verfügte (rein numerisch 968, aber da die *SS-20* die *SS-4* und *SS-5* ersetzt, werden 120 Sprengköpfe abgezogen). Berücksichtigt man, daß etwa ein Drittel dieses Potentials in Mittel- und Fernost stationiert ist, vermindert sich die Zahl auf etwa 570 Sprengköpfe.
Die NATO dagegen hält einschließlich der französischen Waffensysteme 754 Sprengköpfe bereit, die von Mittelstreckenraketen bis weit hinter den Ural verschossen werden könnten, eine »Überlegenheit« also von 184 Sprengköpfen.
Das Bild ändert sich auch keineswegs zuungunsten des westlichen Verteidigungsbündnisses, wenn die Mittelstreckenbomber in den Vergleich mit einbezogen werden. Wenn aus den angegebenen Statistiken die für die NATO ungünstigsten und für die Sowjetunion optimalen Zahlen an zuladefähigen Nuklearwaffen angeführt werden, ergibt sich, daß die sowjetischen Bomber insgesamt 2277 Stück auf einmal transportieren können; abzüglich des in Fernorst stationierten Drittels wären es 1518 Atomwaffen. Werden die niedrigeren Zahlen der transportfähigen Nuklearwaffen zugrundegelegt, ergeben sich 1426 insgesamt oder 950 für den eurostrategischen Einsatz.
Die NATO dagegen könnte, wiederum inklusive Frankreich, mindestens 1775 Atombomben mit ihren Flugzeugen in Ziele auf sowjetischem Territorium tragen. Es besteht also auch hier eine klare numerische Überlegenheit.

Wer nicht gemerkt haben sollte, daß der Vergleich der mit Bombern zu transportierenden Nuklearwaffen größtenteils eine Milchmädchenrechnung ist, kann sich als Opfer der offiziellen Statistiken und Gegenüberstellungen betrachten, die ähnlich eindimensional sind. Natürlich kann ein Bomber mehrfach eingesetzt werden, und nicht alle Flugzeuge würden angesichts der hochentwickelten Abwehrsysteme ihre Ziele erreichen, vor allem nicht so veraltete Typen wie der sowjetische *Badger* oder der britische *Vulkan.* Wesentlicher wäre schon die Zahl der Flugzeuge, die mit 422 zu 377 leicht zugunsten der Sowjetunion spricht. Andererseits hat die NATO die insgesamt weitaus moderneren Flugzeuge, mithin eine höhere Chance, den gegnerischen Abwehrgürtel zu durchbrechen.
Einen gewissen Sinn hat diese Gegenüberstellung aber insofern doch, als bei einem Nuklearkrieg mit Mittelstreckenwaffen in Europa (und vermutlich gleichzeitig in Fernost oder rings um die Sowjetunion) die Bomber so ziemlich alle eingesetzt werden dürften. Das Risiko des massiven Erstschlages ist auf eurostrategischer Ebene ungleich höher als auf der strategischen. Angesichts des vermutlich nur Stunden dauernden nuklearen Schlagabtausches erscheint es für den europäischen Kriegsschauplatz wenig sinnvoll, Bomber als eurostrategische Reserve bereitzuhalten.
Um die Behauptung, die NATO habe der wachsenden Bedrohung Europas durch die *SS-20* und den *Backfire*-Bomber nichts Gleichwertiges entgegenzusetzen, vollends ad absurdum zu führen, bedienen wir uns der Wertung, die das Londoner IISS unter Einbeziehung auch qualitativer Faktoren vorgenommen hat, ein unverdächtiger Zeuge, weil alles andere denn als sowjetfreundlich bekannt, vielmehr als objektives Institut von den NATO-Regierungen und Militärs geschätzt. In seiner Übersicht über die von den Staaten der Welt unterhaltenen Militärpotentiale führt das IISS für die Träger von taktischen und eurostrategischen Nuklearwaffen, die eine Reichweite von mehr als 1000 Kilometer haben, erstmals verschiedene qualitative Kriterien im weiteren Sinne des Wortes ein. Ohne eine Wertung von Waffensystemen nach qualitativen Gesichtspunkten bleibt die Gegenüberstellung von Zahlen nämlich nicht nur sinnlos, sondern wird zur nackten Manipulation, da zwangsläufig diejenige Macht als die überlegene erscheint, die über die meisten Waffen beziehungsweise Sprengköpfe verfügt. Angesichts der unbestritten ausschlaggebenden Bedeutung von Qualitätsmerkmalen auch für Waffensysteme vermittelt demnach eine bloß numerische Gegenüberstellung zwangsläufig ein

falsches, die Realität völlig verzerrendes Bild. Die Schwierigkeit ist also letztlich, halbwegs zuverlässige Parameter zu entwickeln, um Qualität »messen« zu können.
Bei der Gegenüberstellung und Wertung in »*The Military Balance*« durch das IISS (die von IISS und anderen Quellen getroffene Unterscheidung zwischen taktischen Atomwaffen mittlerer Reichweite, *MRBM,* und taktischen Atomwaffen langer Reichweite, *LRBM,* wird in dieser Untersuchung nicht getroffen, um das Problem für den Laien nicht zu komplizieren), ist jedoch folgendes vorab zu beachten: Aus hier nicht näher zu erläuternden Gründen der Berechnung wird nicht jedem Trägersystem (Rakete oder Bomber) auch ein Nuklearsprengkopf zugeteilt; es werden also mehr Trägersysteme ausgewiesen als Sprengköpfe. Berücksichtigt wird ferner, daß die sowjetische *SS-20* rund 120 Mittelstreckenraketen des Typs *SS-4* oder *SS-5* ersetzt hat. Der Anteil der in und für Europa einsatzfähigen weitreichenden Mittelstreckenraketen *(SS-20, SS-4, SS-5)* wird mit 75 Prozent angegeben, der Anteil der verfügbaren und einsatzfähigen Mittelstreckenbomber dagegen nur mit 37 Prozent, was allerdings fragwürdig erscheint. Die Berücksichtigung der Einsatzbereitschaft ist ein wichtiger Faktor, wenngleich er, mehr als andere, nur Schätzungen unterliegt.
Die Raketenzahl der dem NATO-Oberbefehlshaber unterstellten amerikanischen *Poseidon*-Raketen wird in »*The Military Balance*« mit 40 angegeben (statt 48), die Sprengköpfe aber daher mit 400 (statt 480). Es werden auch wesentlich mehr Bombertypen beider Seiten als Mittelstreckensysteme erfaßt.
Von den zahlreichen denkbaren und notwendigen Qualitätskriterien greift das IISS nur drei heraus: Überlebensfähigkeit (survivability), Eindringfähigkeit (penetration) und Flexibilität, d. h. vielseitige Verwendung beziehungsweise Einsatzfähigkeit (flexibility). So wichtige Qualitätskriterien wie Allwetterfähigkeit und Zuladung bei Flugzeugen, Wurflast, Mobilität, Tragfähigkeit und vor allem Treffgenauigkeit über weite Entfernungen bei Raketen, bleiben unberücksichtigt. Für eine erste, wenngleich immer noch grobe, aber doch realitätsgerechtere Beurteilung der nuklearfähigen Waffensysteme genügen aber die drei Kriterien survivability, penetration und flexibility. Sie problematisieren zumindest die Begriffe »Überlegenheit« oder »Unterlegenheit«.
Das IISS geht nun so vor, daß es gleichsam die Bestnote 1 aufteilt, wodurch sich für jeden der drei Qualitätsmaßstäbe ein

Bewertungsmaximum von 0,33 ergibt. Daraus läßt sich eine Bewertungsskala ableiten: 0,33; 0,3; 0,25; 0,2; 0,15; 0,1 und 0,05 – je nachdem, wie die Fachleute des IISS das jeweilige Qualitätskriterium einschätzen. Da beispielsweise gegen die Eindringfähigkeit von U-Boot-Raketen vorerst noch kein Kraut gewachsen ist, erhält dieses Qualitätskriterium den Bewertungsindikator 0,33. Die Überlebensfähigkeit von dieselgetriebenen U-Booten erhält dagegen nur den Bewertungsindikator 0,25, da diese Unterwasserschiffe aufgrund ihrer Geräuschentwicklung wesentlich leichter zu orten und daher zu bekämpfen sind. Oder: Die Eindringfähigkeit des langsamen sowjetischen Mittelstreckenbombers vom Typ *IL-28* wird nur mit 0,05 bewertet, die des überschallschnellen *Backfire* dagegen mit 0,2. Die Überlebensfähigkeit der *Poseidon*-U-Boote ist mit 0,3 nicht zu vergleichen mit der eines Starfighters *F-104*; er erhält daher nur 0,1.[98]
Aus all diesen Faktoren und Indikatoren wird dann für jedes einzelne Waffensystem die »system utility figure« ermittelt, also sein militärischer Wert.
Dabei fördert das IISS ein erstaunliches Ergebnis zutage. Die numerische Gegenüberstellung der »in und für Europa« bestimmten nuklearen Waffensysteme erbringt ein denkbar ungünstiges Verhältnis für die NATO: Ihren 2045 Raketen und Flugzeugen stehen 5364 des Warschauer Paktes gegenüber, eine Überlegenheit von 2,62 : 1 zugunsten des östlichen Paktsystems.
Doch schon die Berücksichtigung der Faktoren »utilization« und »serviceability« ergibt ein Verhältnis von 2244 (Warschauer Pakt) zu 1811 (NATO) Raketen und Flugzeugen. Der Grund: Die NATO hält proportional zu ihrem TNF-Potential mehr Waffen für den möglichen europäischen Kriegsschauplatz (»theatre«) bereit als die Sowjetunion, außerdem ist die Einsatzbereitschaft der Waffen viel höher.
Bezieht man schließlich die Indikatoren, also Qualitätskriterien, »serviceability«, »penetration« und »flexibility« zusammen ein, so kommt man dem Londoner IISS zufolge auf ein Verhältnis von 1209 : 1065 oder 1,14 : 1 als Summe (system utility figure). Das bedeutet faktische Ausgewogenheit, wobei die Einbeziehung weiterer Qualitätsindikatoren das Verhältnis noch weiter zugunsten der NATO verbessern würde.
Der Hamburger Wissenschaftler *Dieter S. Lutz,* stellvertretender Direktor am *Institut für Friedensforschung und Sicherheitspolitik,* ging noch einen Schritt weiter und bewertete nur die Flugzeuge nach den genannten Faktoren und Indikatoren,

zumal der deutschen Öffentlichkeit von Politikern und sonstigen zivil- oder militärischen Wehrexperten ständig die »bedrohliche Überlegenheit« des Warschauer Pakts an nuklearfähigen Flugzeugen vor Augen gestellt wird. *Lutz* kam zu dem Schluß, daß sich das Verhältnis dabei endgültig zugunsten der NATO umkehrt[99], zumal dann, wenn bei den einzelnen Flugzeugtypen nicht nur die Optimalwerte für Reichweite (über 1000 Kilometer) und Flugprofil zugrundegelegt werden, sondern von den Durchschnittswerten ausgegangen wird.
Ohne Zweifel bleibt jeder Versuch, Waffensysteme und Waffenpotentiale zu werten, um ein realitätsgerechtes Bild von der Stärke und damit der militärischen Sicherheit zweier Kontrahenten zu gewinnen, unvollständig, weil zusätzlich notwendige Faktoren und Indikatoren den Versuch zu sehr komplizieren würden, vor allem aber, weil einige Unbekannte eine zwar entscheidende Rolle spielen würden, sich aber dennoch nicht operationalisieren lassen, allenfalls mit Hilfe der Phantasie.
Rational, weil formal logisch richtig, wäre zum Beispiel die Feststellung: Da noch kein Krieg mit atomaren Waffen geführt wurde, außer in Manövern, Generalstabsübungen, Szenarios und Sandkastenspielen, gibt es auch keine Erfahrungswerte, etwa über Reaktions- und Handlungsfähigkeit der militärischen Stäbe, der aktiven Truppenführer, der Soldaten und der Bevölkerung. Unter solchen Bedingungen lassen sich mithin keine begründbaren Aussagen über mögliche Reaktionen machen. Unter Zuhilfenahme der Phantasie, die freilich präzise Informationen voraussetzt, zum Beispiel über die Wirkung einer Atomwaffe von 200, 300 oder 500 KT oder gar einer MT, lassen sich dagegen sehr wohl Aussagen machen. Höchstwahrscheinlich bräche bei Politikern und Militärs die Kontrolle über ihre Handlungsfähigkeit zusammen, geschweige denn, daß eine rational kontrollierte operative Führung möglich wäre, wenn innerhalb weniger Minuten unter den Detonationen von Atombomben Städte verdampfen, weite Gebiete in Flammen aufgehen und Millionen von Menschen in einem Inferno krepieren. Nach Überschreiten der atomaren Schwelle würden bei den handelnden Personen vor allem der zuerst betroffenen Völker alle »Sicherungen« durchbrennen. Todesangst, Panik und archaische Vergeltungswünsche würden der letzten Phase des Vernichtungsprozesses einen Automatismus verleihen, der schon der minimal zur Verfügung stehenden Zeit wegen nicht mehr unter Kontrolle zu bringen wäre. *Robert Metzger* und *Paul Doty* sehen diesen Automatismus, der zur Eskalation führen muß, klar: »Wenn die nukleare Schwelle einmal über-

schritten ist, steigt der Druck, Ziele weit hinter dem Schlachtfeld mit Nuklearwaffen anzugreifen, wird das Risiko eingegangen, weitreichende eurostrategische Nuklearwaffen einzusetzen, vom Atlantik bis zum Ural, wird der Beginn eingeläutet eines allgemeinen Atomkrieges zwischen den USA und der Sowjetunion.«[100] Diese bekannten und vorstellbaren Faktoren der menschlichen Psyche fehlen, wenn Militärstrategen an elektronischen Karten ihre Szenarios durchspielen. Das geistige und psychische Leistungsvermögen von Menschen, egal in welcher Funktion, wäre in einem Atomkrieg restlos überfordert. Der Mensch würde die »in Aktion getretenen Vernichtungsinstrumente«, die er geschaffen hat, nicht mehr beherrschen können.

Aus unserer bewertenden Gegenüberstellung des eurostrategischen Vernichtungspotentials, das die NATO und die Sowjetunion gegenwärtig verfügbar halten, ergibt sich eindeutig, daß die Behauptung, das westliche Verteidigungsbündnis sei dem Warschauer Pakt hoffnungslos unterlegen, schlichtweg falsch ist. An dieser Feststellung würde auch eine Feinanalyse, etwa durch Einführung noch genauerer Faktoren und Indikatoren, nichts ändern. Die NATO verfügt im eurostrategischen Bereich über Waffen, die denen der Sowjetunion mindestens ebenbürtig sind. Jede gegenteilige Behauptung kommt einer Desinformation, also Irreführung, gleich. Eine »Nachrüstung« wäre nicht notwendig gewesen und läßt sich sachlich nicht begründen, weder politisch noch militärisch. Der NATO-Beschluß vom 12. Dezember 1979 ist – von seinem Rüstungskontroll-Angebot abgesehen – demnach eindeutig ein Signal für eine Vorrüstung, die das Potential der NATO quantitativ (sinnlos) und vor allem qualitativ vergrößert, was die Sowjetunion, wie sie ankündigte, nicht hinzunehmen bereit ist.[101] Rüstungskontrollgespräche *(SALT-III)* sind damit in weite Ferne gerückt, zumindest schwieriger geworden, und der Rüstungswettlauf hat einen erneuten dynamischen Impuls erhalten.

6. Sind 60 Tonnen Sprengstoff pro Kopf genug?

Der Umfang der auf beiden Seiten bereitstehenden atomaren Vernichtungspotentiale hat auf allen Ebenen, der taktischen, eurostrategischen und strategischen Ebene, längst Dimensionen erreicht, die den Begriff der »Überlegenheit« aufgrund einer höheren Zahl von Atomwaffen sinnlos und absurd erscheinen lassen. Allein die 7000 in Europa gelagerten taktischen Atomwaffen der NATO stellen eine irrationale Überkapazität dar, die sich überhaupt nicht einsetzen läßt, es sei denn, man wollte restlos vernichtete Landstriche mit ausgelöschter Zivilisation, in denen auf Jahre und noch Jahrzehnte hinaus kein höherentwickeltes Leben möglich sein würde, fünf-, sechs- oder siebenmal »vernichten«; es stiege lediglich die radioaktive Strahlung des Gesteins. Daher ist das Angebot der NATO auf der Wiener *MBFR*-Konferenz, tausend taktische Atomwaffen gegen ein sowjetisches Panzerkorps abzuziehen, unseriös. Ein effektiver Beitrag zur Rüstungsverminderung ist es jedenfalls nicht, wenn grotesk übersteigerte Kapazitäten abgebaut werden.

Ebensowenig sinnvoll könnte der Warschauer Pakt seine 3500 oder 4000 taktischen Atomwaffen einsetzen. Westeuropa ließe sich mit diesem Potential nur vernichten, aber schon nicht einmal besetzen, geschweige denn weiter bewohnen oder neu aufbauen. Ein derart vernichtetes Europa wäre für die Sowjetunion wertlos, sollte sie überhaupt eine Eingliederung in den sozialistischen Machtbereich als langfristiges Ziel in Erwägung ziehen.

Auf jeden Menschen in den Staaten der NATO oder des Warschauer Paktes entfallen umgerechnet 60 Tonnen des Sprengstoffes TNT. So grotesk übersteigert ist das nukleare Vernichtungspotential beider Seiten.[102]

Im grundsätzlichen gilt diese Aussage auch für die eurostrategischen Waffen, daher müssen unsere bewertenden Gegenüberstellungen um eine wichtige Feststellung ergänzt werden: Angesichts des ungeheuren Zerstörungsgrades dieser Nuklearwaffen spielt es keine Rolle, ob eine Seite 200 oder 300 Sprengköpfe mehr besitzt, also zahlenmäßig »überlegen« ist. Wenn sich ein Aggressor nicht von den zur Zeit einsatzbereiten Potentialen abschrecken ließe, so ließe er sich vermutlich auch nicht von einem quantitativ doppelten oder noch höheren Potential abschrecken. *Metzger* und *Doty* schreiben zu Recht,

»daß der Einsatz nur einiger Prozente dieser Waffen Europa und die westliche Sowjetunion vernichten könnte«. Eine einzige sowjetische *SS-5* würde beispielsweise mit ihrem Sprengkopf von einer Megatonne nicht nur eine Stadt wie Frankfurt am Main total vernichten, ohne daß ein einziger Einwohner überlebte, auch das dichtbesiedelte Umland würde schwerstens getroffen. Auch in Hamburg gäbe es bei einem Volltreffer mit solch einer Rakete nur wenige Überlebende. Umgekehrt könnte eine *Poseidon*-Rakete mit ihren zehn Sprengköpfen Moskau für immer von der Landkarte tilgen.
Wie furchtbar die Vernichtungswirkung dieser Waffen ist, verdeutlicht ein Rechenexempel von *Dieter S. Lutz*[103]: Der Hamburger Wissenschaftler geht von der Annahme aus, daß die Sowjetunion einen Erstschlag gegen Westeuropa führt, der alle land-, luft- und seegestützten eurostrategischen Systeme der NATO ausschaltet, ferner alle Unterseeboote in Häfen oder Docks. Es haben also in diesem »*Worst-Case*-Szenario« nur die britischen, französischen und der NATO unterstellten amerikanischen Unterseeboote überlebt, die sich auf Patrouillenfahrt befinden. Das ist nach Vorschrift die Hälfte. Selbst wenn von den »überlebenden« U-Booten noch ein Fünftel durch sonstige Feindeinwirkung zerstört würde und zehn Prozent der dann noch verbliebenen Trägersysteme und Raketen aus irgendwelchen Gründen ausfielen, verbliebe für den Zweitschlag der NATO ein »Rest« von 342 Sprengköpfen, entsprechend 103 Megatonnen-Einheiten (MTE). Nach amerikanischen Berechnungen, so *Lutz,* genügen 100 Megatonnen-Einheiten, um 37 Millionen Einwohner der Sowjetunion und 59 Prozent der Industriekapazität zu zerstören. *Lutz* geht davon aus, daß mit den verbliebenen NATO-Raketen die 30 größten sowjetischen Städte mit 42 Millionen Menschen und 40 Prozent der Industriekapazität vernichtet werden könnten, denn die eurostrategischen Raketen reichen bis weit nach Sibirien hinein.
Und dabei dürfte *Lutz* noch weit untertrieben haben, jedenfalls wenn man sich auf US-Präsident *Jimmy Carter* selbst als Gewährsmann beruft. Er stellte 1979 fest: »Nur eines unserer relativ unverwundbaren *Poseidon*-Unterseeboote – das sind weniger als zwei Prozent unserer Nuklearstreitmacht an U-Booten, Flugzeugen oder Langstreckenraketen – verfügt über genügend Sprengköpfe, um jede große und mittelgroße Stadt in der Sowjetunion zu zerstören. Unsere Abschreckung ist überwältigend.«[104] Ähnlich formulierte es Senator *Edward Kennedy* bereits 1972 in einer Rede vor dem Senat, als die *Poseidon*-Sprengköpfe noch weniger leistungsfähige Zielcomputer tru-

Abb. 5: Eine *Polaris*-Rakete nach einem Unterwasserabschuß. Jede Rakete trägt drei Sprengköpfe, jeder Sprengkopf hat eine mehrfach höhere Vernichtungswirkung als die Bombe, die Hiroshima zerstörte. Die Atomwaffe Großbritanniens ist vorwiegend mit *Polaris*-Raketen ausgerüstet. Frankreich will seine Atomwaffe bis 1984 vervierfachen und den beiden Supermächten ein gleichwertiger Konkurrent werden.

gen als heute: »Der lange akzeptierte Grad gesicherter Zweitschlagskapazität – 25 Prozent der Bevölkerung und 50 Prozent der Industrie – könnte durch eine Zerstörung der 100 größten Städte der Sowjetunion erreicht werden; dazu genügen zwei einsatzbereite *Polaris*/*Poseidon*-U-Boote; sie hätten sogar noch zwölf Raketen und 120 Sprengköpfe übrig. Die Raketen eines einzigen *Poseidon*-U-Bootes könnten ein Viertel der sowjetischen Industrie zerstören, von einem erheblichen Teil der sowjetischen Bevölkerung ganz abgesehen... Unsere Abschreckungsmacht ist furchterregend, und die unnötigen Übertötungskapazitäten sind Beweis genug dafür, daß die politischen Entscheidungsträger in diesem Lande kläglich versagt haben in dem Bemühen, eine Antwort auf die Frage zu finden, wieviel denn genug sei.«[105]

Kennedys Worte lassen zumindest ahnen, daß ein Argumentieren in Kategorien wie »Verteidigung« oder »Überlegenheit« aufgrund von Zahlen und Aufzählen sowie Gegenüberstellen von Nuklearwaffen dem Errechnen numerischer Defizite oder Vorsprünge, ja daß der hemmungslose Rüstungswettlauf im nuklearen Bereich selbst ein psychopathologisches Problem ist.

Eine andere Erklärung läßt sich nicht finden, beispielsweise für den Beschluß Präsident *Carters,* die landgestützte, aber mobile strategische Superrakete *MX* zu bauen, also noch mehr und noch zielgenauere Vernichtungskapazitäten aufzutürmen, wenn man unterstellt, daß seine zitierte Feststellung über die verheerende Wirkung eines einzigen *Poseidon*-U-Bootes rational, also realitätsgerecht ist. Und dabei wurde am 4. Oktober 1979 das erste Exemplar der neuen amerikanischen U-Boot-Generation, die *Trident,* in Dienst gestellt, eine noch leistungsfähigere Waffe, schneller, schwerer zu orten, mit noch mehr Raketen und Sprengköpfen, noch treffsichereren, mit längerer Reichweite, mit mehr Kilotonnen an Vernichtungspotential.

Es liegt auf der Hand und scheint legitim, die Frage aufzuwerfen, ob nicht alle bisher aufgestellten und durchaus begründeten Thesen über die verschiedenen Ursachen des Rüstungswettlaufs letztlich nur technokratische, quasirationale, oberflächliche Erklärungen anbieten konnten und damit verschleierten, daß die dynamischste Ursache eine schwere, offenbar kollektive Psychose ist. Das Sicherheitsdenken hüben und drüben und seine Realisierung in grotesken Übertötungskapazitäten, um sich gegenseitig abzuschrecken, sind offenkundig das Ergebnis von Wahnideen.

Militärexperten haben allerdings mehrere Erklärungen für ihre Forderungen auch nach zahlenmäßiger Überlegenheit bei nuklearen Waffen und Sprengköpfen. Die neueste Technologie hat auch das nuklearstrategische Denken und die operative Planung beeinflußt, seit die Zielcomputer und Feuerleitanlagen den Nuklearwaffen einen Grad an Präzision verleihen, der noch vor wenigen Jahren für ausgeschlossen gehalten wurde. Die kommende Interkontinentalrakete *MX* wird dem amerikanischen Wissenschaftler *Donald Brennan* zufolge einen CEP von unter 60 Metern haben (das entspräche einer Artilleriegranate, die in zehn Kilometer Entfernung mit 50prozentiger Wahrscheinlichkeit im Radius von sechs Zentimetern um den absoluten Zielmittelpunkt einschlägt), die neuen *Pershing-II XR* oder *Cruise Missiles* werden einen Radius von zirka 20 Metern haben. Auch der von den meisten westlichen Quellen mit 100 bis 200 Metern angeführte 50prozentige Aufschlagsradius der sowjetischen *SS-20* stellte schon eine hervorragende Zielgenauigkeit dar, wenngleich diese modernste, im Aufbau befindliche Waffe mit der amerikanischen Präzisionstechnologie noch nicht konkurrieren kann.

Aufgrund dieser Zielgenauigkeit hoffen die Militärstrategen einem doppelten Dilemma zu entgehen: Da mit den neuen nuklearen Präzisionswaffen Punktziele in großer Entfernung bekämpft werden können, ist es möglich, die Detonationsstärke gering zu halten. So gibt es Überlegungen, strategische oder eurostrategische *Cruise Missiles* sogar mit herkömmlichem Sprengstoff zu füllen, allerdings verpackt in neukonstruierten Druck- und Flächenbomben oder Penetrationsgefechtsköpfen. Dadurch würden die nicht unbedingt beabsichtigten ungeheuren Begleitschäden für die Zivilbevölkerung des Gegners auf ein Minimum beschränkt. Die Option, mit strategischen Fernwaffen beschränkte Ziele, vorwiegend militärische, anzugreifen, wobei der Gegner diese Angriffe gleichzeitig als Warnung verstehen sollte, hat, wie erwähnt, als erster der frühere US-Verteidigungsminister *James Schlesinger* formuliert. Die Erwartung dabei ist, daß der Gegner diese letztlich als human interpretierte Kampfstrategie honoriert und seinerseits nicht Atomwaffen mit verheerender Flächenwirkung einsetzt, die unter der Zivilbevölkerung ein millionenfaches Blutbad anrichten müßten. Für den Einsatz gegen harte Punktziele *(counterforce-strike)* wie Raketenstellungen spielt naturgemäß die Zahl der einsatzfähigen Raketen eine wichtige Rolle. Dabei beginnt sich allerdings der Charakter der Abschreckung zu verändern, gleichzeitig wird der Rüstungswettlauf in eine neue Dimension gehoben. Beide Trends zusammen beschwören mit einer Aktualität, die nur wenigen Vorausschauenden *wie Carl Friedrich von Weizsäcker,* zu Bewußtsein kommt, die Gefahr des Atomkrieges erst recht herauf. Denn nunmehr erscheint das Risiko wieder kalkulierbar, d. h. tragbar, und daher der Krieg selbst führbar.

Abb. 6: Die amerikanischen *Minuteman*-Raketen, die jedes Ziel in der Sowjetunion treffen können, lassen sich in wenigen Minuten startbereit machen. Das Gerede von ihrer Verwundbarkeit durch einen sowjetischen Erstschlag ist also barer Unsinn. Trotzdem bauen die USA nunmehr auch mobile Interkontinentalraketen.

Das bedarf einiger Erläuterungen. Die außerordentliche Steigerung der Präzision der Waffentechnik im allgemeinen und der Nuklearraketen im besonderen erhöht, zumindest auf dem europäischen Kriegsschauplatz, in rasch steigendem Maße die Chance des Erst- oder Entwaffnungsschlages *(first-strike* beziehungsweise *preemptive-strike),* dem auf jeden Fall unbewegliche militärische Ziele wie feste Raketenstellungen, Flugplätze oder Häfen (mit Atom-U-Booten) schutzlos ausgesetzt wären. Sollte die Luftaufklärung, wie zum Beispiel die Satellitenortung, weiter so enorme Fortschritte machen, werden auch bewegliche Raketenabschußrampen, wie sie für die *Cruise Missiles,* die *SS-20* oder *Pershing-II* vorgesehen sind, »erstschlaggefährdet«, da ihre jeweilige Position permanent Tag und Nacht, bei jedem Wetter, selbst bei Tarnung, fixiert werden kann und sie angesichts der Flugzeit einer Mittelstreckenrakete von ca. vier Minuten über keine nennenswerten Entfernungen bewegt werden können, um dem Schlag zu entrinnen. Es wäre auch nicht möglich, die eigenen Raketen in einer so kurzen Zeit einsatzbereit zu machen und abzufeuern. Sie ließen sich wahrscheinlich selbst dann nicht mehr abfeuern, wenn sie bereits einsatzfähig gemacht worden wären. (Ein Beispiel übrigens dafür, daß bei dem Versuch, die mögliche »Überlegenheit« eines der potentiellen Kontrahenten festzustellen, nicht nur die Zahl der Waffen beachtet werden darf, sondern in ebenso hohem Maße die Leistungsfähigkeit z. B. der Feuerleitanlagen oder Aufklärungs- bzw. Ortungssysteme in Rechnung gestellt werden muß, da diese den Waffen erst die optimale Wirkung verleihen.)

Kehren wir zu dem angenommenen *worst-case*-Szenario von *Lutz* zurück. Die Sowjetunion würde einen überraschenden Erst- bzw. Entwaffnungsschlag planen (was voraussetzt, daß sie über eine entsprechende Präzisionstechnologie verfügte, d. h., zumindest alle geplanten *SS-20* und *Backfire*-Bomber einsatzbereit hätte); dann könnte sie folgende Kalkulation anstellen: Die zielpräzisen Mittel- beziehungsweise Kurzstreckenraketen schalten »schlagartig« alle eurostrategischen Waffen der NATO aus, wie Raketenstellungen, Abschußrampen, Flugplätze, im Hafen oder in Docks liegende Atom-U-Boote, aber auch Befehlszentralen, Hauptquartiere, Kommandostände usw. Dazu brauchte der Aggressor nur einen Teil seiner verfügbaren Waffen, nehmen wir an, die Hälfte, die andere verbliebe in Reserve. Die Bevölkerung in den angegriffenen NATO-Staaten wäre weitgehend geschont worden. Es hätte »nur« drei bis fünf Millionen Tote und Verletzte gegeben – angesichts

der Dimensionen eines Nuklearkrieges eine relativ geringe Zahl.
Die Sowjetunion könnte nach diesem Angriff damit kalkulieren, daß die NATO ihr »überlebendes« Potential, das *Lutz* zufolge immerhin die 30 größten sowjetischen Städte mit 42 Millionen Einwohnern und 40 Prozent der Industriekapazität vernichten könnte, dennoch nicht gegen diese weichen Ziele *(counter-city)* einsetzen würde, weil sie dann endgültig die »Selbstmordoption« wählte, das heißt, die totale Zerstörung für eine unabsehbare Zukunft. Der Sowjetunion stünde dann ja noch die andere Hälfte des Vernichtungspotentials zur Verfügung, zusätzlich die strategische Atomstreitmacht. Die weitere Hoffnung wäre, sich nach einem solchen Erstschlag mit den USA zu verständigen, um die Gefahr des strategischen Nuklearkrieges zwischen den beiden Supermächten zu bannen (allenfalls würde es Moskau hinnehmen, daß die NATO bzw. die USA einen ähnlichen Schlag gegen die WP-Verbündeten führte, um das »Gleichgewicht« wiederherzustellen). In der Tat ist die Wahrscheinlichkeit hoch – was den Politikern in den europäischen Hauptstädten schlaflose Nächte bereitet –, daß sich die USA zu einer Verständigung bereitfänden, ehe auch sie Europas wegen – und nach einem solchen Erstschlag der Sowjetunion dann völlig sinnlos – die Selbstmordoption wählen.
Doch der Reiz für einen eurostrategischen Erstschlag gegen die Sowjetunion ist für die NATO (d. h., im wesentlichen für die USA) zunächst genauso hoch, zumal sie aufgrund ihrer überlegenen Technologie noch früher dazu in der Lage sein dürfte. Der Kreml hat also ähnliche, und sogar aus seiner Sicht noch begründetere Bedrohungsängste.
Die NATO könnte – objektiv oder aus der Sicht der sich bedroht fühlenden Sowjetunion (was keinen Unterschied macht, denn entscheidend ist die subjektive Annahme eines der Kontrahenten) – folgende Überlegungen anstellen: Die NATO schaltet in einem Erstschlag die sowjetischen Kurz- und Mittelstreckenraketen aus, zumindest den größten Teil, in der Erwartung, daß sich die sowjetische Führung dann hüten würde, die strategischen Raketen abzufeuern. Ihr Einsatz gegen europäische Ziele würde Moskau gegenüber den USA ins Hintertreffen geraten lassen, ein unmittelbarer Einsatz gegen die USA aber die Selbstmordoption bedeuten. Denn die Feststellung *Uwe Nehrlichs,* »strategische Raketen schrecken nur strategische Raketen ab«, dürfte bei einem Mindestmaß an obwaltender Realitätseinsicht und »gesunder Angst« doch richtig sein.

Unterhalb der strategischen Schwelle wird der Atomkrieg also wieder führbar, zumal die Beteuerung sowjetischer Militärexperten wie des Generals *Michail Milstein*[106], die Sowjetunion betrachte jede Atomwaffe, die auf ihrem Territorium explodieren würde, als strategische Waffe und würde entsprechend gegen die USA reagieren, in den Ohren eines NATO-Strategen wenig glaubwürdig klingen muß. Für die sowjetische politische und militärische Führung aber muß der »Nachrüstungsbeschluß« der NATO, 592 höchst zielgenaue *Pershing-II*-Raketen und *Cruise Missiles* einzuführen, als zumindest erster und konsequenter Schritt zum Erwerb der Erstschlagfähigkeit gelten, die die Sowjetunion noch längst nicht hat, trotz *SS-20* und *Backfire*, vielmehr wäre dafür eine technologisch neue eurostrategische Waffengeneration notwendig.
Kein Zweifel, daß solche Szenarios und Überlegungen – sie werden auf der strategischen Ebene in ähnlicher Form angestellt – schon in wenigen Jahren die nukleare militärische Realität in den Generalstäben bestimmen werden. Sie dürften heute bereits angestellt werden in Vorwegnahme künftiger Optionen. Die rapide technologische Entwicklung macht sie im Gegenteil zwingend notwendig, zumal man ihre Ergebnisse, nämlich die künftigen Waffen, heute bereits kennt; lediglich ihre technische Realisierung ist noch nicht vollständig möglich.
Somit dürfte auch dem militärischen Laien einleuchten, daß die Schwelle für einen Atomkrieg – der durch einen Erstschlag ausgelöst und, so die jeweilige Kalkulation, gleichzeitig begrenzt bliebe – entscheidend gesenkt würde. Denn jetzt verspräche ein nuklearer Überfall höheren Nutzen als Schaden, im Grunde würde das gesamte Abschreckungssystem bis zur eurostrategischen Schwelle aus den Angeln gehoben. Ein militärisch führbarer Krieg, dessen Risiko und Konsequenzen kalkulierbar, mithin tragbar erscheinen, wird aber nach Ansicht von *Carl Friedrich von Weizsäcker* auch geführt[107], sobald einer der beiden Kontrahenten die technologischen Voraussetzungen geschaffen und in Waffensysteme umgesetzt haben wird. Die technologische Entwicklung destabilisiert jedenfalls das Abschreckungssystem in gefährlicher Weise.
Natürlich spielen bei diesen Kalkulationen und Erstschlagsszenarios eine Vielzahl von unbekannten Faktoren eine Rolle. Selbst noch so genaue nukleare Präzisionswaffen, die nun gegen militärische Ziele abgefeuert würden, hätten unter der Zivilbevölkerung eine verheerende Wirkung, zumal im dichtbesiedelten Westeuropa. »Ausreißer«, das heißt, Raketen, die

aufgrund eines kleinen Defekts statt im vorgesehenen Ziel über einer Großstadt detonieren, sind ebensowenig auszuschließen wie Pannen und Irrtümer bei der Zielprogrammierung, der Herstellung der Gefechtsbereitschaft und beim Abschuß. Alle diese und noch andere Unwägbarkeiten tragen dazu bei, diese Kalkulation mit dem Erstschlag zu einer Rechnung ohne den Gegner werden zu lassen, dessen Reaktion im Ernstfall mit Sicherheit doch nicht abgeschätzt werden kann. Panik, Fehlinformationen, falsche Verarbeitung von Informationen, Fehlannahmen und Fehlschlüsse, Trotzreaktionen, ja sogar die Selbstmordbereitschaft in einer Situation, die die Nerven und Selbstkontrolle auch kaltblütiger Menschen überfordert, müßten in Rechnung gestellt werden, könnten alle Annahmen und Erwartungen, die beim Sandkastenspiel aufgestellt wurden, über den Haufen werfen.

Dennoch ist diese Entwicklung angesichts des dahinrasenden Rüstungswettlaufs bereits vorprogrammiert, und beide Supermächte stellen sie bei der Entwicklung ihrer Kriegführungsszenarios in Rechnung. Dabei wird sich zunächst eine Asymmetrie ergeben, da aller Wahrscheinlichkeit nach, d. h. wenn diese Entwicklung nicht durch ein Rüstungskontroll- bzw. -begrenzungsabkommen aufgefangen und gestoppt wird (etwa in einem *SALT-II*-Vertrag), die NATO respektive die USA als erste über diese Möglichkeit verfügen werden. Wie die Sowjetunion im Vorstadium, d. h. vor der endgültigen militärischen Realisierung dieser Möglichkeit, politisch reagieren wird, um diese Gefahr abzuwenden, läßt sich nicht vorhersehen. Militärisch dürfte sie abermals in die Quantität ausweichen und darüber hinaus versuchen, die Zielpräzision und die Einsatzbereitschaft ihrer Mittelstreckenwaffen zu erhöhen, ferner die nuklearen Kurzstreckensysteme auszubauen und zu verbessern.

Dadurch erhält die Gefahr fast schon einen sehr hohen Grad an »sicherer Wahrscheinlichkeit«, daß militärische Konflikte auf konventioneller Ebene, sogar schon zugespitzte politische Konfrontationen, in einen taktischen eurostrategischen Nuklearkrieg eskalieren, weil eine der beiden Seiten im Erstschlag das geringere Risiko sieht, im skrupulösen Abwarten dagegen das für sie und ihre Interessen unvertretbar höhere.

Obwohl also ein Erstschlag ohne Warnung auf einem möglichen europäischen Kriegsschauplatz dem Aggressor beträchtliche Vorteile brächte, gibt es Stimmen, die eine solche Möglichkeit nicht überbewerten wollen. Der entscheidende Nachteil der Planung eines Überraschungsschlages seitens der Sowjetunion (so etwa *Metzger/Doty)* wäre, daß er nicht geheimgehalten werden könnte und die NATO – dem früheren NATO-Oberbefehlshaber *Alexander Haig* zufolge – eine Warnzeit von »mindestens 48 Stunden« hätte, bei realistischer Annahme sogar von mehreren Tagen. Im übrigen könnte die Sowjetunion nicht sicher sein, daß ihr die NATO nicht zuvorkommt. Schließlich aber würde ein Überraschungsschlag gegen europäische Ziele die amerikanische strategische Streitmacht in volle Einsatzbereitschaft versetzen.

Zwingende Schlüsse sind dies freilich nicht, zumal beide Autoren an der These festhalten, nach einem sowjetischen präzisen Erstschlag gegen Militäreinrichtungen würden die verbliebenen britischen, französischen und vor allem amerikanischen nuklearen U-Boot-Waffen in einem *second-strike* (Zweitschlag) gegen sowjetische Siedlungszentren eingesetzt, was den dann für Europa tödlichen *Counter-City*-Schlag der Sowjets auslösen müßte, bei unmittelbarer Gefahr einer Eskalation mit strategischen Waffen.

7. »Verteidigung« trotz Vernichtung

Die eurostrategischen Waffen verlagern alle die Probleme, die bereits die Diskussion über die taktischen Atomwaffen nicht lösen konnte, nur auf eine höhere Ebene der Eskalationsstufe, ohne aus der Sackgasse herauszuführen. Die Logik des Bundeskanzlers in seiner »Markstein«-Rede vor dem Londoner *Internationalen Institut für Strategische Studien,* derzufolge weitreichende, das Territorium der Sowjetunion bedrohende Mittelstreckenraketen die in *SALT-II* festgeschriebene Neutralisierung der strategischen Kräfte der USA aufheben und den nuklearen Schutzschirm wieder stärken könnten[108], erweist sich aufgrund unserer Analyse ebenfalls als Scheinlogik. Abgesehen davon, daß es keine eurostrategische Lücke gibt, die NATO vielmehr der Sowjetunion auch bei diesem Waffensystem und im Verständnis technokratisch denkender Wehrexperten »überlegen« ist, sind die USA nicht aus der Verantwortung entlassen; nicht die NATO und nicht integrierte Ziel- oder Einsatzpläne bedrohen die Sowjetunion, nicht die NATO würde im Kriegsfall die Sowjetunion verwüsten, sondern die USA (trotz der französischen und britischen Atomwaffen, die zweifellos nur in Kombination mit den amerikanischen eingesetzt würden). Es kann daher kaum einer Täuschung unterliegen, wenngleich Selbsttäuschung durch Verdrängung eine ständige Gefahr in diesem irrationalen Bereich bleibt, auf europäischem Boden stationierte eurostrategische Waffen änderten etwas Grundsätzliches an dem Dilemma der nuklearen Garantie, dem sich die USA gegenübersehen und das in den Vereinigten Staaten auch wesentlich offener, öffentlicher und kritischer diskutiert wird. Mehr noch: Ohne eurostrategische Waffen hätte es eine gute Chance gegeben, daß sich die beiden Supermächte nach einem taktischen Krieg in Europa verständigen, um eine Eskalation zum gegenseitigen Selbstmord zu verhindern. So aber geht die Sowjetunion davon aus, daß jede Atomwaffe, die auf ihrem Territorium detoniert, eine strategische Atomwaffe ist, und daß ferner die USA für die Einsatzplanung der NATO verantwortlich sind. Der Einsatz eurostrategischer Waffen gegen die Sowjetunion würde daher zwangsläufig einen entsprechenden Gegenschlag gegen Ziele in den USA auslösen, was auch adäquat wäre.

Mit anderen Worten, die Stationierung eurostrategischer Waffen auf europäischem Boden ist gleichbedeutend mit der Stationierung strategischer Waffen. Infolgedessen beruhen die Logik der Rede von Bundeskanzler *Schmidt* vor dem *IISS* und die erheblich vergröberten Argumente der nach diesem »Markstein« einsetzenden öffentlichen Debatte auf einer verhängnisvollen Fehlannahme, die notwendigerweise zu falschen Schlußfolgerungen führen mußte. Die Unlogik ist dermaßen eklatant, daß eine Kritik nur noch die Absicht zur bewußten Beeinflussung der Öffentlichkeit feststellen könnte oder aber einen bedenklichen Realitätsverlust im Rahmen der ohnehin psychotischen Abschreckungstheorie.

Das Argument von *Schmidt,* die faktische Neutralisierung der strategischen Streitmacht beider Supermächte durch *SALT-II* wegen der festgeschriebenen Parität habe zur Folge, daß die strategische Nukleargarantie der USA unglaubwürdig geworden sei und man daher eurostrategische Waffen brauche, um die entstandene »Abschreckungslücke« zu füllen, übersieht, daß es nur ein höchst formales ist, aber kein realitätsgerechtes. Denn, um es zu wiederholen, für die Sowjets sind eurostrategische Waffen und strategische Waffen identisch. Der Grundfehler der *Schmidt*schen Überlegungen ist, daß der Kanzler die europäischen NATO-Alliierten der USA auf die gleiche, gewissermaßen strategische Ebene mit der Sowjetunion stellt, als ebenbürtige Kontrahenten. Doch das sind sie nicht. Der Hauptkontrahent der Sowjetunion sind und bleiben die USA, die anderen NATO-Alliierten stehen auf der faktischen Stufe mit den Alliierten der Sowjetunion im Warschauer Pakt. Nicht zwei Allianzen oder Bündnissysteme stehen sich gegenüber, die jeweils von gleichberechtigten und gleichrangigen Partnern gebildet werden, sondern zwei Weltmächte, die auch innerhalb ihrer jeweiligen Allianz eine übermächtige Rolle spielen. Mit anderen Worten: Die sowjetischen nuklearen Mittelstreckenwaffen sind im Rahmen des bipolaren Macht- und Konkurrenzverhältnisses der beiden Supermächte taktische, gleichsam lokal-begrenzte Waffen, da sie die andere Supermacht, die USA, nicht bedrohen und das strategische Gleichgewicht nicht tangieren.

Umgekehrt aber sind Mittelstreckenwaffen, die von Europa aus die Sowjetunion erreichen, strategische Waffen, weil sie im Falle eines Einsatzes das strategische Gleichgewicht der beiden Weltmächte aus der Balance brächten. Erhebliche Teile der Sowjetunion würden verwüstet, die UdSSR würde sogar als lebensfähige Industriegesellschaft ausgeschaltet (wenn auch ihre strategische Schlagkraft intakt bliebe), die USA aber kämen zunächst ungeschoren davon.

Der Militärjournalist *Wolfram von Raven* wirft genau diese

Frage in einer negativ wertenden Analyse des *SALT-II*-Vertrages auf[109]: »Kann sich die Allianz aber auf eine Deutung einlassen, die weiterhin die Sanktuarien der beiden Weltmächte privilegiert? Muß sie nicht von der Erkenntnis ausgehen, daß sämtliche Kernwaffen des Ostens in den Raum langen, der auf unserem Erdteil das Bündnis des Westens ausmacht? Da die Glaubwürdigkeit der Sicherung beider Lager – nicht lediglich der UdSSR und der USA – zur Debatte steht, dürfen die Amerikaner nicht für alle Zeit die Sonderbehandlung der Sowjets als Preis für einen Kompromiß mit dem Gegner akzeptieren, weil das auf Kosten der Europäer ginge.« *Raven* behauptet die Gleichwertigkeit von Lagern und fordert die »Nachrüstung«, ohne die USA oder gar die UdSSR zu fragen, was sie von dieser »Gleichrangigkeit« im Ernstfall halten.[110] Eindeutig stellt dagegen *Klaas de Vries,* Vorsitzender des Verteidigungsausschusses der Zweiten Kammer des niederländischen Parlaments, in seinem Bericht für die nordatlantische Versammlung fest: »Jede von den Amerikanern kontrollierte Waffe ist eine strategische!«[111]

Schmidts Forderung nach Schließung der Abschreckungslücke durch eurostrategische Waffen wäre allenfalls dann logisch, wenn dieses Potential ausschließlich als eigene nukleare Streitmacht unter dem Kommando und der Verantwortung Europas – politisch wie im Ernstfall militärisch – bestünde, wenn also die westeuropäischen NATO-Alliierten in eigener Verantwortung und unabhängig von den USA über Ziel und Einsatzplanung entscheiden könnten. Dies aber ist, mit Ausnahme Frankreichs, nicht der Fall. Frankreich ist zwar kein integriertes NATO-Mitglied, doch darf ausgeschlossen werden, daß es im Kriegsfalle völlig selbständig über den Einsatz von Nuklearwaffen entscheiden würde, ohne engste Abstimmung mit der NATO. Welche denkbaren Folgen diese Selbständigkeit Frankreichs im Kriegsfalle haben könnte – als zusätzlicher Bedrohungsfaktor für die Sowjetunion – soll hier nicht näher untersucht werden.

Die USA stünden also im Kriegsfalle bei einer eventuellen Freigabe der eurostrategischen Waffen vor genau dem gleichen Entscheidungsdilemma wie bei den strategischen Waffen auch. Dieses Dilemma heißt: Die Selbstmordoption wählen, um Alliierte zu verteidigen, deren Staatsgebiet bei einem sowjetischen *Counter-Force*-Schlag schwer angeschlagen, deren militärische Handlungsfähigkeit jedoch ausgeschaltet wäre.

Unter den gegenwärtigen Bedingungen des militärisch-strategischen Kräfteverhältnisses und des waffentechnologischen

Standards ist die Nukleargarantie der USA für ihre europäischen Verbündeten unglaubwürdig, allenfalls von geringem Abschreckungswert (das könnte sich allerdings ändern, wenn eine der beiden Supermächte einen technologischen Durchbruch zum risikomäßig kalkulierbaren Erstschlag gewönne). Insofern sind auch die zahlreichen Überlegungen darüber, ob sich die USA mit *SALT-II* von der Nukleargarantie für Westeuropa »abgekoppelt« haben (eine der Hauptthesen von Bundeskanzler *Schmidt*) oder aber erst mit der im Dezember 1979 beschlossenen Stationierung von 572 zusätzlichen eurostrategischen Systemen[112], mehr oder weniger inhaltsleere Spekulationen, deren Realitätsgehalt sich nur im Krieg zeigen würde. Unterstellt man den verantwortlichen politischen Entscheidungsgremien der USA, insbesondere dem Präsidenten und seinen zivilen- wie militärischen Beratern, ein Minimum an Rationalität, so werden sie selbst die Erwartung gleich Null ansetzen, daß sich ein eurostrategischer Krieg auf Europa und die Sowjetunion begrenzen ließe.

Eine Nukleargarantie für Europa ist daher, von der Interessenlage der USA her betrachtet, irrational und folglich mit größter Wahrscheinlichkeit nicht anzunehmen. Die Differenz zwischen »größte Wahrscheinlichkeit« und »absolute Sicherheit« ist indessen genau die Größenordnung, in der eine amerikanische Nukleargarantie für Westeuropa gegeben ist. Dieser Größenordnung entspricht im übrigen auch das sowjetische Risiko.

Deutsche Politiker und Militärpublizisten sehen dieses Entscheidungsdilemma durchaus, obwohl die Vereinigten Staaten stets und wiederholt verbale Versicherungen abgeben, daß die Nukleargarantie außer jedem Zweifel stehe. Es hat den Anschein, als versuche man auf deutscher Seite, die vorhandenen Zweifel mit allen zu Gebote stehenden psychischen Abwehrkräften niederzuhalten, um zu verhindern, daß sie konkrete Realitätseinsicht würden. Die Beschwörungen der amerikanischen Nukleargarantie haben etwas von einem magischen Ritual an sich. Denn diese Realitätseinsicht hätte ja nicht nur zur Folge, daß sowohl der geringe Wert einer euronuklearen Abschreckung für den potentiellen Aggressor Sowjetunion als auch die Hoffnungslosigkeit einer »Verteidigung« zur Kenntnis genommen werden müßten, sondern auch, daß sich Überlegungen darüber aufdrängten, weshalb die Sowjetunion – eine »ungeheure« Überlegenheit wird ihr ohnehin unterstellt – nicht schon längst über Europa hergefallen sei. Das aber würde die Feindbilder erschüttern (denn selbst in Fachzeitschriften ist fast durchweg vom »sowjetischen Gegner« die Rede), die wie ein

Filter die Informationen aus der Wirklichkeit auswählen und nur das als Realitätserfahrung ins Bewußtsein lassen, was ihnen entspricht und sie bestätigt. *Dieter Senghas* nannte das »Lernpathologie«, eine Konsequenz der Abschreckungstheorie, die ihrem Charakter nach psychotisch ist.

Dabei läge die Einsicht auf der Hand, daß angesichts von Vernichtungspotentialen, die Völker und Kontinente binnen weniger Minuten, höchstens Stunden, von der Landkarte und aus der Geschichte radieren könnten, tradierte Vorstellungen von Bündnistreue, Solidarität oder Garantieverpflichtung jeden Bündnispartner überfordern müssen, sobald dessen Überlebenschancen besser sind als die der anderen. Wer wie die USA im Konfliktfalle noch Handlungsalternativen hätte, während die anderen keine mehr haben, steht in einer grundlegend anderen Interessensituation.

Das Mißtrauen auf deutscher Seite in die Nukleargarantie der USA beruht im wesentlichen auf folgenden Gründen: Einmal auf der Tatsache, daß die Vereinigten Staaten während der *SALT-II*-Verhandlungen, nicht zuletzt auf Druck ihrer westlichen Alliierten[113], den sowjetischen Vorschlag abgelehnt haben, ihre *Forward Based Systems* (*FBS* = »*vorgelagerte* Einsatzmittel« wie beispielsweise Flugzeuge) sowie die britischen und französischen Potentiale in das Abkommen einbeziehen zu lassen.[114] Aus sowjetischer Sicht, und sogar objektiv betrachtet, sind das strategische Waffen, die Forderung war also logisch. Zum Ausgleich boten die Sowjets an, zusätzlich auch ihre eurostrategischen Waffen in *SALT-II* einzubringen. Den USA schien das kein gutes Geschäft zu sein, daher mußten sie es zulassen, daß die Sowjetunion ihre eurostrategischen Systeme ausbaute. Die Festschreibung der strategischen Parität ist daher ohnehin nur eine Scheinparität zuungunsten der Sowjetunion, da die USA ihre *Forward Based Systems* behalten, ebenso wie Briten und Franzosen ihre Potentiale, die ihrer defacto-Wirkung nach strategische Waffen sind. Der Bericht des Senats-Unterausschusses für europäische Angelegenheiten geht auf dieses Problem ausdrücklich ein: »Die Sowjets könnten natürlich argumentieren, daß diese Waffen ›strategische‹ seien, und daraus eine Umgehung des Vertrages ableiten.«[115]

Darüber hinaus ist es außerordentlich aufschlußreich, daß in kaum einem Kommentar zu *SALT-II,* weder einem östlichen noch einem westlichen, die Zuordnung von drei, möglicherweise sogar vier amerikanischen Atom-U-Booten mit *Poseidon-C3*-Raketen zur integrierten Zielplanung unter dem NATO-Oberkommandierenden in Frage gestellt wird, obwohl diese Rake-

ten per definitionem strategische Waffen sind, aber für die eurostrategische Verteidigung gedacht.
Auch die am 12. Dezember 1959 vom NATO-Ministerrat beschlossenen 572 eurostrategischen Waffen wie *Pershing-II* oder *Cruise Missiles* werden als »nicht strategische« interpretiert, ebenso die vorhandenen britischen Potentiale. Diese von den Sowjets offenbar stillschweigend geduldete Definition ist letztlich auch für die *Force-de-Frappe* der unbeteiligten Franzosen von nicht geringer Bedeutung.[116]
Dennoch fühlen sich einige deutsche Politiker und Publizisten von den USA schlecht vertreten, weil die sowjetische eurostrategische Rüstung nicht durch *SALT-II* begrenzt wird und vor allem den Weiterbau der *SS-20* ermöglicht.[117] Die offenkundig weitgehende Kompromißbereitschaft Moskaus wird nicht erkannt geschweige denn gewürdigt, die Abschreckungsdoktrin läßt das nicht zu.
Die zweite Quelle für die deutsche Skepsis gegenüber der amerikanischen Nukleargarantie ist die außerordentlich offene und breite Diskussion in den USA über das Für und Wider einer solchen Verpflichtung und den Nutzen bzw. die Folgen der *flexible response*[118], die offenbar ihre Wirkung auf Politiker bis hin zu Präsidenten wie *Nixon* und *Carter* nicht verfehlt.[119]
Auf der anderen Seite ist ein Rückkoppelungseffekt festzustellen. Die ständig geäußerten europäischen und vor allem deutschen Zweifel werden in den USA außerordentlich stark beachtet[120] und sorgfältig analysiert. Mehr noch: Wann immer sich verantwortliche amerikanische Politiker zu den Ängsten und Befürchtungen der Europäer äußern, stets pflegen sie den Versicherungen der Bündnistreue einen langen Katalog von laufenden oder geplanten Rüstungsmaßnahmen anzufügen. Die Beruhigungsabsicht ist unverkennbar, doch hat es den Anschein, als lieferten die europäischen Zweifel der seit etwa drei Jahren wachsenden Rüstungsbereitschaft in den USA, die von vielen Beobachtern als irrational und hysterisch bezeichnet wird[121], nicht nur eine Rechtfertigung, sondern verstärkten auch die Ängste in den USA selbst.
Ein aufschlußreiches Beispiel für dieses Verhalten, fast ein Schema in den gegenseitigen Beziehungen, lieferte der Staatssekretär im US-Verteidigungsministerium, *Stanley R. Resor,* mit seiner Rede vor der XVI. Internationalen Wehrkunde-Begegnung in München.[122] Nach der Versicherung der nuklearen Verpflichtung Washingtons gegenüber seinen europäischen Alliierten, wobei er sich auch auf Präsident *Carter* berief, beschrieb *Resor* sehr eindrucksvoll die Stärke der strategischen

Abb. 7: Mobile Interkontinentalraketen, die unterirdisch hin und her bewegt werden, und eine Vielzahl von Abschußattrappen, um den Gegner zu verwirren, sind vorerst die letzte Neuheit, die der Rüstungswahn geboren hat. Noch in diesem Jahrzehnt wird die amerikanische *MX*-Rakete einsatzbereit sein und unterirdisch von beweglichen Startrampen aus abgeschossen werden können.

Streitmacht, die der Sowjetunion insgesamt auch für die Zukunft keine Überlegenheit gestatten werde: »Trotz Verbesserungen in der sowjetischen Militärstärke hat die Sowjetunion, insgesamt gesehen, keinen militärischen Vorsprung. Sie ist nicht in der Lage, ihre strategischen Waffen mit Aussicht auf Erfolg einzusetzen oder einen Kurs einzuschlagen, der zum Gebrauch von Kernwaffen führen könnte, ohne unannehmbare Risiken einzugehen.« Zur Untermauerung beschrieb *Resor* die verschiedenen Modernisierungsprogramme für die strategischen Streitkräfte, angefangen von der Vervierfachung der *Minuteman*-Sprengköpfe und der Verbesserung ihrer Treffsicherheit, den Einsatz der neuen *Trident*-U-Boote und ihrer futuristischen Raketengeneration, die forcierte Entwicklung von *Cruise Missiles* (bis 1985 werden 3000 Marschflugkörper allein luftgestützt, d. h. von Bombern abzufeuern, zur Verfügung stehen) bis hin zur mobilen *ICMB,* genannt *MX,* mit zehn Sprengköpfen von je 325 KT. Schließlich unterstreicht der Staatssekretär die generelle Verbesserung der Einsatzbereitschaft dieser gigantischen Streitmacht. Selbst ein Erstschlag gegen die *ICBM* würde den Sowjets nichts nützen: »Man kann es nicht oft genug sagen, weil es zu oft mißverstanden wird: Selbst beim Zustand der Verwundbarkeit der *Minuteman* würden die Vereinigten Staaten nicht in eine Lage gedrängt, wo sie zwischen einem Gesamtschlag gegen russische Städte und der Kapitulation wählen müßten.

Selbst nach einem solchen Angriff würden die USA noch Tausende von Waffen auf U-Booten und Bombern zur Verfügung haben. Heute – und mehr noch in der Zukunft – geben uns diese Systeme die Möglichkeit zu einem Gegenschlag, der die überlebenden sowjetischen Nuklearkräfte stark reduzieren würde. Auch könnten sie andere wichtige Ziele zerstören, zum Beispiel konventionelle Streitkräfte, taktische Atomwaffen, militärische Schlüsselindustrien, Befehlsstellen und Leitzentralen. Alle diese Optionen gestatten immer noch die Zurückhaltung der Mittel für einen massiven Angriff auf Industrieziele, um die Sowjets von einem ähnlichen Schlag abzuhalten.«

Umgekehrt jedoch besteht *Resor* – ganz im Sinne *Schlesingers* – auf der Fähigkeit der USA zu gezielten, begrenzten und offenkundig relativ risikoschwachen Schlägen gegen die Sowjetunion: »Mit einer ständig anwachsenden Zahl von Gefechtsköpfen erhöht sich die amerikanische Kapazität zu angemessenen Gegenschlägen auf eine große Vielfalt von Zielgruppen. Durch solche Gegenschläge könnten wir sowohl militärische wie auch wirtschaftliche Ziele von hohem Stellenwert für die UdSSR zerstören und dennoch genügend strategisches Potential in Reserve halten, um einen schließlichen massiven Einsatz auf Städte und Industrieanlagen durchzuführen. Der Auftrag, den Sowjets, falls nötig, sehr hohe Verluste aufzwingen zu können, bei gleichzeitigem Versuch der Eindämmung der Eskalation, war seit langen Jahren die Schlüsselrolle der amerikanischen zentralen strategischen Kräfte in der NATO-Doktrin der flexiblen Entgegnung.«[123]

In der amerikanischen Fachdiskussion, die wesentlich sachlicher und rationaler geführt wird, mehren sich dagegen die Überlegungen, die nach einer Lösung des Problems suchen, wie Westeuropa einerseits wirkungsvoll verteidigt und ein sowjetischer Angriff abgeschreckt werden könnte, ohne daß andererseits der Einsatz taktischer Atomwaffen zu einem stufenlosen, unkontrollierbaren Übergang zum strategischen Atomkrieg zwischen den beiden Supermächten führt. Diese Überlegungen beschäftigen schon längst auch die amerikanischen Regierungen, die damit allerdings mit den europäischen Verbündeten ihre liebe Not haben, da diese den »Anachronismus« der bisherigen Einsatzdoktrin nicht begreifen wollen.[124] »Es kann keinen Zweifel daran geben«, schreibt *Burrell*[125], »daß die Amerikaner Anstrengungen unternehmen, die Verbindung zwischen konventionellen und nuklearstrategischen Waffen zu mildern, wenn nicht aufzuheben«, nachdem die USA selbst strategisch verwundbar geworden seien, weil die Sowjets mit ihren Interkontinentalraketen gleichgezogen haben.
Dabei ist es äußerst aufschlußreich, daß *Burrell* den Abzug der amerikanischen Mittelstreckenraketen *Thor* und *Jupiter* 1963 aus der Türkei, Italien und Großbritannien nach der Kuba-Krise (als Gegenleistung für den Abzug der sowjetischen Raketen von der Zuckerinsel) sowie eine Reihe weiterer Begrenzungen eurostrategischer Nuklearsysteme diesen Überlegungen zuschreibt, während *Frederick Iklé,* früherer Direktor der Rüstungskontroll- und Abrüstungsbehörde, heute ein Falke auf der Washingtoner Szene, in diesen Maßnahmen leichtfertige Vorleistungen und vertrauensselige Fehleinschätzungen der *Kennedy*- und *Johnson*-Administrationen sieht.[126] *Burrell* betont, daß die Änderung der Verteidigungskonzeption von der ursprünglichen »massiven Vergeltung« zur »flexiblen Antwort« bzw. »Reaktion« diesen Bemühungen zuzuschreiben sei, weil die USA die Nuklearschwelle möglichst hoch ansetzen wollten.
Den einzigen Ausweg, die atomare Schwelle wieder anzuheben, sieht *Michael J. Brenner* in der Stärkung der konventionellen Streitmacht der NATO. Die konventionelle Schwäche habe zur Folge gehabt, daß naturgemäß der Einsatz von Atomwaffen zu einem relativ frühen Zeitpunkt erwogen worden sei. Die notwendige Überprüfung *(reexamination)* der Optionen müsse jedoch auch die Verbindung zwischen taktischen und strategischen Atomwaffen aufbrechen. Wie *Collins* und *Ennthoven* plädiert er für einen Abzug der TNF aus den vorderen Linien.[127]

Den völligen Verzicht auf taktische Nuklearwaffen fordert *Philipp W. Dyer.*[128] Er schreibt ihnen keine abschreckende Wirkung zu, weil er überzeugt ist, sowohl die Europäer als auch die Amerikaner schreckten selbst vor ihrer Anwendung zurück. TNF schrecken also in erster Linie den ab, der mit ihrem Einsatz droht. Und obwohl die europäischen NATO-Alliierten in der Theorie an der *flexible response* festhalten, unterstellt ihnen *Dyer,* »daß sie im Kriegsfall vor einem Einsatz dieser Waffen zurückschrecken würden, ebenso wie die Amerikaner, die einen strategischen Nuklearkrieg vermeiden möchten«. *Dyer* geht offenbar von der Feststellung *Schmidts* aus, daß sich Europa mit Atomwaffen »nicht verteidigen, sondern nur zerstören« lasse. Ähnlich *Franz Josef Strauß,* der in einem Atomkrieg die »physische und biologische Vernichtung der Völker Mitteleuropas« sieht, was die bekanntgewordenen Planspiele der NATO-Stäbe voll und ganz bestätigen.
Daneben gibt es freilich auch »Denkschulen«, die auf dem kompromißlosen Einsatz von Nuklearwaffen beharren und fordern, daß diese Entschlossenheit den Sowjets auch deutlich vor Augen gestellt werde. Die eine »Denkschule« um die Generäle *Milton* und *Polk* sieht den Hauptzweck von TNF in der Abschreckung und Kriegsverhütung; sollte die Abschreckung aber versagen, müßten diese Waffen eingesetzt werden, da die NATO einen konventionellen Abnutzungskrieg nicht durchstehen könne. *Milton* und *Polk* lehnen es auch ausdrücklich ab, Kriterien und Bedingungen für den Einsatz taktischer Atomwaffen zu entwickeln, denn »solange die NATO-Strategie ein Element des Unbekannten, selbst des Irrationalen enthält, müssen die Sowjets die Chancen eines militärischen Abenteuers über den Daumen peilen, da sie nicht alle notwendigen Daten haben«.[129] Dieses »Mystische, das den Atomwaffen anhaftet«, schrecke die Sowjets von einem konventionellen Angriff auf Europa ab.[130]
Eine andere Schule geht noch weiter und plädiert für eine Struktur der NATO-Streitkräfte, in der die konventionellen und atomaren Kampftruppen miteinander eng verzahnt sind. *Steward Menault* beispielsweise hält die Absicht für »überholt«, zwischen der konventionellen Streitmacht und der atomaren müsse ein klarer Abstand gegeben sein.[131] Da Europa mit konventionellen Waffen ohnehin nicht verteidigt werden könne, müßten Nuklearwaffen sofort eingesetzt werden. *Menault* glaubt, daß die überlegene Technik des Westens bei den Atomwaffen die Sowjets abschrecke.
Der bekannte Militärpublizist *Colin Gray* dagegen, auf den sich

auch viele westdeutsche Militärexperten, vor allem der CDU/CSU, zu berufen pflegen, stellt die vollends eigenwillige These auf, daß gerade das strategische Patt der beiden Supermächte den taktischen Atomkrieg wieder führbar mache, ohne eine allzu große Eskalationsgefahr für die USA.[132] Und »je weniger schrecklich die wahrscheinlichen Folgen für das amerikanische Heimatgebiet selbst sind«, so *Gray,* »desto bereitwilliger sollten die Amerikaner die nuklearen Gefechtsfeldwaffen freigeben«.

Gray unterstellt demnach den Sowjets ein Höchstmaß an Rationalität, was aber eben nur eine Unterstellung bleibt: Moskau könnte nichts gewinnen bei einem *Counter-City*-Schlag, sondern gerade das vernichten, was es erobern wollte. Daher fordert auch *Gray* eine bedingungslose Reaktion mit taktischen Atomwaffen, da nur sie einen nuklearen »Blitzkrieg« abschrecken könnten. Anders als *Milton* und *Polk* möchte *Gray* eine umfassende und klare, detaillierte Vorprogrammierung, die den Warschauer Pakt nicht im geringsten Zweifel darüber läßt, daß diese Waffen sofort eingesetzt würden, wenn der Aggressor die Grenze eines NATO-Staates überschreitet.

Festzuhalten bleibt die Unvereinbarkeit der Positionen in der gegenwärtigen amerikanischen Diskussion. Es gilt ein Entweder-Oder, ein Drittes gibt es nicht. Auf der einen Seite das Plädoyer für eine entschlossene Minderung des nuklearen Risikos bis hin zur Forderung, auf taktische Atomwaffen ganz zu verzichten (und dafür die konventionelle Abschreckungsfähigkeit zu stärken), und diese Ansicht dürfte gegenwärtig überwiegen – zumindest überwog sie bis zur Afghanistan-Krise; auf der anderen Seite die kompromißlose Befürwortung eines TNF-Einsatzes in einem relativ frühen Stadium eines militärischen Konflikts.

Beide Positionen lassen eigentlich keinen Raum für eine »flexible Reaktion«, wie sie in den Weißbüchern der Bundesregierung und von offiziellen Vertretern der NATO-Verteidigungsdoktrin als gültige Maßgabe behauptet wird. Der Logik nach, wie sie in den kurz skizzierten gegensätzlichen Positionen zum Ausdruck kam, ist die *flexible response* tatsächlich die bedenklichste und schwächste Option. Im Zustand des Nichtkrieges hat sie einen geringen Abschreckungswert und innerhalb der Kategorie des *Worst-Case*-Denkens wirkt sie geradezu konfliktprovozierend, weil Fehlannahmen begünstigend. Im Konfliktfalle aber wäre sie mit hoher Wahrscheinlichkeit eine Ursache für Chaos und Paralysierung der Kräfte, weil die wesentlichste Voraussetzung für das Funktionieren der flexiblen

Reaktion, nämlich die stets vorhandene Kontrolle und kommunikationstechnische Beherrschbarkeit des Kriegsgeschehens sowie der Eskalation, ausgeschlossen werden muß. Ein selektiver Einsatz atomarer Waffen dürfte die Nuklearschwelle sofort beseitigen (so die Generäle *Steinhoff* und *Collins*), und die Führung des Gegners, dessen Nerven ja ebenfalls bis zum Zerreißen angespannt sind, zum massiven Atomschlag veranlassen, zumindest gegen harte Militärziele. Die Vertreter der Doktrin von der *flexible response* gehen von der Annahme aus, daß sich ein Konflikt allmählich und schrittweise hochschaukelt (fünf TNF der NATO beantwortet der Warschauer Pakt, falls er nicht zur Einsicht gebracht wird, so das *Weißbuch 1975/76* dem Sinne nach, mit sieben taktischen Nuklearwaffen. Darauf reagiert die NATO mit zehn, der Warschauer Pakt antwortet mit 15 und so weiter; ein völlig irreales Modell), wobei sogar noch politische Kontakte möglich sein sollen. Diese Hypothese ist die unwahrscheinlichste, sie muß rationalerweise ausgeschlossen werden. Allerdings läßt die *flexible response* auf der anderen Seite offen, ob nicht doch ein massiver Erstschlag geführt wird. Das soll den Angreifer verwirren und sein Risiko unkalkulierbar machen, als ob der, wenn er sich zum Angriff entschlossen hat, nicht vom denkbar höchsten Risiko für ihn ausginge und seine Mittel entsprechend berechnete bzw. einsetzte. Die offiziell der Öffentlichkeit präsentierte NATO-Verteidigungsdoktrin ist also noch schlimmer als widersprüchlich, sie ist gefährlich.

In dieser Hinsicht ist der Verteidigungsexperte der CDU/CSU, *Manfred Wörner*, sehr viel »realistischer«, wenngleich widersprüchlicher. Während der ersten Debatte um die *Neutronenbombe* plädierte er für deren Einsatz, obwohl ihm bewußt war, daß die Neutronenwaffe eine nukleare Waffe ist, »deren Einsatz das volle Risiko nuklearer Eskalation nicht weniger einschließt, als dies bei dem gegenwärtig vorhandenen Potential der Fall ist«.[133] Mit anderen Worten: Um des relativ geringen taktischen Vorteils willen, einen Panzerangriff mit Neutronenwaffen zu stoppen, ist *Wörner* bereit, das Risiko der Verwüstung Mitteleuropas und der »physischen und biologischen Vernichtung seiner Völker« *(Strauß)* in Kauf zu nehmen, d. h. also, einen massiven sowjetischen Vergeltungsschlag, darüber hinaus das Risiko der Eskalation zu einem strategischen Atomkrieg.

In der Tat zeigt sich *Wörner*, wie alle maßgeblichen konservativen Politiker und Militärpublizisten, außerordentlich risikofreudig, ohne differenziert zu überlegen. Er wäre zu dem Kreis

um die Generäle *Milton* und *Polk* zu rechnen. Das mit Logik nicht zu lösende grundsätzliche Dilemma des auf der Drohung mit Atomwaffen beruhenden Abschreckungssystems (das sich nicht erst im »Anwendungsfalle« als total irrational erwiese, weil es keine realistische »Verteidigung« zuläßt, sondern nur die wahrscheinliche Vernichtung Mitteleuropas), bewältigt der Verteidigungsexperte denn auch mit Forschheit, von des Gedankens Blässe nicht angekränkelt. *Wörner* kritisiert die oben skizzierten Überlegungen in den USA, wie sich das Risiko eines Atomkrieges in Europa generell vermeiden, zumindest durch eine rationalere Doktrin für den Einsatz nuklearer Waffen mildern ließe.[134] Er will eine andere »rationale« Doktrin im Rahmen der *flexible response,* nämlich »daß verhältnismäßig schnell eskaliert werden kann«.[135] Ein makabrer Satz. Der Europäer, und im besonderen der Westdeutsche, dessen Land und Volk in einem nuklearen Krieg keinerlei politische und militärische Handlungsalternativen mehr hätte, und der vor allem im Eskalationsfalle nur die Minuten vor dem Ende möglichst gefaßt hinter sich bringen könnte, plädiert im Grunde für die rasche Selbstmordoption, während die Amerikaner Skrupel und Risikobewußtsein zeigen, obwohl sie bei einem taktischen Nuklearkrieg in Europa, der mit Gefechtsfeldwaffen ohne Angriffe auf Ziele in der Sowjetunion geführt werden würde, noch Handlungsmöglichkeit hätten.
Der christlich-konservative »Wehrexperte« interpretiert diese unterschiedliche Realitätseinsicht als »natürlichen« Interessengegensatz: »Es gibt, das ist unstreitig, einen natürlichen Interessenunterschied zwischen den NATO-Partnern diesseits und jenseits des Atlantik: Während die USA verständlicherweise daran interessiert sind, für den Fall des Versagens der Abschreckung in Europa den militärischen Konflikt möglichst lange begrenzt zu halten – also nicht zu eskalieren und den Konflikt unter Ausklammerung des eigenen Territoriums zu bewältigen –, liegt es im Interesse der Europäer, das Risiko für den Angreifer dadurch hochzuschrauben, daß verhältnismäßig schnell eskaliert werden kann und der Konflikt damit qualitativ und geographisch eine neue Dimension erhält. Dieser Interessenkonflikt ist unauflösbar. Die NATO muß mit ihm leben – und wird ihn zwangsläufig immer in ihrer Militärdoktrin widerspiegeln.«
Wenn freilich dieser »Interessenkonflikt unauflösbar« ist, wird es auch keine »rasche Eskalation« geben, da die USA über den Einsatz der Atomwaffen bestimmen. Dem potentiellen Massenselbstmörder *Wörner* bleibt daher nichts anderes übrig, als

die Risikobereitschaft der USA und ihre Nukleargarantie magisch zu beschwören: »Die taktischen Nuklearwaffen tragen also erheblich zur Unkalkulierbarkeit des Risikos für den sowjetischen Planer bei. Daher darf kein Zweifel daran bestehen, daß sie erforderlichenfalls eingesetzt würden. Nicht erforderlich, ja schädlich wäre es, dem politischen Gegner von vornherein zu signalisieren, wann und wo diese Waffen gebraucht werden.« *Wörner* setzt sich, obwohl er die Widerstände klar sieht, für eine Verstärkung der konventionellen Waffen ein, beharrt aber auf der unbezweifelbar und absolut sicherzustellenden Nukleargarantie der USA, die, da sie ja eingebunden sind in die »Schicksalshaftungsgemeinschaft«, dem Selbstmordrisiko nicht ausweichen dürfen. Der CDU-Politiker verrät auch, wie er die USA in diese Schicksalshaftungsgemeinschaft zwingen will: Indem klargestellt wird, daß das Territorium der Sowjetunion bei einem eskalierenden Krieg in Mitteleuropa zum Zielgebiet für nukleare Mittelstreckenwaffen, womöglich sogar strategische Waffen, gemacht wird. Ferner sollten auch andere Kriegsschauplätze eröffnet werden: »Die Vorstellung eines von vornherein und auf Dauer auf Europa begrenzten Konfliktes würde nicht nur zu einer faktischen Risikoverminderung für die UdSSR führen und damit die Wahrscheinlichkeit eines Krieges erhöhen, sondern müßte auch in Europa das Gefühl erzeugen, von den transatlantischen Partnern im Stich gelassen zu werden. Das wäre Sprengstoff für die atlantische Allianz.

Das Territorium der UdSSR darf auch in der taktisch-nuklearen Phase eines Konfliktes weder theoretisch noch faktisch zum Sanktuarium werden. Es darf für die UdSSR keine Chance geben, einen ausschließlich auf Westeuropa oder gar Deutschland begrenzten Krieg zu führen. Sie muß jederzeit mit dem vollen Eskalationsrisiko konfrontiert bleiben. Nur damit wird die Kriegsverhinderung gesichert. Kein Zweifel daher: Ohne den angedrohten und, wenn nötig, durchgeführten Einsatz taktisch-nuklearer Waffen kann derzeit im Falle einer großangelegten sowjetischen Aggression Europa nicht verteidigt werden, und die Abschreckung – als Ausfluß einer realistischen Verteidigungskonzeption – daher auch nicht funktionieren. Taktisch-nukleare Waffen ersetzen zwar nicht das konventionelle Potential, aber sie ergänzen es notwendigerweise. Aus diesem Zusammenhang zwischen konventionellen und nuklearen Waffen in Europa leiten sich alle Anforderungen an das taktisch-nukleare Potential ab. Anforderungen, die zugleich Antworten an jene sind, die nach Reduzierung und nach totalem Rückzug der taktischen Nuklearwaffen rufen. Die taktischen Nuklearwaffen der NATO müssen so ausgelegt sein, daß sie einsetzbar sind. Die Drohung mit einem Potential, von dem der Gegner weiß, daß es selbst bei einem geringen Rest rationaler Entscheidungsfindung nicht eingesetzt wird – weil es nicht eingesetzt werden kann –, schreckt niemand ab, allenfalls die eigene Bevölkerung.«

General a. D. *Steinhoff,* der ja als Vorsitzender des NATO-Militärausschusses die besten Einblicke in die nuklearen Planspiele hatte, beschreibt die Einsatzplanung der Allianz, als sie (genauer: die USA) noch über das nukleare Monopol verfügte, also keine sowjetische Vergeltung befürchten mußte, so:

»Der nukleare Gegenschlag (nach einem konventionellen Angriff des WP, Anm. d. Verf.) sollte das militärische Potential des Angreifers, seine Verbindungswege und seine Versorgung mit einem einzigen Schlag ausschalten. Mit einem bis ins einzelne vorgeplanten Automatismus, mit der Präzision eines Uhrwerks sollte – das politische Plazet vorausgesetzt – die Flotte von Flugzeugen und Raketen der NATO-Partner in Marsch gesetzt werden. Die Auswirkungen dieses Gegenschlags, sollte er wie geplant ablaufen, eröffnete apokalyptische Vorstellungen. Obgleich in NATO-Übungen die Pläne nach dem totalen Einsatz der nuklearen Waffen durchgespielt worden waren, hatten Fachleute Zweifel, ob Leben nach diesem Inferno noch möglich sei.«[136]

Wohlgemerkt: Dieses »Inferno« wird in diesen frühen Planspielen ausschließlich von Atomwaffen der NATO hervorgerufen, sowjetische sind ja noch nicht vorgesehen.

Die entscheidende Frage, wie die Sowjets heute, nachdem sie ebenfalls über die Gesamtpalette der Nuklearwaffen verfügen, angesichts einer solchen massiven Drohpolitik reagieren würden, sollte es in Europa zum Krieg kommen, reflektiert der forsche Wehrexperte *Wörner* nicht. Der psychotische Wahn, schon im Nichtkriegszustand den möglichen Konflikt bis zum Äußersten verbal zu eskalieren – psychologisch gesehen ist dies ein »Probehandeln«, die gedankliche Vorwegnahme einer denkbaren Situation – blockiert total das Vermögen, sich in den Gegner hineinzuversetzen, und äußert sich somit auch als politische Torheit. Der angenommene Gegner wird zu einem Erstschlag geradezu gezwungen, und zwar desto kompromißloser, je ernster er die Drohung nimmt.[137] Die Fatalität und Ausweglosigkeit der Abschreckungstheorie könnte nicht klarer zum Ausdruck kommen: Werden dem Gegner die Risiken und Konsequenzen nicht in aller Schärfe und Intensität vor Augen geführt, so könnte er sie womöglich nicht glauben, und zu einem militärischen »Abenteuer« geneigt sein. Damit aber wäre der Zweck der Abschreckung nicht erfüllt.

Glaubt der Gegner jedoch diese Drohungen, wird er sein Vernichtungspotential nicht nur steigern, sondern im Konfliktfalle auch möglichst kompromißlos einsetzen, um die Konsequenz, so gut es geht, im tragbaren Rahmen zu halten. Damit aber wäre der Zweck der Abschreckung auch nicht, ja gerade nicht erfüllt.

Daß Atomwaffen und die Konsequenzen, die sie für die Vernunft in Aussicht stellen, keineswegs dazu beitragen, politische Konflikte kontrollierbarer zu machen, zeigt die – gemessen an anderen denkbaren Konflikten – relativ harmlose Afghanistan-Krise. Für jedermann deutlich offenbarte sich ein Automatismus der politischen Eskalation, die leicht zu einer ausweglosen Situation, zumindest für eine der beiden Supermächte, führen könnte. Die Menschheit, so muß man befürchten, steht erst noch vor der Erfahrung, wie aufs Äußerste eskalierte politische Krisen angesichts des Abschreckungssystems und der Drohung mit Atomwaffen zu lösen sind. Der psychotische Wahn, der Realitätswahrnehmung nur insofern zuläßt, als diese dem ebenfalls psychotischen Feindbild entspricht, verhindert dann ebenfalls, daß *Wörner* die Konsequenzen eines eurostrategischen Nuklearkrieges zu Bewußtsein kommen könnten. Die Konsequenzen schrumpfen für ihn zu »empfindlichen Verlusten«, die zumutbar sind. Der Gestus des Heroischen, per definitionem psychopathologisch, wird sichtbar: »Die Bereitschaft zur Hinnahme empfindlicher Verluste an Menschen und Material fällt heute in einem potentiellen Kriegstheater wie Westeuropa nicht erst mit der Entscheidung über den Einsatz nuklearer Waffen, sondern bereits mit der Entscheidung, sich überhaupt verteidigen zu wollen. Die Staaten Westeuropas aber haben beschlossen und sind entschlossen, ihre territoriale Integrität und politische Handlungsfreiheit notfalls unter Einsatz militärischer Mittel zu verteidigen. Wer als Anhänger der Vorstellung, funktionierende Abschreckung setze eine realistische konventionelle Verteidigungskonzeption und eine hinreichend glaubwürdige Eskalationsdrohung voraus, die Probleme taktischer Nuklearwaffen diskutiert, spricht zwangsläufig von den Einsatzmöglichkeiten konventioneller und nuklearer Waffen... Wer aber von einem Krieg abschrecken will, muß ihn kämpfen können.«

Der frühere General *Johannes Steinhoff* dagegen hält Nuklearwaffen ausschließlich für politische Waffen (was ja ebenfalls

noch einen erheblichen Widerspruch darstellt), für ihn sind Nuklearwaffen »keine Waffen der Kriegführung«.[138]
Dem atomaren Vordenker *Wörner* tun es dann konservative »Sicherheitspolitiker« gleich. In der sogenannten *Berger-Würzbach*-Studie heißt es im selben Geist: »Eine Grundproblematik der Politik atomarer Sicherheit besteht darin, daß die westliche Gesellschaft mit ihrem Streben nach individuellem Wohlstand und sozialer Sicherheit kaum mehr bereit ist, unter Umständen die Gesundheit und das Leben zu opfern, um diese Errungenschaften und ihre freie nationale Selbstbestimmung zu verteidigen.«[139]
Man beachte, in welch einem traditionellen, überholten Verständnis Begriffe wie »Verteidigung« und »Sicherheit« verwendet werden. Die einzige Erklärung dafür ist, daß die psychotische Fixierung auf die Sowjetunion als dem Feind der Phantasie das Szenario eines Atomkrieges nicht vermitteln kann. Denn in einem solchen Krieg gäbe es nichts zu verteidigen, wohl aber müßte »die westliche Gesellschaft ... das Leben opfern«.
Das noch nicht einmal makaberste Beispiel dafür, wie Psychose die Realitätswahrnehmung blockiert, liefert der Militärpublizist der *»Welt«, Wolfram von Raven.* In einem Aufsatz[140] mit zahlreichen der üblichen Fehl- oder Falschinformationen rechnet er den USA vor, daß sie bei *SALT-II* den kürzeren gezogen hätten, um in einer jedes Maß verlierenden Übertreibung das sowjetische strategische Potential und die Möglichkeiten seiner Verwendung zu skizzieren: »Die USA begnügten sich mit einem ›*Counter-City*‹-Potential von hinlänglichem Ausmaß und begrenzten ihre ›*Counter-Force*‹-Kapazität auf die Fähigkeit zu ›*selektive-strikes*‹, das heißt: zu präzisen Einzelschlägen gegen wichtige Ziele. Hingegen rüstete sich die UdSSR für die Fähigkeit aus, mit dem ersten Schlag so erhebliche Vorteile zu erringen, daß es der anderen Seite zum Nachteil gereiche, den zweiten Schlag der Vergeltung zu führen. Das hat sich insbesondere darin gezeigt, daß die Sowjetunion bald in der Lage ist, mehr als neun Zehntel aller Landraketen *(ICBM)* der Vereinigten Staaten sowie gleichsam nebenbei zehn Millionen Menschen zu vernichten, und dafür weniger als die Hälfte ihrer Waffen gleicher Art zu benötigen. Zwar könnten die Amerikaner dann noch ihre Seegeschosse *(SLBM)* und ihre Bomber für die Vergeltung verwenden, was die Sowjets etwa sechs bis zehn Millionen Menschen kosten würde. Doch müßten die USA danach erwarten, daß etwa 100 bis 150 Millionen ihrer Bürger durch einen weiteren Hieb der UdSSR umgebracht würden.

Der zweite Schlag der Vereinigten Staaten, der dem ersten Schlag der Sowjetunion folgen sollte, würde daher womöglich unterlassen, weil er den dritten Schlag Moskaus auslösen könnte, durch den Washington unerträgliche Verluste erleiden müßte.«
Falsch an dieser Spekulation ist, daß die Sowjetunion auf absehbare Zeit eine 90prozentige Erstschlagsfähigkeit erringen könnte, da die einzige Rakete, der diese Fähigkeit wegen ihrer hohen Treffgenauigkeit zugesprochen wird, die *SS-18,* erst eingeführt wird. Ihre Stückzahl ist außerdem begrenzt, bis 1984 werden 308 einsatzbereit sein.[141] Ferner ist die Einsatzbereitschaft der amerikanischen *Minuteman*-Raketen so hoch, daß ein Abschuß noch während des Anfluges der feindlichen Geschosse ohne weiteres möglich ist. Falsch ist ferner, daß die amerikanischen »Seegeschosse und Bomber die Sowjets etwa sechs bis zehn Millionen Menschen kosten würden« (man vergleiche übrigens die Wortwahl: die Sowjets »vernichten« Menschen, die USA lassen entsprechende Kosten entstehen), das könnte die Hälfte des Potentials eines einzigen *Poseidon*-U-Bootes oder ein Viertel eines *Trident*-U-Bootes. Das psychotisch-unreflektierte »Durchspielen« dieses Szenarios läßt *von Raven* zu der Formulierung kommen, daß »Washington« erst beim dritten Schlag Moskaus »unerträgliche Verluste erleiden müßte«; also nicht schon etwa beim zweiten, dem »etwa 100 bis 150 Millionen Bürger« zum Opfer fielen – dies sind offenbar noch »erträgliche Verluste«.
Makabre Formulierungen dieser Art finden sich bei *von Raven,* aber nicht nur bei ihm, die Menge. Nachdem die Sowjetunion, so schreibt er, mit ihren Schlägen gegen harte Ziele in den USA »gleichsam nebenbei zehn Millionen Menschen vernichtet« hat, sind atomare Schläge der NATO *(selective-strikes)* geeignet, »den Gegner zu schmerzen, aber nicht zu töten«, wobei »sich der Ersteinsatz *(initial use)* der Kernwaffen sowohl auf das Vorfeld der Front als auch auf deren Hinterland, und das heißt, im Bereich der europäischen Satellitenländer, richten« würde. In dem dichtbesiedelten Gebiet der DDR und der ČSSR würde mithin auch der Bevölkerung »Schmerz zugefügt«, von »töten« ist hier keine Rede, geschweige denn von »vernichten« (General *Steinhoff* dagegen beruft sich auf Experten, die bezweifeln, ob nach solch einem »Inferno« überhaupt noch Leben möglich sei).
Weiter spekuliert *von Raven:* Es müßte »der Folgeeinsatz *(follow-on use)* Objekten im sowjetischen Gebiet gelten, da der Krieg den, der ihn vom Zaune brach, nicht verschonen könn-

te«. Für *von Raven,* den Ex-Offizier der Wehrmacht, steht unzweifelhaft fest, daß nur die Sowjetunion den Frieden brechen werde, das ist die dem *worst-case*-Denken und der Abschreckungstheorie gemäße Annahme.
Die sowjetische Führung, und ohne Zweifel auch die Bevölkerung, würden im Kriegsfalle vom Gegenteil zutiefst überzeugt sein, da auch sie vom *worst-case* ausgehen. Mithin entstünde eine Situation wie am Vorabend des Ersten Weltkrieges. Da jede der damaligen Großmächte von der anderen das denkbar ungünstigste Motiv annahm und andere Beweggründe für ihr Handeln sah als diese selbst, »schlitterten« die Staaten in den Krieg. Im übrigen stellt *von Raven* das Szenario so dar, als handele es sich um eine Strafaktion der NATO, damit die Sowjets »durch solche warnenden und nicht vernichtenden Hiebe veranlaßt« werden, die Aggression einzustellen.
Steinhoff dagegen warnt nachdrücklich vor den »mancherlei Unsicherheiten eines selektiven Ersteinsatzes, denn es ist – und das zeigen die NATO-Übungen – die Wahrscheinlichkeit des ›Sichaufschaukelns‹ sehr hoch, wenn der Angreifer seinerseits mit nuklearen Waffen zurückschlägt und möglicherweise solche größerer Sprengkraft benutzt«.[142]
Ein Oberstleutnant i.G., *Kurt Michaël Herzog,* bringt den psychotischen Charakter der Abschreckungstheorie, der ja nach der Psychosenlehre die Bereitschaft zur eigenen Vernichtung sowie zur Vernichtung der Umwelt mit einschließt, auf eine geradezu klassische Formulierung: »Die Garantie der Sicherheit wird auch durch das irrationale Kalkül gegeben: Nicht nachgeben, auch nicht um den Preis eigener Vernichtung.«[143]
Aus den Worten *Wörners, von Ravens, Herzogs* und anderer konservativer Wehrexperten oder Militärpublizisten spricht keinerlei Rationalität, die, wenn auch nur rein theoretisch, in der These von der flexiblen Reaktion enthalten ist, sondern bloßer Vernichtungswunsch[144] sowie eine Todessehnsucht im *Nietzsche*schen Sinne. Eine tiefenpsychologische Analyse könnte womöglich auch ergeben, daß sich dahinter ein zwar unbewußt bleibendes, aber tradiertes Herren- und Rassenempfinden verbirgt, dem die bewußte Vorstellung unerträglich scheint, daß Proleten und Russen, also minderwertiges »Menschenmaterial« im Vergleich zu germanischen Abkömmlingen und Kulturträgern, eine derartige Überlegenheit errungen haben. Vielleicht wirkt auch die innerlich noch nicht verarbeitete Erinnerung an die Zeit nach, als Deutschland noch unbestritten zu den Großmächten gehörte.

Die Dämonisierung der Sowjets über ein »normales« Maß hinaus als potentielle Weltrevolutionäre, die völlig grundlos immer mehr Waffen auftürmen, um bei der geringsten Gelegenheit zumindest über Westeuropa herzufallen (so ein Oberstleutnant *Horst Prayon*[145]) oder gar die USA zu vernichten, ist nicht nur ein Grundzug in den verbalen und schriftlichen Äußerungen konservativer westdeutscher, westeuropäischer und amerikanischer Politiker oder Publizisten quer durch die Parteien, sondern auch unmittelbares Erbe der jahrhundertelangen, von Verachtung und Dünkel geprägten Haltung gegen den für tieferstehend erachteten Slawen und eine nahtlose Fortsetzung der traditionellen Denunzierung der Sowjets als »Bolschewiken«. Wer dieses Urteil trotz all dieser Belege noch nicht akzeptiert, wird zumindest die Frage bedenken müssen, ob sich die Gemüter nicht schon längst so an die Tatsache des Vorhandenseins atomarer Waffen gewöhnt haben, daß die Phantasie ihre schreckliche Vernichtungskraft nicht mehr begreifen kann. Man operiert mit ihnen wie mit Gewehren, Panzern oder Haubitzen. Der Schrecken dieser Waffen geht verloren, Gewöhnung stellt sich ein. Die Abschreckungstheorie wird von innen heraus aufgelöst.

»Der dem Sowjetbolschewismus (Imperialismus) wesenseigene Drang nach Expansion und Krieg, nach Umsturz (Reaktion) auf der ganzen Linie ist die tiefste Ursache für den Aufbau starker westlicher (sozialistischer) Streitkräfte.«

Dieses Zitat könnte von einem beliebigen westdeutschen Politiker oder Militärjournalisten stammen, tatsächlich stammt es von DDR-General *Fleissner*[146], zu lesen ist es mit den in Klammern stehenden Worten. Die Ununterscheidbarkeit der Sprache ist ein Beweis für die Ununterscheidbarkeit des *worst-case*-Denkens und der Feindbilder im Rahmen einer psychotischen Abschreckungstheorie.

8. »Haben die Leute ihr Gedächtnis verloren?«

Seit der zweiten Jahreshälfte 1977 ist in den USA eine verstärkte Remilitarisierungsbewegung zu beobachten, die bereits vor dem Sieg der iranischen Revolution im Februar 1979 groteske Züge angenommen hatte. Das Vietnamtrauma sowie der Watergateschock samt dem quälenden Ende der *Nixon*-Regierung hatten offenbar die Selbstachtung und die narzißtischen Bedürfnisse der US-Amerikaner so schwer verletzt, daß diese – psychoanalytisch gesprochen – »Kränkungen« umso stärker auf den »natürlichen« äußeren Gegner, die Sowjetunion, projiziert wurden. Die aufrichtige, aber eben schmerzliche Realitätseinsicht, die ohnehin nur von einem starken Ich zu leisten und zu verarbeiten ist, wurde aufgegeben zugunsten der in der Abschreckungstheorie vorgegebenen psychotischen, d. h. von den eigenen Ängsten und Feindbildern bestimmten, »irrealen« Realität. »Die Unfähigkeit zu trauern« wurde rasch offenkundig, die Verdrängung der Vergangenheit; denn noch längst nicht hatte die amerikanische Nation die Entsetzlichkeiten erfahren, geschweige denn verarbeitet, die in ihrem Namen offiziell in Vietnam begangen worden waren, nicht als verbrecherische Handlungen einzelner Soldaten wie bei dem Massaker von My Lai – und My Lais gab es viele –, sondern als Bestandteil der gebilligten Kriegsführung selbst. Die »sowjetische Bedrohung« tauchte plötzlich als Schlagwort in der Öffentlichkeit wieder auf, vervielfältigt von Senatoren, Mitgliedern des Repräsentantenhauses, Militärs, Bürokraten, Rüstungsindustriellen, von der Presse und Mitgliedern der *Carter*-Regierung. Das Pendel schwang zurück, wobei die Person Präsident *Carters* und die ständige, teils unverhohlen geäußerte Kritik an ihm – auch von europäischen Politikern –, einen guten Teil dazu beigetragen haben mögen, daß die Remilitarisierung so rasch und stark einsetzte. Nicht zuletzt unter diesem Aspekt sollte auch die zügige Verwirklichung des »Nachrüstungsbeschlusses« der NATO gesehen werden, mit der *Carter* nach Ansicht vieler Experten sein angeschlagenes Image aufpolieren wollte.[147]

Der unbekannte Gouverneur von Georgia, biedere Erdnußfarmer und fromme Baptistenprediger hatte das Weiße Haus zur allgemeinen Verblüffung nicht nur deshalb erobert, weil er, der offenkundig konträre Typus zu *Nixon,* das »bessere Amerika« glaubwürdig zu repräsentieren schien, sondern auch, weil er

ankündigte, den Rüstungswettlauf bremsen und den Verteidigungshaushalt senken zu wollen. Selbst wenn der Rüstungsetat dann doch nicht gekürzt wurde, schien es der neuen Administration zunächst mit einer Rüstungskontrollpolitik ernst zu sein. Der seit einer Dekade im Gespräch befindliche Überschallbomber *B-1* wurde von der Prioritätenliste des militärischen Beschaffungsprogramms gestrichen, die Verhandlungen über eine Begrenzung der strategischen Rüstung *(SALT-II)*, von *Carters* Vorgänger, *Gerald Ford*, 1974 in Wladiwostock mit dem sowjetischen Generalsekretär *Breschnew* in den Grundzügen abgesprochen, wurden forciert fortgesetzt; der damalige Außenminister *Cyrus Vance*, auch er früher ein Skeptiker, was die gültige Doktrin des Einsatzes von Atomwaffen betrifft, unterbreitete im März 1977 in Moskau umfassende Abrüstungsgespräche, die allerdings von Präsident *Carter* zuvor publik gemacht worden waren[148], so daß der Vorstoß mit einem Fiasko endete. Im August 1977 schließlich verfügte *Carter* unter dem Druck eines Teils der öffentlichen Meinung in den USA und vor allem in Europa nach langem Zögern, wohl auch von eigenen Skrupeln geplagt und weil sich einflußreiche Verbündete wie die Bonner Bundesregierung nicht eindeutig festlegen wollten, einen vorläufigen Produktionsstopp der *Neutronenwaffe*, offiziell begründet mit der Forderung, daß Moskau Entgegenkommen zeigen müsse. Außerdem warfen ihm seine Gegner vor, wenn auch zu Unrecht, den Bau der neuen interkontinentalen Superrakete *MX* zweimal verzögert zu haben.[149]
Vor allem das »Fiasko mit der Neutronenwaffe«, so urteilten einflußreiche Politiker und Militärjournalisten in den USA und Europa, vervollständigte bereits in der zweiten Hälfte des Jahres 1977 das Bild von einem Hamlet im Weißen Haus, das durch eine entschlußlose Finanz- und Wirtschaftspolitik vorgezeichnet worden war. Das westliche Militärbündnis schien führerlos geworden zu sein, was zunächst als »hausgemachte« Bedrohung der Sicherheit dargestellt wurde.[150] *Carter*, so der Fraktionsführer der Republikaner im Senat, *Howard Baker*, »ist für den Verfall amerikanischen Einflusses und das Absinken der militärischen Macht Amerikas verantwortlich«.[151]
Währenddessen suggerierten die Falken in den Vereinigten Staaten und den NATO-Ländern der Öffentlichkeit, daß die »sowjetische Gefahr« ins Unermeßliche wachse und die Rote Armee eine erdrückende Überlegenheit auf konventionellem, nuklear-taktischem und nuklear-strategischem Gebiet erreicht habe, die eine ernsthafte »Herausforderung« darstelle. Nicht

nur der frühere NATO-Oberbefehlshaber *Alexander Haig* malte ein düsteres Bild vom unaufhaltsamen politisch-militärischen Zugriff Moskaus auf die Welt[152], aus Darstellungen und Interpretationen des strategischen Kräftegleichgewichts, wie sie zum Beispiel der frühere stellvertretende US-Verteidigungsminister *Paul Nitze* immer wieder anstellte[153], gewann vor allem die Bevölkerung der USA den Eindruck, als werde die westliche Allianz allmählich wehrlos, da die Sowjetunion im Kriege die Fähigkeit besäße, alle landgestützten strategischen Waffen der USA mit einem Erstschlag auszuschalten. Die USA würden dann mit den ihnen verbliebenen Atomwaffen die Sowjetunion nicht von der Landkarte radieren, obwohl sie es mit einigen wenigen *Poseidon*- oder *Trident*-Unterseebooten ohne weiteres könnten, weil dann der zweite sowjetische Schlag das Ende der Vereinigten Staaten bedeuten würde. Aus einem Memorandum von 38 republikanischen Senatoren[154], das massive Kritik an Präsident *Carter* enthält, geht eindeutig hervor, daß dem sowjetischen Gegner jederzeit ein Angriff zugetraut wird, um »der Welt sein gesellschaftliches und wirtschaftliches System aufzuzwingen«, daß die Sowjets »den Atomkrieg jeglicher Art für denkbar halten und die Möglichkeit des Sieges in einem solchen Krieg noch zu keinem Zeitpunkt ausgeschlossen haben«. Obwohl in zahllosen Stellungnahmen sowjetischer Politiker und Militärs in der Presse das genaue Gegenteil betont wird (zum Beispiel *Breschnew:* »Wir streben keine Überlegenheit an, wir wissen auch, daß der Begriff selbst angesichts der riesigen Arsenale schon angehäufter Kernwaffen und ihrer Transportmittel an Sinn verliert«[155]) und obendrein die sowjetische Bevölkerung über die Risiken eines Atomkrieges in erstaunlich illusionslosem Maße unterrichtet und wesentlich problembewußter als die westliche sein dürfte (obwohl es in der Sowjetunion über militärische und strategische Probleme keinerlei differenzierte öffentliche Diskussion, etwa vermittelt durch die Medien, gibt), die Beschwörung der »sowjetischen Bedrohung« zeitigte rasche Erfolge. Seit Mitte 1978 nehmen die Vereinigten Staaten »die Herausforderung« an, es wird gerüstet wie nie zuvor. Die sowjetische Invasion Afghanistans, das der NATO-Oberkommandierende *Haig* beispielsweise lange zuvor als »sowjetischen Staat« bezeichnet hatte[156], führte vollends zu einem »hysterischen Rüstungswahn«. Die aufgeblähte, riesige amerikanische Rüstungsindustrie konnte die Produktionskapazitäten für die beschlossenen Waffenprogramme bald nicht mehr bereitstellen, so daß die »antisowjetisch aufgeheizte« Regierung Überlegungen anstellte, die Firmen durch eine Notstandserklärung »zum Vorziehen militärischer Orders« vor der zivilen Produktion zu zwingen[157]. »Kriegsstimmung in Washington« diagnostizierte auch *Georg F. Kennan,* Historiker und früher amerikanischer Botschafter in Moskau, der als einer der besten Kenner der Sowjetunion gilt.[158]

»Kriegsstimmung in Washington« erkannte aber auch *Michael T. Klare* bereits 1978. Der Direktor des *Instituts für publizistische Studien* in Washington, einer der profiliertesten Kenner der nordamerikanischen Metropole, schrieb in einem Offenen Brief an Freunde[159]: »Washington wandelt sich rasch zu einer Kriegshauptstadt. Vielleicht nicht in dem Sinne, daß Truppen zusammengezogen würden, um sie an einen auswärtigen Kriegsschauplatz zu bringen, wohl aber in dem Sinne, daß Spitzenpolitiker glauben, die Wahrscheinlichkeit eines Krieges wachse täglich und daß daher die Vorbereitungen für den Krieg beschleunigt werden müßten, selbst wenn andere nationale politische Ziele aus diesem Grunde zurückgestellt werden sollten.« *Klare* zitiert einen Offizier, der im Außenministerium beschäftigt ist, wörtlich: »Wir sind einem Nuklearkrieg mit der Sowjetunion näher als jemals seit der kubanischen Raketenkrise.«

Im politischen Establishment und in der Presse der USA begann lange vor dem Sturz des iranischen Schahs die künstlich hochgespielte »Kubakrise« vom September/Oktober 1978 (als Senator *Jackson,* gestützt auf offenkundig falsche Analysen des US-Geheimdienstes *CIA,* eine sowjetische »Kampfbrigade mit offensiver Zielsetzung« auf Kuba ausmachte) und lange vor der sowjetischen Invasion Afghanistans »die Rhetorik des Kalten Krieges hervorzubrechen ..., begleitet von wilden Übertreibungen der militärischen Stärke der Sowjets und ihrer politischen Erfolge in anderen Teilen der Welt. Die Hysterie ... hält bis zum heutigen Tage an und nimmt sogar ständig an Intensität zu.«[160] Klar erkennen sowohl *Klare* als auch *Kennan* die grassierende kollektive Psychose, die zu einer mindestens zweifachen Verkennung der Realität führt: Einmal werden die Motive der sowjetischen Politik »verzerrt und irrational« dargestellt, gleichzeitig »ein verzerrtes Bild des militärischen Potentials der Sowjetunion und der sowjetischen Verteidigungspolitik an die Wand gemalt«. *Kennan,* immerhin einst der Erfinder der Eindämmungspolitik gegenüber der Sowjetunion und als einer der Protagonisten des Kalten Krieges bekannt, nennt dies »hochgradig verantwortungslos und gefährlich«[161]. Die Gefahr der schwerwiegenden Realitätsverzerrung sieht *Klare* darin, daß »all dies begleitet wird von einer Änderung der strategischen Doktrin der USA, die nunmehr die ›Verwendbarkeit‹ strategischer Waffen in ›begrenzten‹ Konfliktsituationen hervorhebt«.[162] *Klare* zufolge kann kein Zweifel daran bestehen, daß es die USA sind, die unter Mobilisierung aller finanziellen, organisatorischen und wissenschaftlich-intellektuellen Ressourcen nach einer Fähigkeit für den strategischen Erstschlag streben, was auch die »*New York Times*« bestätigt: Ziel der *Carter*-Regierung und ihrer Rüstungsanstrengungen sei es, »den Vereinigten Staaten die verstärkte Fähigkeit zu verschaffen, einen begrenzten nuklearen Krieg zu führen«.[163] Zu diesem Zweck werden 300 *Minuteman-III*-Interkontinentalraketen mit dem neuen, außerordentlich zielgenauen *Mark-12A*-Sprengkopf ausgerüstet[164], dessen CEP der Rüstungsexperte *Donald Brennan* stolz mit »etwa 60 Metern« angab.[165] Einen ähnlichen oder gar noch besseren CEP-Wert wird die in Auftrag gegebene mobile *MX*-Rakete haben. Nach Überzeugung *Klares* sind das *counter-force*-Waffen, solche also, die sich zum punktzielgenauen Einsatz gegen die Silos sowjetischer Interkontinentalraketen eignen. Und der amerikanische Rüstungsexperte beruft sich auf »Pentagon-Strategen«, die solche Pläne für den Erstschlag als »humane Anstrengungen« bewerten, da sie theoretisch ein Massaker in einem Krieg mindern würden. *Klare* sieht darin jedoch u. a. eher die Absicht des Pentagon, die in der Öffentlichkeit verbreitete Angst vor einem Nuklearkrieg zu beschwichtigen.

Ein klassisches und aufschlußreiches Dokument für den psychotischen Charakter der Abschreckungstheorie, die das Potential des Gegners wie durch ein Vergrößerungsglas wahrnimmt, das eigene dagegen als viel zu gering und unzureichend einschätzt, die Realität verzerrt darstellt, ist die bereits erwähnte Denkschrift der 38 konservativen republikanischen Senatoren.[166] Gleichwohl sind die Senatoren überzeugt, die »Sowjets nüchtern und illusionslos zu beurteilen« – gerade diese Fähigkeit schätzt der Psychotiker an sich selbst am höchsten ein.

In dem ohnehin fragwürdigen, aber üblichen Verfahren, einfach Potentiale gegenüberzustellen, läuft ihre gesamte Argumentation auf eine Lückentheorie hinaus. Modernisierungen der Sowjets, etwa die neuen strategischen Raketen *SS-17, SS-18* und *SS-19,* werden als bedrohlich registriert, obwohl sie in der Technologie die modernisierten amerikanischen *Minuteman-III* nicht erreichen, beispielsweise deshalb, weil sie noch flüssigkeitsgetrieben sind. Während die USA rüsten, »um An-

griffe gegen uns selbst und andere abzuwehren und um unsere Sicherheit und Freiheit zu bewahren«, halten »die Sowjets den Atomkrieg jeglicher Art für denkbar« und streben »militärische Überlegenheit und nicht Parität« an. Während die USA »rüsten, um ein Klima zu wahren, in dem die Menschen in allen Teilen der Welt nach Selbstbestimmung streben und auch hoffen können, dieses Ziel zu erreichen«, stellen die Sowjets »für Frieden und Stabilität auf der Welt nach wie vor die stärkste Bedrohung dar«. Während die Senatoren kein Wort darüber verlieren, daß die amerikanischen Waffenexporte die sowjetischen um mehr als das Doppelte übersteigen, daß die USA über 380 Stützpunkte rings um die Sowjetunion und etwa 2000 über den ganzen Globus verteilt unterhalten, waren »die Sowjets ... die Hauptwaffenlieferanten für die Nordvietnamesen«, schickten sie die Kubaner in Angola und Moçambique vor, unterstützten sie die Äthiopier und »besaßen die Unverfrorenheit, sich am strategischen Horn von Afrika und im Indischen Ozean präsent zu machen«[167], wo die USA sich schon längst festgesetzt haben.
Dazu *George F. Kennan:* »Haben die Leute ihr historisches Gedächtnis verloren? Was ist aus den ›Erfolgen‹ der Sowjets geworden? Wo sind heute die ›Marionetten-Staaten‹ Jugoslawien und China? Was ist aus der ›unverbrüchlichen Freundschaft‹ zwischen der Sowjetunion und Ägypten geworden – was aus den Waffen und der übrigen Militärhilfe für Milliarden von Rubel, die die Russen in dieses Land hineingepumpt haben? Wo sind die ehemaligen Sowjetstützpunkte an der Westküste der Adria geblieben? Was ist aus den Marinebasen geworden, die sie einst entlang der afrikanischen Mittelmeerküste einrichten wollten? Was ist aus dem furchterregenden Flottenstützpunkt in Somalia geworden?
Erwartet man bei alledem von uns, daß uns angesichts der traurigen Handvoll von Moskaus Halbverbündeten das große Zittern überfällt? Ein afghanisches Regime, das am Rande seines Sturzes durch Guerillas im eigenen Lande dahinvegetiert? Ein Vietnam, dessen kommunistische Führer übergeschnappt zu sein scheinen und nicht bloß die freie Welt, sondern auch ein gut Teil der kommunistischen gegen sich aufbringt? Ein Kuba, das Moskau sieben Millionen Dollar pro Tag kostet und gleichwohl seinen eigenen Weg geht? Ein Südjemen, in dem die russischen Berater nicht mehr tun als die britischen im angrenzenden Oman?«[168]
Ähnlich äußerte sich der Sowjetunion-Experte im US-Außenministerium, Botschafter *Marshal Shulman:* »Selbst in den

Gegenden, wo sie (die Sowjets) augenblicklich Erfolg zu haben scheinen, ist ihre Position keineswegs gesichert und sollte nicht als Dauererfolg betrachtet werden. Ich glaube, die Zeit wird es zeigen, daß ihre Position in Äthiopien und Angola ebenso schwach ist wie seinerzeit in Ägypten und im Sudan, in Nigeria und anderen Ländern, wo sie auch einst vorübergehende Erfolge hatten.«[169]

Doch *Kennan, Shulman* und *Klare* sind offenbar einsame Rufer in der Wüste, sie repräsentieren gegenwärtig nur eine Minderheit von politischen und militärischen Experten. Vertreter der Mehrheitsmeinung sind Politiker und Diplomaten wie *Robert Strausz-Hupé*, ehemaliger NATO-Botschafter der USA, Berater des *Foreign Policy Research Institute*, Philadelphia, Vorsitzender des Atlantischen Rates der USA, der unter anderem für eine rasche Aufrüstung im Mittelstreckenbereich plädiert, da »uns der Osten in Europa, nehmen wir nur die atomar-taktischen Waffen mittlerer Reichweite, im Verhältnis 8 : 1 überlegen« ist.[170]

Selbst wer es zunächst für legitim ansieht, ein und denselben Sachverhalt aus unterschiedlichen Perspektiven zu beurteilen – der eine hält ein Glas für schon halbleer, der andere für noch halbvoll –, muß doch beunruhigt sein, wenn führende Experten der USA ein Politikum wie den globalen Einfluß der Sowjetunion, also der zweiten Supermacht, so konträr einschätzen wie *Kennan* und der frühere Außenminister *Henry Kissinger*. Während *Kennan* »die Erfolge, die der Sowjetimperialismus in jüngster Zeit in der Dritten Welt erzielt hat, keinen Respekt abnötigen«[171], weil er die Mißerfolge für bedeutender hält, stellte *Kissinger* in der britischen Wirtschaftszeitung *»Economist«* den *SALT-II*-Vertrag in Frage[172], den er in seinen wesentlichsten Zügen selbst mit entworfen hat. »Man sollte beachten, was seit 1975 geschehen ist ... Wir haben kubanische Truppen in Angola, in Äthiopien, zwei Invasionen in Zaire, einen kommunistischen Putsch in Afghanistan, in Südjemen und die Besetzung Kambodschas durch Vietnam.« Eine Verzögerung bei der Entwicklung neuer Waffensysteme könnte daher zu einer »großen politischen Instabilität in den 80er Jahren führen«. Auch *Kissinger* behauptet, daß die Sowjetunion Anfang der 80er Jahre in der Lage sein werde, »fast alle« strategischen Interkontinentalraketen der Vereinigten Staaten mit einem Erstschlag zu zerstören, was die USA der Fähigkeit zum Gegenschlag berauben würde (die Frage drängt sich auf, weshalb die USA dann ihre strategischen U-Boot-Flotten mit Hochdruck ausbauen, wenn sie nicht einmal zum Gegenschlag tau-

gen). Und zu einem Zeitpunkt, da in den USA der Aufbau einer hunderttausend Mann starken, hochmobilen Eingreifreserve sich in vollem Gange befand und ihr Zweck, die kurzfristige Intervention an jedem Punkt der Erde zur Sicherung der westlichen Rohstoffbasen und anderer vitaler Interessen offen diskutiert wurde, malte der ehemalige Außenminister das Gespenst der direkten Intervention Moskaus in »lokale Konflikte« an die Wand.
Der womöglich signifikanteste Beweis für den neuen, trotz *SALT-II* ganz auf Rüstung eingestellten Geist in Washington dürfte die Ernennung des erzkonservativen Generals *Georges M. Seignious,* eines der führenden Falken um *Paul Nitze,* den Vorsitzenden des ultrarechten *Committee on the Present Danger* (etwa Komitee zur Abwehr der gegenwärtigen Gefahr), zum Leiter der Rüstungskontroll- und Abrüstungsbehörde *(ACDA)* sein. *Seignious,* selbst Mitglied der ebenso ultrarechten *Coalition for Peace through Strength* (Koalition für Frieden durch Stärke), einer der einflußreichsten Militär- und Rüstungslobbys in Washington[173], sprach sich vor seiner Ernennung nicht nur wiederholt gegen die Annahme von *SALT-II* aus, sondern er forderte auch im Falle der Annahme die Produktion neuer Atomwaffen sowie die Modernisierung der bestehenden und kündigte entsprechende Forderungen des Pentagon an.[174] Gleichzeitig dürfte die Ernennung von *Seignious* zum Chef der *ACDA* und Nachfolger des liberalen, nüchternen *Paul Warnke* die endgültige Kapitulation von Präsident *Carter* vor den Falken und Rüstungslobbys verdeutlichen. Nicht der Präsident bestimmt die Richtlinien der Verteidigungs- und Rüstungspolitik in den Vereinigten Staaten, sondern der militärisch-industrielle Komplex (MIK) bzw. der »Pentagonismus«, so der durch eine Militärintervention Präsident *Johnsons* gestürzte und vertriebene dominikanische Präsident *Juan Bosch.*
Denn offenkundig konnte der Präsident die gewaltige Rüstungswelle, die faktisch mit seinem Amtsantritt in Gang kam und von seinem Vorgänger *Ford* konzipiert worden sein dürfte, nur noch absegnen. Der Katalog an Rüstungsmaßnahmen, den Verteidigungsminister *Harold Brown* in seinem Jahresbericht am 25. Januar 1979 vortrug, liest sich, als rüsteten die Vereinigten Staaten für einen unmittelbar bevorstehenden Krieg; er straft alle diejenigen Lügen, die ausschließlich das sowjetische Potential im Visier haben. Allein das Programm für die konventionelle Rüstung ist außerordentlich »beeindruckend«:
»Im Anschluß an die Tagung der Regierungschefs der NATO-Staaten im Mai 1978 bekräftigte der Präsident *(Carter)* erneut,

daß ›die Vereinigten Staaten bereit sind, alle für die Verteidigung des NATO-Bereichs erforderlichen Kräfte einzusetzen‹. Derzeit ist schon eine ganz erhebliche Zahl von US-Programmen in Angriff genommen worden, mit deren Hilfe diese Verpflichtungen eingehalten werden sollen. Wir haben dem Bündnis einen Plan vorgelegt, demzufolge die Verlegung amerikanischer Verstärkungskräfte nach Europa im Eventualfall beschleunigt vor sich gehen soll. Der Plan sieht – wie ich bereits im vergangenen Jahr andeutete – die Fähigkeit vor, die Zahl der im Operationsgebiet dislozierten US-Kampfflugzeuge innerhalb einer Woche auf 1900 zu verdreifachen und die Personalstärke innerhalb von zwei Wochen von 200 000 auf 350 000 zu erhöhen. Wir sind bereits dabei, die für die Durchführung des Planes erforderlichen Richtlinien bezüglich der logistischen Unterstützung und und der Unterstützung durch den Gastgeberstaat zu entwickeln. Wir werden auch unsere Fähigkeit prüfen, bewährte US-Heeresbataillone den in Europa einsatznahe bereitgestellten Versorgungsgütern und Geräten anzupassen, und wir werden diese Bataillone mit diesen einsatznahe bereitgestellten Ressourcen üben und sie benutzen lassen. Gleichzeitig stellen wir Pläne für die Dislozierung von Truppenteilen des US-Marinekorps an strategisch wichtigen Punkten entlang oder nahe der NATO-Flanken auf.
Das ist aber noch lange nicht alles. Wir haben unsere in Westeuropa stationierten Kräfte seit Anfang 1975 bereits um 9500 Mann verstärkt. Dabei sind in Europa etwa sechs US-Divisionsäquivalente stationiert. Aus diesen Potentialen wurde eine Brigade der zweiten US-Panzerdivision in die norddeutsche Tiefebene verlegt und ist jetzt in Garlstedt stationiert.
In den letzten zwei Jahren haben wir unserem NATO-Arsenal auch 47 000 Panzerabwehr-Lenkflugkörper hinzugefügt, mit der Modernisierung unserer Panzer *M-60* begonnen, eine größere Zahl von Hubschraubern eingeführt und die bereits in Europa stationierten Artilleriekräfte um zwei zusätzliche Artilleriebataillonsäquivalente erweitert. Im Verlauf des Jahres 1977 verlegten wir vier zusätzliche *F-104*-Staffeln nach Großbritannien. 1979 werden wir den Verbänden der *Air National Guard* das neue Erdkampfflugzeug *A-10* zuteilen und ein aktives *A-10*-Geschwader nach Großbritannien verlegen. Im Jahre 1977 begannen wir mit der Stationierung von *F-15* in Europa, die 1981 durch *F-16* ergänzt werden sollen.
Auch die Einsatzbereitschaft dieses immer größeren Potentials wird verbessert. Zur Zeit werden unsere einsatznah bereitgestellten truppenteilbezogenen Versorgungsartikel- und Gerä-

tesätze *(POMCUS)* modernisiert und erweitert. Ein zusätzliches Divisionsäquivalent soll planmäßig bis Ende 1980, zwei weitere bis Ende 1982 an Ort und Stelle sein. Außerdem vergrößern wir auch unsere Munitionsbestände, verlegen Kampfmittel nach vorn und beladen ausgewählte Kampffahrzeuge mit ihren Grundbeladungen.

Wir sind nicht die einzigen, die Verbesserungen dieser Art vornehmen. Fast alle unsere Verbündeten planen für das Jahr 1979 eine reale Steigerung der Verteidigungsausgaben um durchschnittlich drei Prozent zur Modernisierung ihrer Streitkräfte. Wir selbst und auch unsere Verbündeten verbessern die Fähigkeit unserer Streitkräfte zur Zusammenarbeit auf dem Gefechtsfeld. Ab 1984 wird mit der Serienproduktion des Panzers *XM-1* begonnen, der mit der deutschen 120-mm-Bordkanone ausgerüstet sein wird. Bei unseren Verbündeten werden neue Panzer, Kampfhubschrauber, Luftfahrzeuge, Panzerabwehrwaffen, Geschütze, Flugabwehrwaffensysteme und Schiffe in Dienst gestellt. Weitere Abkommen bezüglich Unterstützungsleistungen des Gastgeberstaates für die US-Streitkräfte werden getroffen. Zur Unterstützung der Verlegung taktischer US-Luftfahrzeuge im V-Fall werden gemeinsame Einzelflugplätze *(COB)* bereitgestellt. Belgien, Dänemark und die Niederlande und Norwegen sind übereingekommen, 348 *F-16* für ihre Luftstreitkräfte zu bauen. Erst vor kurzem einigten sich die Verbündeten auf die gemeinsame Beschaffung und Einführung des mit *E-3 A* ausgestatteten Fliegenden Luftabwehr/Luftverteidigungs-Führungs- und Überwachungssystems *(AWACS)*. Dank diesem Programm wird sowohl die Führung innerhalb der NATO erheblich verbessert als auch die Wirksamkeit von Luftlandeoperationen erhöht.

Viele dieser Aktivitäten sind Teil des langfristigen Verteidigungsprogramms *(LTDP)* der NATO. Zweck der Konzipierung des *LTDP* war, durch eine wesentliche Verbesserung der Koordinierung und der gemeinsamen Planung sowie durch verstärkte Standardisierung des von den NATO-Streitkräften verwendeten Geräts und Wehrmaterials das Verteidigungspotential der NATO noch leistungsfähiger zu machen. Präsident *Carter* legte das *LTDP* im Mai 1977 anläßlich der Tagung der Regierungschefs in London vor. Bei einem erneuten Treffen der Regierungschefs, das im Mai 1978 in Washington stattfand, wurde die Durchführung des Programms bestätigt. Die Mitwirkung am *LTDP* bedeutet für die Verbündeten eine Beteiligung an jedem der zehn Programmbereiche, in denen Verbesserungen NATO-Potentials festzulegen und zeitlich zu planen sind:

Einsatzbereitschaft; Verstärkung; Mobilisierung der Reserven; Elektronische Kampfführung *(EloKa);* Luftverteidigung/Flugabwehr; Logistik; Modernisierung des nuklearen Potentials in und für Europa; Seekriegspotential; Führungs- und Fernmeldewesen sowie Rationalisierung der Rüstungsproduktion.«[175]

Die dazwischengeschobene Behauptung von *Brown,* »die Sowjetunion produzierte im gleichen Zeitraum zwei- oder gar dreimal so viel neue Panzer, Geschütze und Luftfahrzeuge wie die Vereinigten Staaten«, entbehrt nicht nur einer näheren Aufschlüsselung oder präziseren Begründung, sie dient offenbar als Legitimation für das umfassendste und teuerste Rüstungsprogramm der USA und der NATO in Friedenszeiten. Abgesehen davon, daß der Verteidigungsminister das Schwergewicht auch auf die qualitative Verbesserung der amerikanischen Beschaffungsmaßnahmen legte, während er andererseits pauschal auf den quantitativen Umfang der sowjetischen Rüstung verweist, ist ein undifferenzierter Vergleich zwischen den beiden Paktsystemen nicht nur wenig aussagefähig, er täuscht vielmehr über das tatsächliche Kräfteverhältnis hinweg (die Alliierten der Sowjetunion produzieren beispielsweise weder Panzer noch Flugzeuge, im Gegensatz zur Bundesrepublik Deutschland, Großbritannien, Italien oder auch Frankreich). Andererseits schätzt *Brown* die sowjetischen konventionellen Rüstungsanstrengungen wieder halbwegs realistisch ein. Die Investitionen der letzten 15 Jahre zeugten von der »beträchtlichen Vernachlässigung der konventionellen Streitkräfte während der *Chruschtschow*-Ära«.
Trotz dieser nach Ansicht des amerikanischen Verteidigungsministers »langen Liste von Erfolgen in den Bereichen Planung und Beschaffung, wäre es falsch zu behaupten, die Sicherheit Westeuropas werde gewährleistet«. Obwohl die »Wahrscheinlichkeit einer Krise oder eines Konfliktes ... auch weiterhin gering« sei, müßten die Rüstungsanstrengungen auf konventionellem Gebiet gesteigert werden. Das Restrisiko, der *worst case,* bestimmt eben das Abschreckungssystem und verleiht ihm die Rüstungsdynamik.

9. Abschreckungsdenken ohne Maß und Ziel

Die strategischen Waffen werden ebenfalls laufend weiter verbessert. Die *Minuteman-III-ICBM* erhalten den erwähnten neuen *Mark-12-A*-Sprengkopf. Fünf *Poseidon*-U-Boote werden mit der neuen Superrakete vom Typ *Trident-I (C-4)* – insgesamt 24 Raketen pro Unterwasserkreuzer mit je zehn Sprengköpfen – ausgerüstet. Doch sind schon noch bessere und größere Raketen ins Auge gefaßt, die *Trident-II* oder die *D-5*[176], für die im Haushaltsplan 1980 bereits 1,5 Milliarden Dollar ausgewiesen werden.[177] Jedes *Trident*-U-Boot wird schätzungsweise zwei Milliarden Dollar kosten. Nach Ansicht des *»Defense Monitor«* wird die *Trident-II*-Rakete so zielgenau sein, daß sie für den Erstschlag gegen sowjetische Raketensilos geeignet ist. Von den rund 400 Langstreckenbombern *B-52* und anderen Bombern mittlerer Reichweite (zum Beispiel der *FB-111*) werden ständig 30 Prozent alarmbereit in der Luft gehalten. Ab 1981 werden sie die ersten Marschflugkörper *(Cruise Missiles)* erhalten (sogenannte *Air-Launched CM*), die dieser Waffe eine eminent gesteigerte Wirkung verleihen, da die Bomber ihre tödlichen *CM,* von denen sie mehr als 40 schleppen können, weit vor den sowjetischen Grenzen und damit der Luftabwehr abfeuern können. Insgesamt standen am 1. Januar 1979 9200 Atombomben für diese strategischen Trägersysteme zur Verfügung, die sich mit dem Ausbau der *Trident-I*-Rakete sowie der *Cruise Missiles* sprunghaft erhöhen dürften. Ende 1980 werden die USA über 10 500 strategische Atomsprengköpfe verfügen.

Diese aktuell einsatzfähige strategische Waffe schätzte der amerikanische Verteidigungsminister in einer Rede vor Absolventen der Marineakademie Indianapolis so ein: »Die USA haben einzigartige strategische Streitkräfte geschaffen. Ihre hochentwickelte Technologie übertrifft die der sowjetischen Streitkräfte, und wir setzen sie in einer Weise ein, wie es die Sowjets nicht tun könnten.« Und in seinem Jahresbericht 1979 versicherte *Brown,* die USA verfügten »derzeit meiner Meinung nach über ein ausreichendes strategisches Abschreckungspotential. Ich bin überdies der Ansicht, daß wir unser Abschreckungspotential auf absehbare Zeit mit Hilfe der im Verteidigungshaushalt des Haushaltsjahres 1980 und in dem von uns entwickelten langfristigen Verteidigungsplan beantragten Mittel aufrechterhalten können.

Derzeit sind unsere Alarmbereitschaftsbomber, unsere patrouillierenden, mit *SLBM* ausgerüsteten U-Boote und ein hoher Prozentsatz unserer *ICBM* auch im Falle eines erfolgreichen sowjetischen Überraschungsangriffes überlebensfähig, und die meisten dieser Waffensysteme könnten die sowjetische Verteidigung durchbrechen und die ihnen zugewiesenen Ziele zerstören. Unsere Kräfte können eine Vielzahl verschiedenartiger Angriffe durchführen und in angemessener Weise auf unterschiedliche Provokationen reagieren.«[178]

General *Jones* schließlich, keineswegs eine Taube, wandte sich ebenfalls gegen die um die Sicherheit der USA ständig besorgten Falken: »Es gibt zu viel Pessimismus hinsichtlich unserer gegenwärtigen Fähigkeiten. Ich jedenfalls möchte unsere gegenwärtigen militärischen Fähigkeiten nicht gegen die der Sowjetunion tauschen.«[179]

Doch damit nicht genug. Obwohl *Brown* die gegenwärtige nukleare Streitmacht der USA für »einzigartig« hält und der sowjetischen für weitaus überlegen, gab Präsident *Carter* Anfang Juni 1979, wenige Tage vor Unterzeichnung des *SALT-II*-Abkommens mit der sowjetischen Führungsspitze in Wien, den offiziellen Startschuß für die Entwicklung der Superrakete *MX* bekannt, für die bereits 500 Millionen Dollar im Haushaltsjahr zuvor bewilligt worden waren.[180] Die *MX,* deren Konzeptionsphase mindestens im Jahre 1976 liegen dürfte, soll einen noch besseren Zielsuchkopf für jeden ihrer jeweils 335 KT starken Sprengköpfe haben. Vor allem wird sie mobil sein. Mit größter Wahrscheinlichkeit wird sich das Pentagon für verbunkerte, 30 Kilometer lange Tunnels entscheiden, in denen die Projektile hin- und herbewegt werden – nunmehr nicht zu orten, zumal 8000 Startvorrichtungen gebaut werden sollen, um den Gegner im unklaren über die tatsächliche Position der Raketen zu lassen.[181] Geschätzte Kosten: 70 Milliarden Dollar.

Die offizielle Begründung für diesen vor allem auch qualitativ neuen Rüstungsschritt lautet, daß die Sowjets mit ihren neuen, in der Treffsicherheit verbesserten *ICBM* vom Typ *SS-17, SS-18* und *SS-19* die Fähigkeit des Erstschlages erworben hätten, also einen Teil der amerikanischen Interkontinentalraketen und der Bomber ausschalten könnten. Die jetzige Verbunkerung würde im Ernstfall angesichts der zielgenaueren sowjetischen Waffen keinen Schutz mehr bieten.[182] Obwohl *Brown* selbst nicht an einen solchen Überraschungsangriff der Sowjets glaubt, weil sie »keine echten Erfolgschancen hätten«[183], zähle nicht das, »was wir denken, sondern was die Sowjets glauben«.[184] Was die Sowjets nun tatsächlich glauben, weiß *Brown* natürlich nicht. Er unterstellt ihnen vielmehr nur, daß sie an den Erfolg eines Erstschlags glauben könnten. Der Verteidigungsstratege weiß freilich schon, daß die Sowjets weder durch einen Erstschlag eine Erfolgschance hätten, noch im Laufe der nächsten zehn Jahre »eine effektive Schadensbegrenzung konzipieren« könnten, »dies ist einfach nicht möglich«. Dennoch geht er »von der zumindest hypothetischen Möglichkeit« aus, daß die Kreml-Herren eine solche Wahnsinnstat ins Auge fassen könnten.[185] Was die sowjetische Militärführung ganz sicher weiß, ist die Tatsache, daß die amerikanischen Interkontinentalraketen in maximal 20 Minuten nach der Alarmwarnung über Satelliten abgeschossen werden könnten, also faktisch unverwundbar sind. Dies bestätigte der Direktor des militärischen Nachrichtendienstes DIA, Generalleutnant *Samuel Wilson,* in einem Senats-Hearing.[186] Überdies haben die USA ein neues Startsystem entwickelt, das die Raketen »in weniger als einer Minute einsatzbereit macht«[187]; der Start kann außerdem von den sowjetischen Satelliten nicht geortet werden. Schließlich befindet sich stets ein Drittel der strategischen Bomberflotte permanent in der Luft, ist also ebenfalls unverwundbar, wobei jede *B-52* so viel Atomwaffen mit sich führt, um vier sowjetische Millionenstädte zu zerstören.[188] In Kürze werden die *Cruise Missiles* Hunderte von Kilometern vor der sowjetischen Grenze abgefeuert werden können. Die restlichen Bomber sind innerhalb von 15 Minuten startklar. *Wilson* und Senator *William Proxmire* betonten übereinstimmend, daß die Sowjetunion technologisch weit hinter den USA zurückliege und nicht einmal Annäherungswerte erreichen könne. Wegen des Antriebs mit Flüssigkeitstreibstoff sei die Einsatzbereitschaft der sowjetischen Interkontinentalraketen daher auch gering im Vergleich zu denen der USA.

Das Gerede von der Verwundbarkeit der landgestützten strategischen Streitmacht entbehrt demnach angesichts der Fakten jeder Grundlage. Es liegt eine psychotische Problematik vor und/oder der bewußte Versuch, die Bevölkerung in Angst und Schrecken befangen zu halten, um die Legitimationsgrundlage für immer neue gigantischere Rüstungsanstrengungen zu erhalten. *Brown* geht also bestenfalls von einem mehr als hypothetischen *worst-case* aus, dem psychotischen Kern der Abschreckungstheorie, obwohl diese absurde Möglichkeit nur einen winzigen Grad an theoretischer Wahrscheinlichkeit enthält, und orientiert das Rüstungsprogramm der USA an dieser geringen Wahrscheinlichkeit. Daß die Sowjets andererseits nunmehr überzeugt sein müssen, mit der *MX* erwürben die USA ihrerseits die Fähigkeit zum Erstschlag gegen ihr strategisches Potential, interessiert den Verteidigungsminister nicht. Die zu erwartenden Gegenmaßnahmen Moskaus, zum Beispiel die Installierung von ebenfalls mobilen Interkontinentalraketen[189] dürften dagegen mit Sicherheit als neue »Bedrohung und Herausforderung« interpretiert werden. Im übrigen stellt die Entscheidung für den Bau der *MX*-Rakete ein Zugeständnis an die Falken im Senat sowie an die einflußreiche Militärlobby dar, die offen damit gedroht hat, ohne eine solche Produktionsentscheidung und damit Rüstungssteigerung das *SALT-II*-Abkommen nicht zu ratifizieren.

Der demokratische Fraktionsführer im Senat, *Byrd*, teilte *Carter* während der abschließenden Beratungen im Weißen Haus telefonisch mit, daß eine »Ablehnung des *MX*-Programmes der Ablehnung von *SALT* gleichkommt«[190]. *Byrd* vertrat außerdem die Meinung, daß der Bau der *MX* allein nicht genüge, um »im kommenden Jahrzehnt das grobe strategische Gleichgewicht gegenüber der Sowjetunion« aufrechtzuerhalten. Die *Cruise Missiles, Trident-II* für U-Boote, neue Mittelstreckenwaffen sowie die *Neutronenwaffe* müßten unbedingt hinzukommen. Würde dieses Nuklearprogramm verwirklicht, würden die USA statt der 9200 Atomsprengköpfe für strategische Trägersysteme im Jahre 1979 über 17 000 im Jahre 1990 verfügen.

Ebenfalls im Herbst 1978 traf die *Carter*-Regierung die endgültige interne Entscheidung über Entwicklung und Produktion luft- und bodengestützter *Cruise Missiles* sowie der *Pershing-II*.[191] Die Mittelstreckenwaffen waren von vornherein für die Stationierung in Europa gedacht, was bedeutet, daß der aufsehenerregende NATO-Beschluß über ein Jahr später, vom 12. Dezember 1979, nichts anderes war als eine bloße Formalität. Washington hatte, offenbar auf Drängen der Bundesregierung, eine Entscheidung getroffen, und die übrigen Alliierten gehorchten, sie durften lediglich eine öffentliche Debatte führen, demokratisch das Für und Wider abwägen. Der jeweiligen Öffentlichkeit in den NATO-Staaten Westeuropas wurde eine Scheindiskussion ihrer Regierungen vorgespielt. Der Beschluß der USA und der Bundesrepublik legte den Handlungsspielraum der Verbündeten fest, die lediglich darauf achteten, den Anschein zu wahren, als käme die endgültige Entscheidung nach ausführlicher Debatte gleichberechtigter Mitglieder des westlichen Bündnisses zustande. Im übrigen befindet sich bereits eine völlig neue Mittelstreckenrakete in der Konzeptionsphase und könnte nach Abschluß der Entwicklung Mitte bis Ende der 80er Jahre für die Dislozierung zur Verfügung stehen.[192] Keine Frage, daß auch dieses Waffensystem gebaut und eingeführt wird, denn ein politischer Vorwand findet sich allemal. »Die Vereinigten Staaten sind dabei, das ehrgeizigste Programm für die nukleare Waffenproduktion der letzten beiden Jahrzehnte ins Werk zu setzen«, schrieb die *»Washington Post«* am 19. November 1978, lange vor der Irankrise, lange vor der sowjetischen Intervention in Afghanistan. Beide Ereignisse bilden lediglich eine nachträgliche Legitimierung und nachgeschobene Rechtfertigung für dieses »ehrgeizige« Rüstungsprogramm.

500 Millionen Dollar für das Haushaltsjahr 1980 wurden ferner allein für die Produktion neuer Nuklearsprengköpfe bereitgestellt, eine Verdoppelung der Ausgaben gegenüber den Etatansätzen der *Ford*-Regierung.[193] Neben atomaren Angriffs-U-Booten, einem Flugzeugträger und insgesamt 6,2 Milliarden Dollar für Flugabwehrraketen wurden 1980 auch Programme zur Entwicklung von Killersatelliten fortgeführt. Anlaß waren Geheimdienstberichte über entsprechende sowjetische Experimente, die jedoch in jeder Hinsicht übertrieben dargestellt wurden. General *David Jones,* Chef des gemeinsamen Generalstabes, stellte jedenfalls fest, daß die Effektivität der sowjetischen Anti-Satellitenwaffen *(ASAT)* recht begrenzt sei, »sowohl hinsichtlich der Zahl an *ASATs,* die sie stationieren können, als auch hinsichtlich der Typen an US-Satelliten, die sie bekämpfen könnten«.[194] Sogar die aufsehenerregende Ankündigung *Carters,* angesichts der sowjetischen Invasion in Afghanistan alle männlichen und weiblichen Wehrdiensttauglichen erfassen zu lassen[195], ist keineswegs eine neue Überlegung. Diesen Vorschlag unterbreitete *Jones* schon im Herbst 1978.[196] Er forderte Maßnahmen, um die volle Mobilisierung in einer Krise abzukürzen und schlug ein System vor, junge Männer und Frauen erfassen und sie körperlich und geistig testen zu lassen, damit der auf diese Weise festgestellte Bedarf an ausgebildeten Rekruten »im Kriegsfalle« rasch zur Verfügung stünde. Die sowjetische Invasion in Afghanistan hat offenbar diesen potentiellen Kriegsfall geschaffen.

Insgesamt wurden die Ausgaben für Entwicklung und Produktion neuer Atomwaffen und -träger unter der *Carter*-Regierung verdoppelt. Dabei hatte *Carter* bei seinem Amtsantritt eine Senkung der Rüstungsausgaben angekündigt, zunächst eine Verringerung der Abhängigkeit der USA von Atomwaffen. Das Gegenteil ist eingetreten. Der *»Defense Monitor«,* dessen

Herausgeber und Redakteure fast durchweg hohe ehemalige Offiziere sind, bezweifelte bereits angesichts des Verteidigungshaushaltes 1980, daß die 138 Milliarden Dollar sinnvoll ausgegeben werden könnten, und weist eine Reihe unnützer Programme, Parallelentwicklungen oder schlicht eine bloße, groteske Überrüstung nach.[197] Um so mehr gilt dies für den von *Carter* nach der sowjetischen Intervention in Afghanistan zusätzlich aufgeblähten Rüstungshaushalt in Höhe von 156 Milliarden Dollar, der die horrenden Kapazitäten der Rüstungsindustrie überfordert und mit Sicherheit die inflationistischen Impulse, die ohnehin vorwiegend von der Rüstungswirtschaft ausgehen, drastisch verstärken wird.

Mit wenigen Strichen wird darüber hinaus eine bemerkenswerte Psychostudie von US-Verteidigungsminister *Harold Brown* im »*Defense Monitor*« gezeichnet, in der nicht nur psychotische, sondern auch schizophrene Züge zum Vorschein kommen: Auf der einen Seite gebe es einen *Brown,* der zu nüchternen, realitätsgerechten Einschätzungen fähig sei, seine Vorschläge erhielten dadurch ein hohes Maß an Glaubwürdigkeit, was allerdings gefährlich sei, denn es gebe daneben den anderen *Brown,* der Mehrausgaben nur deshalb fordere, »weil auch die Sowjetunion eine Menge Rubel für ihr Militär ausgibt, der die Entwicklung der *MX*-Rakete beschleunigen will, obwohl es keine Übereinstimmung gibt, was zu tun sei, wenn die *ICBMs* theoretisch verwundbar werden, der den Ausbau der NATO-Streitkräfte vorantreibt, obwohl viele Europäer glauben, daß die USA günstige Gelegenheiten für eine Kontrolle des Rüstungswettlaufs vertun, der sich zum Anwalt eines gewaltigen militärischen Hilfsprogramms für die Dritte Welt macht und einer möglichen Intervention der USA am Persischen Golf«.

Es möge ein hartes Urteil sein, fährt der »*Defense Monitor*« fort, »aber die Schlußfolgerung läßt sich kaum vermeiden, daß der vernünftige Zug an Verteidigungsminister *Brown* lediglich kosmetischer Natur ist. Er mag gute Ansätze haben, aber er kann sie nicht zum Tragen bringen. Natürlich hat jeder Politiker seine Grenzen. Aber gerade auf militärischem Gebiet wird es immer kostspieliger, größere Änderungen in der Zielsetzung der USA hinauszuschieben.«[198]

Als Präsident *Carter* am 22. Januar 1980 in seinem »Bericht zur Lage der Nation« im Hinblick auf die sowjetische Intervention in Afghanistan mit Nachdruck und Pathos betonte, »die USA müssen um jeden Preis stärkste Macht der Erde bleiben«[199], waren die Weichen dafür schon längst gestellt. Washington strebt offensichtlich das an, was es Moskau ständig und in

grotesker Realitätsverzerrung zu Unrecht vorwirft: nach militärischer Überlegenheit. Wer aber »Überlegenheitspolitik betreibt, muß mit der Rüstungskontrollpolitik dann auch die Entspannungspolitik begraben«, so der bekannte Autor und Strategieexperte *Horst Afheld* vom Starnberger *Max-Planck-Institut.*[200]
Der Rüstungswettlauf ist in vollem Gange. Und es scheint nur noch eine Frage der Zeit zu sein, bis den USA der technologische Durchbruch gelingt, mit heute noch futurologisch klingenden Wunderwaffen wie Partikelstrahlen oder Laser die sowjetischen strategischen Streitkräfte zu neutralisieren.[201] Dann freilich dürfte die Menschheit vollends an den Rand einer Existenzkrise geraten, denn der zweiten Supermacht Sowjetunion bliebe nur die Alternative, zu kapitulieren oder die Produktion dieser amerikanischen Waffen mit allen Mitteln zu verhindern.

10. Der Nachrüstungsbeschluß: 200 neue Angriffsziele

Viele gewichtige Indizien sprechen dafür, daß die Diskussion über die sowjetischen eurostrategischen Waffen und die notwendigen Gegenmaßnahmen der NATO nicht nur sorgfältig geplant, sondern auch bewußt von vornherein auf eine irrationale Ebene geschoben wurden. Die wichtigsten Argumente von Bundeskanzler *Helmut Schmidt,* der mit seiner Rede Ende Oktober 1977 vor dem *IISS* die Diskussion öffentlich, und man kann sagen, weltweit in Gang gebracht hatte – erkannt war das Problem schon lange[202] –, entbehren jeder Stichhaltigkeit, untermauern aber die These vom Timing und von der Irrationalität. Der Kanzler erweckte zunächst den Eindruck – und trat ihm, als er sich in der Öffentlichkeit als aktuelle neue sowjetische Aggression zu manifestieren begann, auch nicht entgegen –, daß nämlich die Bedrohung Westeuropas durch sowjetische Mittelstreckenwaffen neuesten Datums sei, zumindest aber eine qualitativ neue Dimension erhalten habe. Maßgebliche amerikanische Fachleute, wie Verteidigungsminister *Brown,* Kongreßmitglieder oder der »*Defense Monitor*« sehen dagegen in den sowjetischen Mittelstreckenraketen eine seit 20 Jahren bestehende Bedrohung und in der *SS-20* bzw. dem *Backfire*-Bomber lediglich eine qualitative Weiterentwicklung, die zwar bestimmte Konsequenzen habe, aber keineswegs ungewöhnlich sei.[203] Der »*Defense Monitor*« meint sogar: »Die Sowjetunion bedroht Westeuropa schon seit einigen Jahrzehnten. Die *SS-20*-Rakete und der *Backfire*-Bomber bedeuten keine Steigerung dieser Bedrohung und erfordern keine hastigen oder gefährlichen Gegenmaßnahmen der NATO. Die NATO hat enorme nukleare Kapazitäten in Europa konzentriert, um militärische Aktionen der Sowjetunion abzuschrekken.« *Mechtersheimer* betont: »Nach den in den USA geltenden Obsoleszenz-Rhythmen wären diese Raketen (die *SS-4* und *SS-5,* Anm. d. Aut.) noch in den 60er Jahren zu ersetzen gewesen.«

Schmidt hatte bekanntlich das Thema unter anderem deshalb hochgespielt, weil er befürchten zu müssen glaubte, daß das in *SALT-II* festgeschriebene strategische Patt zwischen den beiden Supermächten den sowjetischen Mittelstreckenwaffen urplötzlich ein zusätzliches Gewicht der Bedrohung verleihe, da die lange bestehende strategische Überlegenheit der USA verlorengegangen und somit keine wirksame Abschreckung

mehr gegeben sei. Westeuropa sei somit erpreßbar geworden.
Dagegen ist einzuwenden, daß das strategische Patt alles in allem mindestens seit Ende der 60er Jahre besteht, mithin also auch jene Sicherheitslücke, die dem Bundeskanzler nach zehn Jahren plötzlich so viel Sorge bereitet. In diesem Zeitraum hat Moskau nicht nur keinerlei Erpressungsversuche unternommen, sondern entscheidend dazu beigetragen, daß die Ostpolitik gerade der sozial-liberalen Bundesregierung zu einem nicht unbeträchtlichen Erfolg gebracht werden konnte und damit Entspannung in Europa möglich wurde. Auf die naheliegende Idee, daß die sowjetische Führung zu einer solchen Entspannungspolitik erst bereit war, nachdem sie das strategische Patt mit den USA erreicht hatte und ihre – sicherlich übersteigerten, aber historisch aus vielerlei Gründen nicht völlig unverständlichen – Sicherheitsinteressen garantiert sah, kam der Kanzler offenbar nicht. Die Abschreckungsdoktrin läßt sie auch gar nicht zu. Im Gegenteil: Es hat den begründeten Anschein, als sollte der Eindruck der aktuellen und plötzlich entstandenen sowjetischen Bedrohung durch eurostrategische Waffen solche Überlegungen nicht erst aufkommen lassen.[204] Denn der argumentative Hinweis, daß während der zehn Jahre »Sicherheitslücke« keinerlei sowjetische Erpressungsversuche zu registrieren gewesen seien, wohl aber eine erhöhte Kooperationsbereitschaft, hätte eine der zentralen Prämissen der Abschreckungsideologie tangiert oder gar widerlegt, nämlich die, daß realistische Politik stets vom *worst-case* auszugehen habe. Außerdem hätte sich die behauptete Dringlichkeit zur »Nachrüstung« öffentlich schwerlich legitimieren lassen. Daß der Kanzler dies nicht bewußt kalkulierte, im Sinne einer Manipulationsabsicht, sei unterstellt. Das Übel aber ist gleichwohl, daß er »intuitiv« nach dieser Prämisse des *worst-case* handelte. Das Ergebnis – Irrationalität, psychotische Begründungen, Täuschung und Selbsttäuschung – ist das gleiche. Der Berichterstatter für die nordatlantische Versammlung, der SPD-Bundestagsabgeordnete *Peter Corterier*, schreibt denn auch konsequent, als handele es sich um eine aktuelle sowjetische Bedrohung: »Die Fähigkeit der NATO, flexibel zu reagieren, hat eine Lücke erfahren.« Es werde »befürchtet, daß die Sowjetunion ihre wachsende Überlegenheit irgendwann in der Zukunft politisch, wenn nicht gar militärisch ausnutzen würde«.[205]
In der Argumentation und Begründung für die »Nachrüstung« sind nahezu alle psychotischen Syndrome der Abschreckungs-

theorie enthalten. Ein an sich erfahrener Politiker wie der Bundeskanzler nimmt nicht zur Kenntnis, zumindest äußert er sich nicht darüber, daß die bestehende und verfügbare eurostrategische Streitmacht der NATO einschließlich Frankreichs furchterregend ist und, gesunden Menschenverstand zugrunde gelegt, eine nachdrückliche Abschreckung für die Sowjetunion darstellen müßte. Die Erfahrungen seit 1945 haben eindeutig gezeigt, daß die Sowjetunion, unter welchem Generalsekretär und welcher Zusammensetzung des Politbüros auch immer, eine ausgesprochen risikobewußte Politik betrieben hat.[206] Sie hat Krisen nie bis zum äußerst Möglichen eskaliert, weder in Europa, zum Beispiel in Berlin, noch in anderen Teilen der Welt. In Lateinamerika pfiff sie *Castro* zurück und stoppte nach dem bolivianischen Experiment *Ernesto »Che« Guevaras* kubanische Versuche, die Revolution auf das Festland zu exportieren. Lateinamerikanische kommunistische Parteien erhalten so gut wie keine Unterstützung aus Moskau. Während des Vietnamkrieges führte Moskau nicht nur Gespräche über eine Begrenzung der strategischen Rüstung *(SALT-I)*, obwohl die USA ohne Kriegserklärung den sowjetischen Verbündeten Nordvietnam »in die Steinzeit bombardierten«, sondern griff die entspannungspolitischen Initiativen der Bonner SPD/FDP-Koalition kooperativ auf.
Wer nicht unter psychotischem Druck steht, wird zunächst als Hypothese gelten lassen, daß auch das Engagement der Sowjetunion in Angola, Moçambique oder Äthiopien dieses Risikobewußtsein zeigt. In allen drei Staaten waren ein koloniales bzw. ein feudales Zwangssystem gestürzt worden, die beide zuvor als voll im »freiheitlichen« Westen integriert galten. Portugal, die Kolonialmacht in Angola und Moçambique, war immerhin NATO-Mitglied, Kaiser *Haile Selassi* galt als angesehener Repräsentant Afrikas. Moskau hätte jede Glaubwürdigkeit als Weltmacht und als »Schutzpatron des Weltkommunismus« oder als *Counter-Part* der USA verloren, hätte es nicht die Kräfte unterstützt, die sich gegen die Zwangsregime aufgelehnt haben. Dennoch intervenierte die Sowjetunion nicht direkt in diesen Ländern, sondern mußte allem Anschein nach erst von *Castro* überzeugt werden, daß eine militärische Zurückhaltung verheerende Konsequenzen für das »sozialistische Lager« haben würde, nicht zuletzt dadurch, daß sich die militärische Risikobereitschaft der USA, Frankreichs oder etwa auch Südafrikas auf dem Schwarzen Kontinent erhöhen müßte. Daher nahm Moskau das Angebot *Castros* an, kubanische Truppen nach Afrika zu entsenden. Schließlich werden auch die Motive

für die Intervention Moskaus in Afghanistan im Westen alles andere als wirklichkeitsnah eingeschätzt.
Diese Überlegungen sollen nicht die »Friedensliebe« der Sowjetunion zu belegen versuchen, sondern lediglich auf ihre offenkundig risikobewußte Politik hinweisen, die als Faktum relativ sicher kalkulierbar erscheint, sowie die realistischen militärischen und politischen Optionen aufzeigen, die dem Kreml zur Verfügung stehen, sofern ihm ein Mindestmaß an Vernunft unterstellt wird. Die militärische Planung auf beiden Seiten negiert die realistischen Optionen und unterstellt stattdessen »denkbare«, bei einem minimalen Wahrscheinlichkeitsgrad natürlich auch »realistische«, aber eben vernunftwidrige. Das ist eine Sicherheitspolitik, die der Gegenseite nicht mehr ein Mindestmaß an Vernunft zubilligt (und vice versa). Sie offenbart dadurch, daß die Zukunft der Menschheit eine düstere ist. »Der Sowjetunion kann weder von der Ideologie noch von der Politik einer Supermacht her an noch so geringen vermeidbaren Selbstzerstörungsrisiken liegen. Sie wird dies ohne Not ebenso wenig eingehen wie die USA. Alle Verhaltensweisen seit dem Aufbau einer nuklearen Abschreckung machen sichtbar, daß geplant keinerlei Risiko für einen Krieg mit den USA eingegangen wird. In allen größeren Krisen suchte die Sowjetunion wie die USA die aus Mißverständnissen oder durch Dritte erwachsenden Kriegs- und Nuklearkriegsrisiken schnellstmöglich wieder zurückzuschrauben.«[207]
Wo keine Mißverständnisse vorlagen, wie beim Eingreifen der USA in Vietnam, bezog Moskau eine erstaunlich passive Position. Der Militärexperte der SPD-Bundestagsfraktion, *Alfons Pawelczik,* stellte fest: »Die geschichtliche Erfahrung zeigt die Sowjetunion eher als risikoscheue Macht.«[208] *Erhardt Rosenkranz,* Konfliktforscher und Marineoffizier im Bundesverteidigungsministerium, kommt zu ähnlichen Einschätzungen der sowjetischen Politik. Er belegt, daß die von der NATO, ihren Politikern und Militärexperten immer wieder behaupteten »möglichen Offensivabsichten der Sowjetunion kalkuliert ausgeschlossen werden können. Möglich sind allenfalls Überreaktionen, die nicht kalkuliert, sondern improvisiert und emotional bestimmt sind.«[209] Die »Grundpolitik der Sowjetunion« sei »völlig auf Systemerhaltung und Ächtung von Kriegen mit noch so geringen, aber konkreten Selbstzerstörungswahrscheinlichkeiten programmiert«. *Rosenkranz* kann nicht feststellen, daß die Sowjetunion seit dem Bestehen des Ost-West-Konfliktes ihrem »Bekenntnis zum Frieden« zuwidergehandelt hätte, was direkte militärische Aggressionen außerhalb ihres unmittelba-

ren Paktbereiches betrifft. »Ein willkürlicher Krieg gegenüber dem Westen wäre im Zentralkomitee der KPdSU nicht besser durchsetzbar als im amerikanischen Führungsapparat ein solcher gegen den Osten.«[210] Nicht nur die sowjetische, »sondern auch die westliche Politik gegenüber dem sozialistischen Lager stellt die Daseinsberechtigung des anderen Gesellschaftssystems ... grundsätzlich in Frage«.

Dem Regierungschef eines Staates wie der Bundesrepublik, der im Kriegsfall das Risiko totaler Vernichtung eingeht, hätte es daher gut angestanden, eine differenzierte Einschätzung der sowjetischen Politik vorzunehmen und sie auch in die öffentliche Diskussion einzubringen. Letztlich war es auch *Helmut Schmidt,* der als Verteidigungsexperte der SPD sehr klar gesehen hat, daß sich mit Nuklearwaffen Europa nicht verteidigen, sondern nur zerstören lasse. Die Frage muß erlaubt sein, welches Maß an Vernunft einer Abschreckungskonzeption bzw. Verteidigungs- und Sicherheitspolitik zukommt, deren einzige Option im Falle ihres Scheiterns – politisch wie historisch eine jederzeit denkbare Möglichkeit – die Vernichtung Europas ist (oder, wie der CSU-Vorsitzende *Strauß* es formulierte, »zur physischen und biologischen Vernichtung des deutschen Volkes« führen müsse). Deutsche Sicherheitspolitik kann darüber hinaus diese Bezeichnung nur verdienen, wenn sie auch die Sicherheitsinteressen der Sowjetunion bzw. die Bedrohtheitsvorstellung der Kreml-Führung ins Kalkül einbezieht und ebenso ihre psychotischen Prämissen berücksichtigt, denn auch die sowjetische Führung unterliegt ja den Bedingungen und Konsequenzen der Abschreckungsdoktrin.

Doch davon ist die Bonner Politik, sowohl die der SPD/FDP-Koalition als auch die der CDU/CSU – in der Sicherheitspolitik herrscht de facto eine Große Koalition, also Übereinstimmung – weit entfernt. Viele Indizien sprechen dafür, daß die SPD/FDP-Bundesregierung die USA dazu gedrängt hat, auf eurostrategischem Gebiet militärisch und politisch initiativ zu werden. Andererseits kann nicht ausgeschlossen werden, daß umgekehrt Washington die Bundesregierung veranlaßte, die Grauzonenproblematik ins Spiel zu bringen, wobei es allerdings nur geringe Widerstände zu überwinden gab. Immerhin begann die Neuentwicklung der *Pershing-II*-Rakete bereits 1974 (also lange, bevor im Westen etwas von der *SS-20* bekannt war), die *Cruise Missiles* wurden 1976 sogar schon erprobt, ihre Entwicklungsphase begann 1970[211]; und nur grenzenlose Naivität kann annehmen, daß diese eurostrategischen Waffensysteme in die Entwicklung gegeben worden sein könnten, ohne

konkrete und definitive militärisch-politische Vorstellungen über ihre Verwendung.
Wahrscheinlich ist, daß die vom Bundeskanzler vom Zaun gebrochene eurostrategische Debatte nichts anderes bezweckte, als Begründungen für die Stationierung von Mittelstreckenwaffen in Europa nachzuschieben, nach der bekannten Lückentheorie, der *Schmidt* nach eigenem Eingeständnis bei den strategischen Raketen Anfang der 60er Jahre schon einmal zum Opfer gefallen war.
Eine relativ verbindliche Absprache zur Produktion und Stationierung der Mittelstreckenwaffen *Pershing-II* und *Cruise Missiles* dürfte auf der NATO-Gipfelkonferenz im Mai 1978 in Washington getroffen worden sein[212], wenngleich ohne detaillierte Festlegung hinsichtlich der Prozedur oder gar der Stückzahl. Jedoch wurde eine Sondergruppe aus Experten der NATO gegründet, die sogenannte *High-Level-Group,* die »die militärischen Auswirkungen, Erfordernisse und Optionen angesichts der wachsenden taktischen Überlegenheit der Sowjets untersuchen« sollte.[213]
Am 9. Dezember 1978 erklärte der damalige US-Außenminister *Cyrus Vance* in London, die Sowjets müßten »begreifen, daß wir es nicht zulassen werden, daß an irgendeinem Punkt in der Substanz unserer Abschreckung, einschließlich der nuklearen Kräfte in Europa, eine Schwächung eintritt. Bei uns laufen in diesem Bereich verschiedene Modernisierungsprogramme.«[214]
Ausführliches Gesprächsthema war die Nachrüstung auch auf dem Treffen der Staats- und Regierungschefs Frankreichs, Großbritanniens, der USA und der Bundesrepublik im Januar 1979 auf der Antilleninsel Guadeloupe.[215] Wenn auch noch keine konkreten Beschlüsse gefaßt wurden, dürften sich *Carter,* der damalige britische Premierminister *Callaghan* und Bundeskanzler *Schmidt* einig geworden sein, eurostrategische Waffen in Europa zu dislozieren.
Der weitere Fortgang der öffentlichen Diskussion und die Erklärungen der Politiker beweisen, daß die Entscheidung zu Beginn des Jahres 1979 definitiv gefallen war. Im April unterbreitete die *High-Level-Group* der nuklearen Planungsgruppe der NATO ihre Vorschläge, wie auf die sowjetischen Mittelstreckenwaffen zu reagieren sei. Die *High-Level-Group* wurde daraufhin beauftragt, »die geeignetsten Waffenkombinationen zu prüfen« und konkrete Entscheidungen bis Herbst 1979 vorzulegen. Ein Angebot der Staaten des Warschauer Pakts, enthalten in der Moskauer Erklärung vom 23. November 1978,

auch über die Grauzonenwaffen zu verhandeln[216], wurde von der NATO einschließlich der Bundesregierung schlicht ignoriert, wie auch einige spätere Angebote, so die Budapester Erklärung des Warschauer Paktes vom 15. Mai 1979[217] und vorher vor allem der Vorschlag Moskaus, die eurostrategischen Waffen einschließlich der *Forward Based Systems* der USA in Europa in das *SALT-II*-Abkommen einzubeziehen. *Paul Warnke,* der Chefunterhändler der USA bei den *SALT*-Verhandlungen bestätigte dies: »*SALT-II* ist ganz gewiß umfassend, denn es deckt sämtliche Systeme mit interkontinentalen Reichweiten ab. Darauf allerdings wurde es auf unseren Wunsch beschränkt, denn sonst hätten die Sowjets auf Beschränkungen unserer Waffensysteme in Europa bestanden, und von ihrem Standpunkt aus wäre das auch logisch gewesen, denn diese Systeme könnten Ziele in der Sowjetunion erreichen. Wir haben taktische Nuklearwaffen nicht einbezogen, weil unsere Verbündeten dies nicht wollten. Soweit ich weiß, wird ja innerhalb der Allianz immer noch debattiert, ob die taktischen Atomwaffen in *SALT-III* einbezogen werden sollten.«[218] Diese Feststellung des unverdächtigen *Paul Warnke* läßt auch die Aussage des sowjetischen Militärexperten *Nicolai Portugalow* glaubwürdig erscheinen: »Als die Sowjetunion... diese Verhandlung (gemeint *SALT-I,* Anm. d. Verf.) aufnahm, schlug sie den Vereinigten Staaten vor, vorgelagerte Systeme der NATO in Europa und ähnliche Systeme des Warschauer Vertrages auf ihre Tagesordnung zu setzen. Die Amerikaner lehnten das nachdrücklich ab. Ihre regionale nukleare Überlegenheit betrachteten sie nämlich als Hebel, mit dem man die soeben zustandegekommene globale Parität über den Haufen werfen könnte. Nun sah sich die Sowjetunion zu Gegenmaßnahmen gezwungen und verstärkte ihre Mittelstreckensysteme.«[219]
Dennoch hat »die Bundesregierung... seit langem auf diese Grauzonenprobleme hingewiesen«.[220] Weshalb dann die sowjetischen Angebote ignoriert und nicht zunächst daraufhin geprüft wurden, ob sie ernst gemeint seien und ob die Sowjetunion zu einer entscheidenden Verminderung ihres eurostrategischen Potentials einschließlich eines Produktionsstopps bereit sei, wird nicht näher erläutert. Die Devise »erst aufrüsten, dann abrüsten« galt also von vornherein, determiniert, obwohl die Erfahrung zeigt, daß sie bisher stets zum Scheitern verurteilt war.
Statt dessen stellt die Bundesregierung in ihrer Antwort auf die Große Anfrage der drei Bundestagsfraktionen die sowjetische

Bedrohung Westeuropas durch Mittelstreckenwaffen so dar, als sei sie neueren Datums, und man müsse auf sie nun schleunigst reagieren. »Der Westen muß sich ... die Möglichkeit offenhalten, entstandene Lücken durch Modernisierung zu schließen.« Und »es müssen Wege gefunden werden, um die Gefahren, die sich aus dem Übergewicht des sowjetischen Mittelstreckenpotentials ergeben, abzubauen«.[221] Auch auf das für die Bundesrepublik wesentlich akutere Problem der atomaren Kurzstreckenraketen, die ja nach den eigenen Eskalationsvorstellungen im Kriegsfall viel früher eingesetzt würden, wird weder in der Antwort der Bundesregierung noch in der ganzen öffentlichen Debatte mit einem Wort eingegangen, gewiß kein Zeugnis für ausgeprägten Realitätssinn. Im Gegenteil, die Stellungnahme der Bundesregierung enthält zwei exemplarische Fehlannahmen, die abermals den psychotischen Charakter dieses Sicherheitsdenkens verdeutlichen, indem sie die Unfähigkeit aufzeigt, sich in die Vorstellungen des angenommenen Gegners, der Sowjetunion, hineinzuversetzen – Mindestvoraussetzung für eine realistische Einschätzung. Als strategische oder »zentrale« Systeme werden solche Waffen bezeichnet, »welche vom eigenen Territorium der einen Nuklearmacht oder von See her das Territorium der anderen Nuklearmacht erreichen können«.[222] Das ist eine bloß formale, daher unrealistische und sinnlose Definition, weil die Sowjetunion jede Atomwaffe, die auf ihrem Territorium explodieren sollte, als eine strategische betrachtet, egal, ob sie von den USA aus – dem »Territorium der einen Nuklearmacht« –, von See her oder eben von Europa aus abgefeuert werden. *Leonid Samjatin,* Informationsdirektor des ZK der KPdSU, stellte klar fest: »Jede von den 572 amerikanischen Raketen ... aber kann tief in das Gebiet der Sowjetunion eindringen. Im Grunde genommen ist das eine strategische Waffe der USA.«[223] Daran läßt neben vielen anderen sowjetischen Politikern und Militärexperten[224] auch der stellvertretende sowjetische Generalstabschef *Sergej Achromejew* keinen Zweifel: Die bereits vorhandenen eurostrategischen Waffen der USA »bergen eine reale Gefahr für die Sowjetunion in sich. Falls ein Aggressor einen Krieg entfesseln sollte, können sie das Territorium unseres Landes erreichen. Das sind amerikanische Kampfmittel. Es gibt bei uns keine ähnlichen Mittel, die das Territorium der USA erreichen könnten. Darin besteht das Wesen der Frage, das sich nicht von der Hand weisen läßt.«[225] General *Achromejew* begründet auch aus sowjetischer Sicht die Notwendigkeit, eurostrategische Waffen zu entwickeln: »Unsere Besorgnis angesichts der ständigen Anhäufung dieser Kampfmittel in Europa durch die Vereinigten Staaten, der Kampfmittel, die sich gegen die Sowjetunion richten, zwang uns vor rund 20 Jahren, als Gegenmaßnahme in den westlichen Gebieten der Sowjetunion stationierte Waffen mittlerer Reichweite zu entfalten.« Da die USA in der Tat bereits 1955 Mittelstreckenwaffen, Flugzeuge und Raketen in der Türkei, Italien und Großbritannien stationiert hatten, also vier Jahre vor der ersten sowjetischen *SS-4*-Rakete, und sie erst 1963 im Tausch gegen sowjetische Raketen auf Kuba abzogen, kommt die Behauptung *Achromejews* der historischen Wahrheit sehr nahe. In diesem Lichte erscheint die westliche, vorwiegend von deutschen Politikern gebrauchte Sprachregelung, bei der Stationierung von 572 *Pershing-II* und *Cruise Missiles* handele es sich um eine »Nachrüstung«, als eine fragwürdige Zweckbehauptung, die der geschichtlichen Realität nicht standhält, sondern sie eher verschleiert. Aus der Sicht der Sowjetunion, die eine realistische westliche Sicherheitspolitik ins Kalkül ziehen sollte, will sie nicht auf gefährliche Weise eine Rechnung ohne den Wirt machen, erscheint daher die zusätzliche Stationierung von 572 Mittelstreckenwaffen notwendigerweise als Umgehung beziehungsweise Bruch des *SALT-II*-Vertrages, der ja die strategische Parität festschreiben wollte.[226] Der stellvertretende Informationsdirektor beim ZK der KPdSU und frühere Botschafter in der Bundesrepublik, *Valentin Falin,* kann daher mit einiger Plausibilität die Frage aufwerfen: »Manch einem im Westen fehlt es einfach an Vorstellungskraft. Was würde man zum Beispiel in den Vereinigten Staaten sagen, wenn die Sowjetunion erklären würde, sie wolle Mittelstreckenwaffen in der Nähe der amerikanischen Grenze stationieren?« Angesichts dieser Sachlage betrachtet die Sowjetunion den Abschluß des *SALT-II*-Vertrages als eine Vorleistung, die im Westen in keiner Weise gewürdigt werde. Denn der Vertrag erfaßt weder die eurostrategischen Potentiale der USA noch die Großbritanniens und Frankreichs, die aus Moskauer Sicht ebenfalls stategische sind.[227]

Daß die sowjetische Argumentation in dieser speziellen Frage auch im Westen von Politikern und Militärexperten geteilt wird, sofern diese sich ihre Fähigkeit zur Realitätseinsicht nicht durch irreale Ängste trüben lassen, zeigt der italienische Senator und frühere stellvertretende Oberbefehlshaber der NATO-Streitkräfte in Europa, *Nino Pasti*: »Die Pläne der USA, auf dem Territorium westeuropäischer Länder *Pershing-II*-Raketen und Flügelraketen zu stationieren ..., gefährden das entstandene strategische Gleichgewicht zwischen der UdSSR und den USA, das in dem vor kurzem unterzeichneten *SALT-II*-Vertrag fixiert worden ist.« *Pasti* begründet seine Feststellung: »Die sowjetischen Raketen sind praktisch keine strategischen Waffen, weil sie das Territorium der USA nicht erreichen können. Die neuen amerikanischen Raketen sind aber für einen Schlag gegen die Ziele auf dem Territorium der Sowjetunion vorgesehen.«[228]

Die Bundesregierung trifft natürlich den Kern der Realität, wenn sie feststellt, »die Mittelstreckenpotentiale der Sowjetunion haben für Europa und für andere an die Sowjetunion angrenzende Regionen strategische Bedeutung«.[229] Man muß sogar noch weitergehen und sagen, daß für die Bundesrepublik und einige andere NATO-Staaten wie Benelux, Griechenland, die Türkei, Norwegen, Dänemark oder große Teile Italiens bereits die sowjetischen Mittelstreckenwaffen kurzer Reichweite strategische Bedeutung haben, da für ein Land, das von einer Atomwaffe und der von ihr ausgelösten schrecklichen Vernichtungskraft betroffen wurde, immer eine »strategische Situation« gegeben ist.

Und dennoch ist diese Feststellung der Bundesregierung angesichts der bipolaren Machtkonstellation ohne Belang, vielmehr stellt jene eine zweite gefährliche Fehlannahme dar. Entscheidend ist einzig und allein, was jede der beiden Supermächte als strategische Waffe definiert, und nicht, was ein untergeordneter Alliierter für strategisch hält; dieses nur scheinbare Paradoxon darf nunmehr als geklärt gelten. Eine gefährliche Fehlannahme ist die Bonner Feststellung außerdem, weil sie die Interessen und die faktische Lage bzw. Gefährdung von Alliierten der Supermacht USA stillschweigend mit den Interessen und der Gefährdung der anderen Supermacht Sowjetunion gleichsetzt, ohne jedoch anzuerkennen, daß eurostrategische Waffen für die Sowjetunion eine strategische Bedrohung darstellen. Nicht die Bedrohtheitsvorstellungen von Alliierten zählen, sondern ausschließlich diejenigen einer der beiden Supermächte, in diesem Falle der Sowjetunion. Mit anderen Worten: Wenn die Bundesregierung glaubt, im Namen des NATO-Bündnisses zu argumentieren, die von sowjetischen Mittelstreckenwaffen ausgehende strategische Bedrohung Westeuropas adäquat, d. h., mit einer strategischen Bedrohung der Sowjetunion beantworten zu müssen, bringt sie das strategische Gleichgewicht aus der Balance, weil die USA, der *Counter-Part* der Supermacht UdSSR, zunächst, allerdings auch nur formell, davon nicht betroffen werden. (Diesem Trugschluß geben sich offenbar auch verantwortliche Militärs und Politiker

in den USA hin, wie *Pasti* meint feststellen zu können: »Offizielle amerikanische Dokumente lassen keinen Zweifel daran, daß angestrebt wird, einen möglichen Atomkrieg auf Europa zu beschränken.«[230])
Daraus ergibt sich logischerweise eine weitere Fehlannahme. Wenn im Ernstfall vom europäischen Boden aus nukleare Waffen gegen die Sowjetunion eingesetzt werden sollten, die sie als strategische definiert und dieser Einsatz, wie festgelegt, unter Verantwortung der USA sich vollzieht, wird und muß die Sowjetunion zwangsläufig davon ausgehen, daß die USA den strategischen Atomkrieg gegen sie ausgelöst haben. Das würde bedeuten, daß sie entsprechend, u. U. selektiv, aber letztlich eskalierend und kaum kontrollierbar, mit Atomwaffen gegen das Territorium der USA reagieren würde.
Die Annahme, die Sowjetunion ließe sich vom europäischen Boden aus atomar bekämpfen, wobei sich die Vereinigten Staaten als der hauptverantwortliche Gegner aus diesem Krieg heraushalten könnten, erscheint naiv. Dieser Fehlperzeption liegt der scheinlogische Analogieschluß zugrunde, der den begrenzten lokalen Rahmen, nämlich West- und Osteuropa einschließlich der westlichen Sowjetunion, auf die Begrenzbarkeit des strategischen Nuklearkrieges zu Lasten der Supermacht Sowjetunion überträgt.
General *Wassili G. Resnitschenko,* Rektor der Frunse-Militärakademie in Moskau, betonte denn auch: »Die Amerikaner werden nicht im Sessel sitzen und Däumchen drehen können, wenn es in Europa zum Krieg kommen sollte... Wenn in Europa gekämpft wird, ist auch in Amerika Krieg.«[231] Noch präziser formulierte es General *Michail Milstein:* »Wenn die USA Raketen mittlerer Reichweite einführen wollen, sieht sich die Sowjetunion einem strategischen Problem gegenüber. Es liegt natürlich im Interesse der USA, einen möglichen Nuklearkrieg von ihrem Gebiet fernzuhalten, er soll in Europa ausgetragen werden. Aus diesem Grunde lehnen wir die These ab, daß sich ein Krieg mit Nuklearwaffen auf Europa begrenzen lasse. Es kann keinen taktischen Nuklearkrieg zum Vorteil der USA geben.«[232]
Eine Sicherheitspolitik und eine von ihr abgeleitete »Verteidigungsdoktrin«, die von vornherein auf solchen erkennbaren Fehlannahmen beruht, verdient nicht nur diese Bezeichnung nicht, sie ist darüber hinaus ein Sicherheitsrisiko, weil sie diese Fehlannahmen zu Prämissen für konkrete militärische Planungen und Maßnahmen wie die »Nachrüstung« mit 572 Mittelstreckenwaffen macht, die die Sowjetunion zu »entsprechen-

den Reaktionen zwingen« werden, wie es ZK-Informationsdirektor *Semjatin* stellvertretend für zahlreiche sowjetische Politiker ausdrückte: »Es ist nur natürlich, daß sich die Sowjetunion mit einer solchen Lage nicht abfinden kann und auch nicht abfinden wird.«[233]
Neben diesen drohenden Fehlannahmen bezüglich der sowjetischen Reaktion muß aber realistischerweise auch von einer Fehlannahme bezüglich der amerikanischen Reaktion ausgegangen werden. Die westeuropäischen NATO-Alliierten gäben sich aller Voraussicht nach einer Selbsttäuschung hin, nähmen sie an, daß Washington im Kriegsfall den Einsatz von eurostrategischen Waffen gegen die Sowjetunion freigäbe, ohne sich im klaren darüber zu sein, damit den globalen strategischen Atomkrieg zu eröffnen.
Vielmehr ist hier die Annahme realistisch, daß kein Präsident der USA, schon aus Verantwortung gegenüber seiner Nation, den Selbstmord der Vereinigten Staaten Europas wegen riskieren würde[234] – eines Europas, das, wenn diese eurostrategische Eskalationsstufe erreicht sein sollte, voraussichtlich größtenteils ohnehin nur noch ein atomar verseuchter Trümmerhaufen wäre, also gar nicht der Verteidigung wert. Präsident *Nixon* hatte 1973 betont: »Kein amerikanischer Präsident darf in die Lage geraten, in der er einen sowjetischen Angriff nur noch mit einem taktischen Atomkrieg beantworten kann.« Präsident *Carter* versicherte 1976: »Ich werde den Einsatz von Atomwaffen... nur bei Gefährdung der Sicherheit und Existenz der eigenen Nation erlauben.«[235]
Diese Einsicht mag für einen Europäer bitter sein, sie ist aber realistisch. Der Sowjetunion steht eben nicht die NATO als »Schicksalsgemeinschaft« gegenüber, in die die USA voll integriert sind, mit gleichen Interessen und gleichen Risiken, sondern die Supermacht USA steht der Supermacht Sowjetunion gegenüber. Die Supermächte halten sich mit ihren strategischen Waffen gleichgewichtig in Schach. Vergleichbar sind nur die NATO-Alliierten mit den Alliierten des Warschauer Paktes, entsprechend also auch die Waffensysteme. Die sowjetische *SS-20* und der *Backfire* decken den Bereich der NATO-Alliierten ab, wobei sich die Reichweite aus der Geographie ergibt, die taktischen NATO-Waffen wie die *Pershing-I* erreichen die Gebiete der sowjetischen Alliierten, sie benötigen aus geographischen Gegebenheiten nicht diese Reichweite. So gesehen herrscht jenes Gleichgewicht[236], auf dem Bundeskanzler *Schmidt* immer wieder beharrte, obwohl die NATO ohnehin jetzt schon über Waffen verfügt, die die Sowjetunion selbst

bedrohen, also strategische sind. Die Ansicht des Bundeskanzlers, die sowjetischen Mittelstreckenwaffen bedrohten die gesamte Allianz, die daher »eine politische und strategische Einheit ist, eine Risikogemeinschaft, in der jedes Mitglied bei Nutzung der eigenen Vorteile bereit sein muß, die Risiken der ganzen Verteidigung solidarisch mitzutragen«[237], ist angesichts der realen Machtkonstellationen schlichtes Wunschdenken, wenngleich ein verständliches. Die Vereinigten Staaten gehören dieser Risikogemeinschaft, wie gesagt, nicht an. Noch krasser formulierte dieses Wunschdenken der SPD-Wehrexperte *Pawelczyk*. Er will sogar von einer Unterscheidung zwischen interkontinentalen und kontinentalen Waffen nichts wissen, hält sie sogar für »politisch gefährlich«, da »die Sicherheit im Bündnis unteilbar ist«.[238]
Die Regierungen der westlichen NATO-Staaten sollten anerkennen und sich damit zufriedengeben, daß trotzdem die Sowjetunion diese sie bedrohenden strategischen Waffen – die britischen und französischen Potentiale sowie die amerikanischen *FBS* einschließlich der *Poseidon*-Raketen – in das bestehende atomare Gleichgewicht in Europa offenbar mit einbezieht.[239]
Die sich spätestens nach der Gipfelkonferenz von Guadeloupe abzeichnende Gewißheit zugunsten einer »Nachrüstung« stieß zunächst innerhalb der SPD auf erheblichen Widerstand. Vor allem der Fraktionsvorsitzende der sozialdemokratischen Bundestagsfraktion, *Herbert Wehner,* wandte sich öffentlich gegen eine Stationierung von Mittelstreckenwaffen auf westeuropäischem und speziell deutschem Boden, da er befürchtete, künftige Verhandlungen über eine Rüstungsbegrenzung bzw. -kontrolle auch dieser »Grauzonenwaffen« könnten gefährdet werden.[240] *Wehner* forderte in einem Aufsatz der theoretischen SPD-Zeitschrift »*Neue Gesellschaft*« die Regierung recht deutlich auf, stärkere Initiativen für eine Rüstungskontrolle zu unternehmen, da es nicht der realen Lage der Bundesrepublik entspreche, »mit der vorgeblichen Notwendigkeit zusätzlicher Waffensysteme zu argumentieren, und dabei die Gefahr heraufzubeschwören, daß die Bundesrepublik zum Träger solcher Waffen gemacht würde, statt die Kräfte des Bündnisses in die Waagschale von Rüstungsbegrenzung und Rüstungsabbau zu bringen«.[241] Man darf annehmen, daß dem Fraktionsvorsitzenden auch der Parteivorsitzende *Willy Brandt* und der Bundesgeschäftsführer *Egon Bahr* zustimmten. Dennoch konnten sich diese maßgeblichen Kräfte der SPD nicht einmal in der eigenen Fraktion gegen den Bundeskanzler und Verteidigungsminister

Hans Apel durchsetzen, zumal Bundesaußenminister *Hans-Dietrich Genscher* zu den erklärten Befürwortern einer »Modernisierung« der »taktischen« Atomwaffen bzw. der »Nachrüstung« zählt. Spätestens im Mai 1979 hatten sich *Apel* und *Genscher* auch öffentlich auf eine »Nachrüstung« festgelegt.[242]

Der Vorstoß *Wehners* hatte immerhin zur Folge, daß die Bundesregierung noch stärker, als sie es ohnehin getan hätte, die Senatoren in Washington regelmäßig beschwor, den *SALT-II*-Vertrag ja zu ratifizieren. Der Bundeskanzler warnte sie vor einer Katastrophe im Falle der Nichtratifizierung.[243] Bundesverteidigungsminister *Hans Apel* stellte sogar ein Junktim zwischen *SALT-II* und der »Nachrüstung« her, zuletzt noch Anfang Oktober 1979 in Washington: Wenn der Vertrag vom Senat nicht ratifiziert würde, wäre für die Bundesregierung ein Beschluß zur Einführung von Mittelstreckenraketen in Europa unmöglich.[244] *Apel* begründete das Junktim damit, daß zugleich mit dem Beschluß zur Stationierung von Mittelstreckenwaffen ein abrüstungspolitisches Angebot an Moskau gemacht werden solle, das jedoch nach einem Scheitern von *SALT-II* wertlos wäre.

Doch als am 6. Oktober 1979 der sowjetische Staatspräsident und Generalsekretär der KPdSU, *Leonid Breschnew,* in Ost-Berlin die Bereitschaft erklärte, die Mittelstreckenraketen aus dem westlichen Teil der Sowjetunion zurückzuziehen und Verhandlungen über die Grauzonenwaffen anbot, wenn die NATO von ihrem angekündigten »Nachrüstungsbeschluß« Abstand nehme, diese Bereitschaft gleichzeitig mit der Ankündigung unterstrich, einseitig 20 000 Soldaten und 1000 Panzer aus der DDR abzuziehen, zeigten die USA der Bonner Bundesregierung rasch die Grenzen auf. In der Befürchtung, das Angebot *Breschnews* könne die geschlossene Haltung der Alliierten aufweichen – in Holland, Belgien, Dänemark und Norwegen hatten sich ohnehin starke Bedenken auch aus Regierungskreisen gemeldet –, begann Washington massiven Druck auszuüben. *Zbigniew Brzezinski* ließ offen durchblicken, daß ohne einen »Nachrüstungsbeschluß« die Nukleargarantie der USA überprüft werden könnte.[245] Die Vorschläge *Breschnews* wies er zurück und ermahnte die Bündnispartner, sich von Moskau nicht unter Druck setzen zu lassen. Ähnlich äußerte sich auch US-Vizepräsident *Walter Mondale.*[246] Der einflußreiche demokratische Senator *Sam Nunn,* Mitglied des Streitkräfteausschusses, nannte die Vorschläge *Breschnews,* die in einer intensiven »Werbekampagne« von Politikern wie Verteidigungsminister *Ustinow* oder Militärs wie General *Resnitschenko* wiederholt wurden (*Resnitschenko* sprach sogar von einem »Abbau der Mittelstreckenraketen, wenn die NATO keine Nachrüstung beschließt«[247]), »ein wohlgezieltes Torpedo« gegen die nukleare Modernisierung der NATO und einen »rüden Versuch«, die NATO zu Abrüstungsvereinbarungen in Europa zu verleiten; die Sowjetunion würde dadurch nur zu einem Überraschungsschlag eingeladen.[248] Offen drohte *Nunn* nicht nur mit einem Abzug der taktischen Nuklearwaffen aus Europa, einschließlich der *FBS*, er stellte in pathetischen Worten gegenüber Abgeordneten und Experten der CDU/CSU-Bundestagsfraktion die Bereitschaft der USA, Europa zu verteidigen, generell in Frage: »In diesem Jahrhundert starben Amerikaner in großer Zahl auf europäischen Schlachtfeldern. Wir sind, falls nötig, abermals zu sterben bereit, aber nur, wenn Europa zu seiner eigenen Verteidigung entschlossen ist.«[249] Die Reaktion aus Washington, unverhohlener massiver Druck, mag verständlich sein vor dem Hintergrund starker Widerstände in Europa, zum Beispiel in der Öffentlichkeit und der parlamentarischen Opposition der Niederlande, deren Führer *Joop den Uyl* einen vorläufigen Verzicht auf die »Nachrüstung« und zunächst Aufnahme von Verhandlungen mit der Sowjetunion forderte. Auch die Position des SPD-Vorsitzenden *Brandt* und seine Reaktion auf den *Breschnew*-Vorstoß ließ sich in diese Richtung deuten. »Es wäre fahrlässig, die Chance für substantielle und konstruktive Gespräche ungenutzt vorbeigehen zu lassen«, hatte er im Hinblick auf das sowjetische Angebot einer Zurückverlegung von Mittelstreckenraketen bei einem Verzicht auf Nachrüstung formuliert.[250] Anders als *Brzezinski* oder *Nunn* wehrte sich *Brandt,* der in den USA als Politiker von hohem Rang gilt, dagegen, das Angebot des KPdSU-Chefs »in einen heimtückischen Angriff umdeuten zu wollen«. Offenkundig sah der Friedensnobelpreisträger eine Chance für Verhandlungen und war bereit, deshalb den »Nachrüstungsbeschluß« hinauszuschieben: »Niemand dürfte im Ernst erwarten, daß einseitig ergriffene Maßnahmen über das hinausgehen könnten, was als Ziel von Verhandlungen formuliert wurde. Die Allianz und die sie tragenden westlichen Regierungen wären gut beraten, die sowjetische Führung beim Wort zu nehmen und über geeignete Maßnahmen zur Ausgewogenheit zwischen den Sicherheitssystemen zu verhandeln.«[251] Der SPD-Vorsitzende wurde aus der eigenen Koalition heraus gekontert. Der Bonner Botschafter bei den Vereinten Nationen, *Rüdiger von Wechmar,* ein enger Vertrauter von

Bundesaußenminister *Genscher,* erklärte in der Abrüstungsdebatte des zuständigen Ausschusses der Vereinten Nationen: »In Anbetracht der Reichweite und der technologischen Kapazität der sowjetischen *SS-20*-Raketen ist das sowjetische Angebot, Mittelstreckenraketen nur vom westlichen Teil der Sowjetunion abzuziehen, kaum attraktiv.«[252]
Doch nachdem die NATO ein sowjetisches Angebot vom Herbst des vorangegangenen Jahres (und auch vom 15. Mai 1979) unbeachtet gelassen hatte, war nicht anzunehmen, daß das vom 6. Oktober 1979 den definitiven Nachrüstungsbeschluß hätte aufschieben können. Auch das mit viel Aplomb Anfang Oktober in Washington vom Bundesverteidigungsminister *Apel* hergestellte Junktim zwischen der Ratifizierung von *SALT-II* durch den Senat in Washington und der Zustimmung der europäischen Verbündeten zur »Nachrüstung« erwies sich als leere Geste. Der Senat ratifizierte den Vertrag nicht und der SPD/FDP-Regierung in Bonn blieb nichts anderes übrig, als sich dennoch für die »Nachrüstung« starkzumachen. Washington hatte einmal mehr die engen Bonner Grenzen aufgezeigt.

11. Der »Umfall« der SPD

Den stillschweigenden Wandel sozialdemokratischer Sicherheitspolitik, der mit dem »Nachrüstungsbeschluß« schließlich in die Position der CDU/CSU einmündete und damit die Unfähigkeit der Bonner Verteidigungspolitik zu Alternativen aufzeigte, demonstriert eindringlich der SPD-Wehrexperte *Alfons Pawelczyk.* In einem Vortrag vor dem *Institut für Weltwirtschaft und internationale Beziehungen* in Moskau hatte er Anfang 1978 betont: »Eine nüchterne Analyse der militärischen Potentiale zeigt, daß das Kräfteverhältnis zwischen NATO und Warschauer Pakt zur Zeit stabil ist. Das bedeutet: Es gibt ein Gleichgewicht der Optionen und Fähigkeiten. Es gibt zur Zeit in Europa kein politisches Ziel, das durch direkten Einsatz militärischer Macht oder durch politische Pressionen erreichbar ist... Angesichts globaler militärischer Stabilität wird die äußere Sicherheit zur Zeit nicht durch partielle militärische Überlegenheit der einen oder anderen Seite gefährdet.«[253]
Nach (damaliger) Ansicht *Pawelczyks* bedeutet Sicherheit nicht nur militärische Sicherheit, ein eminent wichtiger Gedanke, auf den die Friedens- und Konfliktforschung immer wieder verweist. »Sicherheit ist nicht nur eine Frage der militärischen Kräfte. Es müssen alle Faktoren in Rechnung gestellt werden. Dazu gehören zum Beispiel auch geographische Lage, Wirtschaftskraft, Infrastruktur, innenpolitische Lage. Stabilität wird nur erreicht, wenn Parität im Gesamtbereich der Politik angestrebt wird.«[254] Zwar weist *Pawelczyk* in seinem Moskauer Vortrag auf die eurostrategische Nuklearrüstung der Sowjetunion hin und erwähnt besorgt die *SS-20* sowie den *Backfire*-Bomber (nicht jedoch die 20 Jahre alten *SS-4* und *SS-5*), doch sieht er in diesen Waffensystemen noch längst keine unmittelbare Gefahr, auf die es seitens der NATO zu reagieren gelte, denn »die Fähigkeit der Vereinigten Staaten, die eurostrategischen Waffen der Sowjetunion auszugleichen, hat sich durch die Stabilität im nuklearstrategischen Bereich nicht geändert«. Die Glaubwürdigkeit der *flexible response* der NATO auf allen Ebenen der militärischen Triade sei garantiert.
Der Sicherheitsexperte der SPD-Bundestagsfraktion trat daher noch Ende 1978 für »intensive« Rüstungskontrollgespräche mit der Sowjetunion über die eurostrategischen Waffen ein, wobei er die Einschätzung seiner Fraktion insgesamt formulier-

te: »Hüten wir uns vor vorschnellen Rüstungsentscheidungen. Sie sind nach aller Erfahrung nicht mehr rückgängig zu machen. Intensivieren wir daher statt dessen politische Anstrengungen, bestehende regionale Übergewichte, die zugunsten der Sowjetunion in Mitteleuropa bestehen, durch politische Verhandlungsergebnisse abzubauen... Wir wollen nicht aufrüsten, um abzurüsten; wir wollen versuchen, einen anderen Weg durch kluge Außenpolitik zu öffnen. Erst wenn das nicht gelingt, müssen und werden wir verteidigungspolitisch reagieren.«[255]
Pawelczyk erteilte in diesem Zusammenhang der Forderung der CDU/CSU, die schon seit Anfang des Jahres 1978 zusätzliche Mittelstreckenwaffen für die NATO fordert, eine klare Absage: »Das bedeutet, der Versuch, eine Lösung durch Verhandlungen zu finden, wird bis zum Anfang der 80er Jahre unterbrochen, weil die Stationierung von Mittelstreckenwaffen in Europa vorher technisch nicht möglich ist.« Der sozialdemokratische Sicherheitspolitiker hält es für »verantwortungslos, neue, noch gefährlichere Waffensysteme auf dem Territorium der Bundesrepublik Deutschland und anderer westeuropäischer Staaten zu stationieren, ohne den Versuch, unsere äußere Sicherheit durch Herunterrüsten statt durch Heraufrüsten zu stabilisieren«.
Wenige Monate später geht es dem sozialdemokratischen Sicherheitspolitiker »darum, möglichst bis Dezember 1979 ein Konzept zu entwickeln, das darauf abzielt, die Ungleichgewichte durch eine Kombination verteidigungs- und rüstungskontrollpolitischer Maßnahmen abzubauen«.[256] Zwar sei »rüstungskontrollpolitischen Regelungen der Vorrang zu geben«, aber das westliche Verteidigungsbündnis dürfe »keinen Zweifel aufkommen lassen, daß es im Falle eines Scheiterns dieser Bemühungen mit verteidigungspolitischen Maßnahmen reagieren wird«.
Die ursprünglich eindeutige Position, erst in Verhandlungen mit der Sowjetunion deren Bereitschaft zu sondieren, die eurostrategische Rüstung zu begrenzen und vorhandene Waffensysteme abzubauen, den Kreml also beim Wort zu nehmen, ehe Rüstungsmaßnahmen der NATO beschlossen werden, ist von der SPD ziemlich rasch aufgegeben worden. Die neue Devise lautete: Der Beschluß zur »Nachrüstung« wird grundsätzlich gefaßt und mit einem Verhandlungsangebot an die Sowjetunion gekoppelt. Der zweite Teil dieses »Doppelbeschlusses« hat angesichts der eindeutigen Haltung der USA und des »Umfalls« der SPD wenig mehr als die Funktion eines Alibis.
Ein solches Angebot muß jedoch objektiv als unseriös bezeich-

net werden. Nicht nur, weil Signale aus Moskau zuvor unbeachtet geblieben waren, sondern mehr noch, weil es mit einer Drohung gekoppelt ist und de facto von einer Position der Stärke, einem kaum modifizierten *roll back*, aus gemacht wurde. Die zweite Supermacht muß sich zwangsläufig brüskiert und in ihrem Prestige berührt sehen, wollte sie auf ein solches »Angebot« eingehen, vom bekanntgewordenen Inhalt einmal abgesehen. Daran ändert auch die Tatsache wenig, daß vor allem die SPD »rüstungskontrollpolitischen Regelungen den politischen Vorrang« geben möchte[257] und außerdem eine »Auflösungsklausel« vorsieht[258]: Sollte sich bei den erwarteten Verhandlungen mit der Sowjetunion über eurostrategische und taktische Atomwaffen, etwa im Rahmen eines *SALT-III* (genauer *TALT = Tactical Arms Limitation Talks*) ein Erfolg abzeichnen, so fordert die SPD einen Stopp der laufenden Produktion bzw. einen Verzicht auf die Dislozierung der bereits produzierten Waffen. »Rüstungsprogramme sind so aufzubauen, daß sie unterbrochen werden können, wenn sie durch rüstungskontrollpolitische Vereinbarungen überholt sind. Das kann durchaus bedeuten, daß schon entwickelte Waffensysteme aufgrund von Verhandlungsergebnissen nicht produziert und nicht in die Streitkräfte eingeführt werden. Niemand kann auf die Dauer Verantwortung dafür tragen, daß aufgerüstet wird, um abrüsten zu können. Das bedeutet: wir müssen bereit sein, für die Nichtrealisierung von Waffenoptionen finanzielle Leistungen zu bringen. Priorität haben zunächst nicht finanzielle Einsparungen, sondern die Stabilisierung des Friedens durch Verhinderung ständig neuer Waffenproduktionen und anschließende Einführung in die Streitkräfte. Das scheint auf absehbare Zeit der einzige Weg zu sein, um den Rüstungswettlauf erfolgreich abzubremsen.«[259]

Dieser schöne Gedanke, mit dem *Pawelczyk* die »Auflösungsklausel« des »Nachrüstungsbeschlusses« garniert, hat lediglich den Nachteil, unrealistisch zu sein. Versuche, Waffenoptionen als Verhandlungsobjekte in Rüstungskontrollgespräche einzubringen, sind bisher stets gescheitert, weil die Gegenseite die Zumutung, für eine Option, also ein noch nicht realisiertes Waffensystem, konkrete Rüstungsverminderungen zu erbringen, nicht akzeptieren kann. Das beste Beispiel ist das von US-Präsident *Lyndon B. Johnson* als Option in Verhandlungen eingebrachte *MIRV-System;* die Sowjets lehnten ab, denn solche Angebote beinhalten, selbst wenn es nicht so gemeint sein sollte, eine Drohung sowie eine Demonstration technologischer Überlegenheit. Viele amerikanische Abrüstungsfach-

leute wie der schon mehrfach zitierte *Paul Warnke,* ferner *Gerard Smith,* früher *SALT-I*-Chefunterhändler und ehemaliger Direktor der US-Abrüstungsbehörde, oder *Averell Harriman,* einst US-Botschafter in Moskau und Chefunterhändler beim Abkommen über einen begrenzten nuklearen Teststopp, kritisierten diese »Trumpfkarten-Theorie« als nutzlos und töricht. Als Präsidentschaftskandidat hatte sie *Carter* »idiotisch« genannt.[260] Die Rüstungskontrollexperten *Robert G. Gray* und *Robert J. Bresler* schrieben: »Der Trumpfkarten-Ansatz trägt nicht nur zu einer Beschleunigung und Entwicklung von Waffensystemen bei, sondern er stellt auch aus der Sicht der Waffenbeschaffung eine Methode dar, Waffen zu entwickeln, ohne über deren Konsequenzen nachzudenken.«[261] Im übrigen hatte *Pawelczyk* eineinhalb Jahre vorher selbst festgestellt: »Was auch immer technisch möglich war, ist entwickelt worden. Was auch immer entwickelt worden ist, wurde genutzt.«[262]
Pawelczyks Fraktionskollege *Karlheinz Hansen* hat öffentlich die »geradezu schicksalhafte Zwangsläufigkeit der Weiterrüstung« beklagt. Praktisch gelte jedes neue Waffensystem, sobald es über die »Definitionsphase« hinausgelangt sei, als angeschafft, ohne daß dieser Zwangsmechanismus durch die Parlamentarier verhindert werden könnte.[263]
Nichts spricht dafür, daß diese Zwangsläufigkeit und Zwanghaftigkeit (ebenfalls ein typisch psychotisches Merkmal) bei den eurostrategischen Waffen aufgehoben werden könnte, zumal bis zur beabsichtigten Dislozierung 1983 die Zeit für Verhandlungen viel zu knapp erscheint. Obendrein hatte es die Sowjetunion zunächst einmal kategorisch abgelehnt, auf dieser angebotenen Basis überhaupt zu verhandeln.[264]
Das stärkste Indiz dafür, daß diese Waffen auch eingeführt werden, lieferte die SPD im übrigen selbst, ehe der Text des »Nachrüstungsbeschlusses« des NATO-Ministerrates vom 12. Dezember 1979 vorlag. Aus dem vom Bundesparteitag angenommenen Leitantrag des SPD-Parteivorstandes geht eindeutig hervor, daß keine Abschaffung der eurostrategischen Waffen angestrebt wird, sondern lediglich eine Begrenzung sowie eine »ausgewogene Gesamtbilanz« auf »möglichst niedrigem Niveau«.[265] Dies ergibt sich ebenso eindeutig aus dem Kommuniqué der Verteidigungs- und Außenminister der NATO, das den »Nachrüstungsbeschluß« begründet und Konsultationen mit der Sowjetunion anregt. Diese Verhandlungen sollen aufgrund folgender »Leitlinien« aufgenommen werden:
A) Jede künftige Begrenzung amerikanischer Systeme, die in

erster Linie für einen Einsatz als *TNF* bestimmt sind, sollen von einer entsprechenden Begrenzung sowjetischer *TNF* begleitet sein.
B) Über Begrenzungen von amerikanischen und sowjetischen *LRTNF* soll Schritt für Schritt bilateral im Rahmen von *SALT-III* verhandelt werden.
C) Das unmittelbare Ziel der Verhandlungen soll die Vereinbarung von Begrenzungen für amerikanische und sowjetische landgestützte *LRTNF*-Raketensysteme sein.
D) ... Die Begrenzungen sollen daher in einer Form vereinbart werden, die de jure Gleichheit sowohl für die Obergrenzen als auch für die daraus resultierenden Rechte festlegt.
F) Jede vereinbarte Begrenzung muß angemessen verifiziert sein.[266]

Wenn Worte einen Sinn ergeben sollen, so bedeutet dies, daß die NATO eurostrategische Waffen einführen will, wenn auch eine Begrenzung auf einem »möglichst niedrigen Niveau« angestrebt wird. Doch was bedeutet »niedriges Niveau« angesichts der Vernichtungswirkung solcher Waffen? Und was bedeutet Begrenzung? Es bedeutet das dreifach höhere Niveau der zur Zeit stationierten eurostrategischen Nuklearwaffen. Der Expertenbericht für den Unterausschuß für europäische Angelegenheiten des Auswärtigen Ausschusses des amerikanischen Senats stellt fest:
»Während die Vereinigten Staaten im Rahmen von *SALT-III* bedeutende Verminderungen bei den zentralen strategischen Systemen anstreben, sehen die Europäer eine Rüstungskontrolle der Mittelstreckensysteme mehr in der Begrenzung der Weiterentwicklung als in einer Verminderung bestehender Arsenale. Im besten Falle stellen sich NATO-Experten eine Lösung vor, die von der Sowjetunion fordert, die Stationierung der *SS-20* einzufrieren (auf einem Niveau, das dreimal höher liegt als die Zahl der zur Zeit stationierten Waffen) und einen guten Teil der in Silos stationierten *SS-4-* und *SS-5*-Raketen abzubauen. Obwohl ein solches Abkommen Westeuropa weiterhin der Bedrohung durch beträchtlich mehr in der Sowjetunion stationierte Atomsprengköpfe aussetzen würde, zweifeln die NATO-Experten daran, daß die Sowjetunion überzeugt werden könnte, die geplante Stationierung ihrer neuesten Waffen zu stoppen.«[267]
Die Bereitschaft der Westeuropäer, sich von vornherein mit sowjetischen Mittelstreckenwaffen auf dem dreifachen Niveau des gegenwärtigen Potentials abzufinden und dieses Niveau

gleichzeitig als erstrebenswerte »Begrenzung auf möglichst niedrigem Niveau« auszugeben, allerdings unter Einbeziehung der eigenen »Nachrüstung«, mutet schlichtweg unverständlich an; mit gesundem Menschenverstand läßt sich auf eine solche Haltung kein Reim mehr finden. Es bleibt die begründete Vermutung, daß bei Militärplanern und Politikern Sicherheit nur dann vorstellbar wird, wenn Waffen mit Waffen gekontert werden, egal letztlich, auf welchem Niveau.
Der Militärjournalist *Lothar Ruehl* hat freilich eine Erklärung parat: die NATO wolle sich die flexible Reaktion durch eine kontrollierte Eskalation erhalten. »Im Prinzip herrscht in der NATO Einigkeit darüber, daß nicht das gesamte Rüstungsprogramm Verhandlungsobjekt sein soll. Die Mitglieder halten es für eine militärische Notwendigkeit, die Reichweite von nuklearen Waffensystemen in Europa zu vergrößern, damit die Strategie der flexiblen Abwehr durch eine kontrollierte Eskalation auch in Zukunft wirksam bleibt. Eine ›Nullstationierung‹, also der Verzicht auf das gesamte NATO-Programm, bleibt zwar eine theoretische Möglichkeit, doch niemand in der NATO erwartet sie als Ergebnis künftiger Verhandlungen mit Moskau.«[268]
Der Vorschlag der westlichen Allianz an die Sowjetunion sieht ohnehin nur Verhandlungen über die amerikanischen und sowjetischen *LRTNF* vor, stellt also nur die in Aussicht genommenen 572 Systeme, eine vorläufige Option, zur Disposition. Die britischen und vor allem französischen Waffen wurden in das Angebot nicht mit einbezogen, ebensowenig die dem NATO-Oberbefehlshaber unterstellten amerikanischen *Poseidon*-Unterseeboote sowie die *FBS*. Mit anderen Worten: Zur Disposition sollen lediglich die Waffen stehen, bei denen die Sowjetunion zahlenmäßig überlegen ist, die landgestützten Mittelstreckenwaffen.[269] Dabei will Frankreich nach Aussagen von Verteidigungsminister *Yvon Bourges* »voraussichtlich im Jahre 1985 die derzeitige Schlagkraft der strategischen Rüstung der Vereinigten Staaten und der Sowjetunion erreichen«.[270] Vor dem Finanzausschuß der Französischen Nationalversammlung teilte *Bourges* weiter mit, daß Frankreich rund ein Drittel aller Rüstungsausgaben für strategische Waffen ausgebe. Schon jetzt sei »die strategische Streitmacht Frankreichs mit ihren Raketen, Bombern und Atom-U-Booten in der Lage, jedem potentiellen Gegner vernichtende Schläge zu versetzen«. Daran ändere auch die größere Treffsicherheit gegnerischer Raketen nichts Wesentliches.[271] Diese Ankündigung wurde im September von der Regierung präzisiert: Nach Ab-

schluß des strategischen Ausbauprogramms werde Frankreich »über eine nukleare Schlagkraft verfügen, deren technologisches Niveau dem der USA und der UdSSR entspricht«.[272] Bis Mitte der 80er Jahre will Frankreich seine Atomstreitmacht vervierfachen.[273]

Einen besonders originellen Beitrag für ein »Angebot« an die Sowjetunion lieferte CDU-Wehrexperte *Wörner*. Er fordert die Sowjetunion schlicht zur Kapitulation durch Verhandlungen auf, falls sie sich nicht »ins eigene Fleisch schneiden« wolle: »Es gibt nur einen Weg für die Sowjetunion, die Stationierung solcher Waffen in Mitteleuropa zu verhindern. Dieser Weg führt über Verhandlungen und den vollständigen Abbau des sowjetischen Mittelstreckenpotentials.« Ansonsten, so droht *Wörner,* werde die NATO »nachrüsten«. *Wörners* Haltung bedeutet im Klartext die Androhung des eigenen Selbstmordes, um den potentiellen Gegner zur Kapitulation zu zwingen.[274]

Daß ein derartiges oder ähnliches »Verhandlungsangebot«, von dem Bundesverteidigungsminister *Apel* glaubt, daß es »ernst gemeint« und kein »Weihnachtspapier« sei[275], raschen Erfolg zeitigen könnte, selbst wenn die Sowjetunion nach dem Nachrüstungsbeschluß des NATO-Ministerrates weitere Verhandlungen doch nicht kategorisch ausschließen will, erscheint schwer vorstellbar. Angesichts dieser und all der anderen Indizien drängt sich der begründete Verdacht auf, daß die NATO an ernsthaften Rüstungskontrollgesprächen über eurostrategische Systeme gar nicht interessiert ist, zumindest so lange nicht, bis sie nicht ihrerseits solche Systeme produziert und stationiert hat. Der amerikanische NATO-Botschafter *W. Tapley Bennett jr.* erklärte jedenfalls: »Die Geschichte und die Erfahrung bei Verhandlungen mit den Sowjets zeigen immer wieder, daß man nie etwas für nichts bekommt. Und bevor wir keine Waffen disloziert haben, werden wir auf die Sowjets nicht sehr überzeugend wirken, wenn wir vorschlagen, sie sollten zurückgehen und ihre Kernwaffen reduzieren. Versprechen über künftige Absichten zahlen sich bei Verhandlungen mit den Sowjets nicht aus.«[276] *Bennett* nimmt also sowjetische Angebote, »zurückzugehen und ihre Kernwaffen zu reduzieren«, gar nicht erst zur Kenntnis, der Versuch, diese Angebote auf ihre Seriosität zu prüfen, erscheint eben nichts wert. Der Gegner hat sich so zu verhalten, wie es das determinierte Raster der psychotischen Abschreckungstheorie verlangt. Er hat gar keine Chance, möglichen guten Willen und kooperative Absichten unter Beweis zu stellen, denn damit würde die Abschreckungstheorie in einem zentralen Punkt falsifiziert.

Zum anderen zeigt *Bennett* klar auf, daß eben doch erst aufgerüstet werden soll, ehe verhandelt wird, wobei das »dreifache Niveau« als Ziel gilt. Die Auflösungsklausel wackerer SPD-Politiker erweist sich einmal mehr als naive Illusion, womöglich als eine beabsichtigte, denn die Vermutung liegt nahe, daß sie ohnehin nur zu dem Zweck »erfunden« wurde, um den Nachrüstungsbeschluß auf dem Berliner Parteitag der SPD durchzubringen und so einen durchaus möglichen Erfolg des linken Flügels der Sozialdemokraten zu verhindern. (Die im deutsch-sowjetischen Kommunique im Anschluß an die Moskau-Reise Bundeskanzler *Schmidts* Ende Juni 1980 enthaltene Gesprächsbereitschaft des Kreml ließ sich bei Drucklegung dieses Buches noch nicht zuverlässig interpretieren. Einerseits beharrten »Prawda« und »Tass« auf Rücknahme des Nachrüstungsbeschlusses, ehe Gespräche stattfinden könnten, andererseits schien *Schmidt* den Eindruck gewonnen zu haben, die Sowjets seien ohne Bedingungen zu Vorgesprächen bereit. Die sowjetische Forderung, alle amerikanischen *FBS* einzubeziehen, ist acht Jahre alt, schien aber in den USA auf eine gewisse Bereitschaft zu stoßen. Dafür überraschte es um so mehr, daß die Sowjets die französischen und britischen Potentiale – obwohl beide mit Hochdruck modernisiert werden und strategische Dimensionen annehmen – offenbar aus möglichen Vorgesprächen ausgeblendet halten wollen).

12. Wird Gewalt wieder als Mittel der Politik denkbar?

Der größte Teil der neuen Mittelstreckenwaffen – 464 *Cruise Missiles* und 108 *Pershing-II* – wird in der Bundesrepublik stationiert, nämlich alle 108 *Pershing-Raketen* sowie 24 Startgeräte für insgesamt 96 *Cruise Missiles.* Großbritannien übernimmt 40 Startgeräte oder 160 *Cruise Missiles,* Italien 28 oder 112 *Cruise Missiles,* Belgien und die Niederlande je 12 oder 48 *Cruise Missiles.* Die Angaben über die geplanten Reichweiten dieser Waffen schwanken, doch kann man davon ausgehen, daß die *Pershing-II* Ziele in 1800 Kilometer Entfernung treffen kann, die *Cruise Missiles* solche in über 2500 Kilometer Entfernung. Einig sind sich alle Experten über die Güte dieser Waffen; sie sollen nicht nur mobil sein, d. h., von beweglichen Abschußrampen aus gestartet werden können, sondern auch über eine nahezu totale Zielgenauigkeit verfügen. Die *CEP*-Werte werden mit 30 Metern und weniger angegeben. Es wäre im übrigen keine Überraschung, wenn sowohl die *Pershing-II* als auch die *Cruise-Missiles* mit Mehrfachsprengköpfen präsentiert würden.

Über die militärische Verwendungsfähigkeit vor allem der *Cruise Missiles* herrscht unter Fachleuten einhellige Begeisterung.[277] Der Marschflugkörper kann nicht nur von landgestützten beweglichen Abschußrampen gestartet werden, sondern auch in großer Zahl von Flugzeugen, Schiffen und Unterseebooten. Er kann dank seinem Präzisionssteuerungssystem mit einprogrammierter Landkarte dicht an der Erdoberfläche fliegen, gewissermaßen über Berge »hüpfen« oder sie umkurven und schützende Täler ausnutzen. Er ist daher nur schwer zu orten und kaum zu bekämpfen. Die relativ geringe Fluggeschwindigkeit knapp unter der Schallgrenze gelte keineswegs als Manko, sondern eher als Vorteil, da sie den Marschflugkörper signifikant nicht zu einer Erstschlagwaffe mache, betonen westliche Militärexperten. Sie sei mithin eine Waffe der flexiblen Reaktion, ausschließlich gedacht als »Antwort« auf einen gegnerischen Angriff. Den »defensiven Charakter« der Marschflugkörper müßten daher auch die Sowjets zur Kenntnis nehmen. *Cruise Missiles* sind faktisch unbemannte Flugzeuge, jedoch mit erheblich größeren Vorzügen. Sie sind genausoschnell, da in einer so geringen Höhe auch ein Überschallbomber nicht schneller fliegen könnte, mindestens ebenso präzise

und zuverlässig, dazu mobil, im Gegensatz zu fest stationierten und daher verwundbaren Flugzeugen; sie gefährden keine eigenen Menschenleben, da unbemannt, und sind außerdem unvergleichlich billiger (geschätzte Kosten etwa 1 Million Dollar[278]). Wegen der extrem hohen Zielgenauigkeit könnten atomare Sprengköpfe von stark begrenzter Wirkung sein, würden also theoretisch unbeabsichtigte Begleitschäden, etwa für die gegnerische Zivilbevölkerung, weitgehend vermeiden. Unter Umständen könnte man sie auch mit herkömmlichem Sprengstoff munitionieren. Ihr Verwendungszweck als reine *Counter-Force*-Waffen soll abermals ihren defensiven Charakter unterstreichen. Daran knüpfen westliche Militärexperten die Erwartung, daß die Sowjetunion nicht mit großkalibrigen Atomwaffen antwortet, sondern das Signal der NATO, die Eskalation unter Kontrolle zu halten, begreifen und honorieren werde.
Diese Annahme ist jedoch wiederum eine Rechnung ohne den Wirt, sprich den Gegner, die in zahlreichen Varianten die ganzen Eskalations- und Reaktionsthesen durchzieht. Man geht davon aus, daß sich der Gegner in einer bestimmten Situation stets so verhalten werde, wie man das von ihm erwartet, und baut auf diese Annahmen ein schönes Aktions- bzw. Reaktionsmodell auf. In Wirklichkeit weiß niemand, wie die sowjetische Militärführung reagieren wird, wenn atomare *Cruise Missiles* mit noch so großer Präzision auf ihrem Territorium explodieren. Vermutlich wird sie mit den Waffen zurückschlagen, die ihr zur Verfügung stehen, also mit großkalibrigen und weniger präzisen, sofern sie nicht bereits versucht, in einem Erstschlag, also viel früher, als in den Eskalationsmodellen der NATO vorgesehen, diese gefährlichen Waffen auszuschalten. Im übrigen gilt der defensive Charakter der *Cruise Missiles* nur sehr bedingt und allenfalls dann, wenn man dieses Waffensystem isoliert betrachtet. Im Verbund mit den anderen Systemen wie der *Pershing-II,* den französischen Waffen, den U-Boot-Raketen sowie den Flugzeugen könnten *Cruise Missiles* sehr wohl wichtige Funktionen innerhalb eines Erstschlages der NATO übernehmen, zumindest aus sowjetischer Sicht. Unbewegliche militärische Ziele wie Flugplätze, Verkehrsknotenpunkte, Marinebasen, Depots, Kommando- oder Kommunikationszentren, Hauptquartiere oder auch die *SS-4* und *SS-5,* die erst nach geraumer Zeit einsatzfähig gemacht werden können, lassen sich durchaus überfallartig ausschalten. Vor allem die Kombination vorzüglicher Eigenschaften wie niedrige Flughöhe, mithin erschwerte oder verzögerte Ortung nach dem Abschuß, Allwetterfähigkeit, Einsatzfähigkeit auch bei Nacht

usw. steigern die Einsatzmöglichkeiten der *Cruise Missiles* als Waffe für einen Erstschlag.

Die absehbaren Konsequenzen des »Nachrüstungsbeschlusses« liegen auf der Hand und lassen sich nunmehr nach den angestellten Überlegungen summarisch zusammenfassen.
Die *Pershing-II,* vor allem aber die *Cruise Missiles* sind qualitativ neue Waffen von höchster Technologie. Technologischer Vorsprung aber trägt in sich das Prinzip des Wettlaufs und Wettrüstens, wie die Geschichte der Waffenentwicklung seit 1945 zeigt. Der technologische Rüstungswettlauf destabilisiert das Gleichgewicht, nicht zuletzt deshalb, weil er ständig neue Optionen und Einsatzmöglichkeiten für Waffensysteme schafft. Während die Spitzentechnologie im konventionellen Bereich aus naheliegenden Gründen den Verteidiger begünstigt und schon in absehbarer Zukunft jeden Angriff mit noch so mobilen Panzer- oder Schützenpanzerverbänden ad absurdum führen wird, begünstigt sie bei den atomaren Waffen und Trägersystemen, Raketen oder Marschflugkörpern Angriffskonzepte. Die Präzision und Mobilität atomarer Trägersysteme, etwa dank des *MIRV-* oder des *MARV*-Systems, schuf die Option des Erstschlages, begrenzt auf das militärische Potential des Gegners. Damit erscheint ein Nuklearkrieg wieder führbar, die Abschreckung verliert an Schrecken, Gewalt wird wieder als Mittel der Politik denkbar. Die Technologie bestimmt also militärische Strategien, und diese beeinflussen und verändern die Politik. Der Primat der Politik droht verloren zu gehen.
Die eurostrategischen Waffen sind ein wesentlicher Bestandteil dieser Entwicklung, sie beschleunigen den Rüstungswettlauf, destabilisieren das Gleichgewicht, schaffen im Verbund mit den vorhandenen Potentialen Angriffsoptionen und beschwören vor allem die Gefahr der Unkontrollierbarkeit eines Atomkrieges in Europa herauf. Der »Nachrüstungsbeschluß« der NATO berücksichtigt nicht die Sicherheitsinteressen der Sowjetunion (und – vom Standpunkt der Vernunft aus – auch nicht die der Bundesrepublik).
Aus der Sicht der Sowjetunion stellt sich die Bedrohung etwa folgendermaßen dar: Im Falle eines militärischen Konflikts verfügt der Westen, verfügen vor allem die USA, über eine Vielzahl von Optionen; beispielsweise können die Vereinigten Staaten Zeit, Ort, Qualität, Eskalationsstufe und Intensität von konzentrischen Angriffen gegen die Sowjetunion außerhalb Europas bestimmen, dank der über 380 Militärstützpunkte, die die Sowjetunion einkreisen und die es den USA gestatten,

beliebig viele Kriegsschauplätze zu eröffnen. Die Sowjetunion sieht sich einer globalen konzentrischen Angriffsoption gegenüber. Ihr riesiges Staatsgebiet mit den langen Grenzen ist nicht zu verteidigen, abgesehen davon, daß die Koordination der Abwehr oder der Gegenmaßnahmen an mehreren Kriegsschauplätzen angesichts der Neigung, die militärische Führung und Entscheidung zu zentralisieren, nicht organisiert werden könnte, zumindest nicht ohne schwerwiegende Pannen. Kommunikations- und Entscheidungssysteme brächen vermutlich rasch zusammen.

Schließlich muß die Kremlführung damit rechnen, daß China die Chance einer militärischen Verwicklung der Sowjetunion in Europa militärisch zu seinen Gunsten nutzt, zumindest starke sowjetische Kräfte bindet. Langfristig gesehen ist das chinesische nukleare Potential eine starke Bedrohung für die Sowjetunion. Die Sowjetunion fühlt sich nicht nur eingekreist, sie ist es.[279]

Auch die geographische Lage in Europa begünstigt keineswegs einen großangelegten sowjetischen Angriff. Die Organisierung und Koordinierung von militärischen Vorstößen vom Nordkap bis zur Türkei überfordert jede militärische Planungs- und Entscheidungsstruktur, selbst wenn die Entscheidungskompetenzen auf Bataillons- und Regimentsebene erheblich verstärkt und vermehrt worden sind. Die Reaktionsfähigkeit von Stäben auf allen Ebenen würde angesichts der Geschwindigkeit des Ablaufs der Kampfhandlungen restlos überfordert. Die Informationsübermittlung könnte im optimalen Falle zwar Schritt halten, nicht aber die Selektion von Informationen bzw. die Informationsverarbeitung durch die militärische Führung, um die jeweils angemessenen und notwendigen Entscheidungen zu treffen, trotz des computerisierten Standards der Informationsübermittlung und -verarbeitung; schließlich zielt die moderne Waffenentwicklung auch und gerade gegen das Kommunikationssystem des Gegners. Vollends würde ein nuklearer Schlagabtausch zum Zusammenbruch der Kommunikationssysteme führen, wobei wiederum der Angreifer benachteiligt wäre; denn Angriffsoperationen sind weitaus stärker als Verteidigungsaktionen auf ein Funktionieren des Kommunikationssystems und auf einen weitgehenden Ablauf nach vorprogrammierten Plänen angewiesen. Der Verteidiger kann mit Erfolg improvisieren, der Angreifer kann es nur begrenzt.

Ein Angriff des Warschauer Pakts gegen Westeuropa wäre mithin von so komplexer, differenzierter Struktur und mit so eminenten – nicht zuletzt auch organisatorischen – Schwierig-

keiten verbunden, daß schlechterdings keine Kommunikation und Organisation denkbar wäre, die die erfolgreiche Führung eines solchen Angriffs erlaubten. Nicht, weil die Technik versagte, sondern weil der Mensch überfordert wäre. Im übrigen hat nicht nur die NATO mit der Türkei eine »weiche« Südflanke, sie ist für die Sowjetunion ebenso weich. Ein Angriff gegen die NATO würde die Massierung der Kräfte des Warschauer Pakts in Mitteleuropa erforderlich machen (bei entsprechend langer Vorwarnzeit), um im Zentrum des Kriegsschauplatzes einen Durchbruch zu erzielen. Eine handstreichartige und rasche Eroberung der Türkei (und Griechenlands) erscheint bei realistischer Einschätzung ausgeschlossen. Andererseits aber können von der Türkei aus wichtigste Industriegebiete der Sowjetunion bedroht und zerstört werden. Diese Bedrohung verstärkt sich naturgemäß durch die Wahrscheinlichkeit eines Einsatzes nuklearer Waffen. Die Nähe der Türkei zur Sowjetunion bringt es mit sich, daß nuklearfähige Flugzeuge wie schon die Phantom *F-4,* die in Europa nur beschränkt tauglich wären, zu einer verheerenden Waffe würden.
Trotz dieser nur kurzen und unvollständigen Skizze dürfte deutlich geworden sein, daß sich aus der Sicht der Sowjetunion, des angenommenen Gegners, die reale Bedrohung durch die NATO viel schärfer darstellt, als sie im Westen wahrgenommen, ja für möglich gehalten wird. Jede Macht aber bestimmt ihre Rüstungsanstrengungen sowie Strategie und Taktik nach der wahrgenommenen Bedrohung, natürlich unabhängig davon, ob diese Bedrohungswahrnehmungen realistisch sind oder irrational. Bei einer psychotischen Disposition erscheinen alle Bedrohungen realistisch und hochaktuell. Davon abgesehen läßt sich nicht leugnen, daß die als wahrscheinlich skizzierte Einschätzung der Bedrohung aus sowjetischer Sicht nach Würdigung aller Faktoren ziemlich realistisch erscheint. Dabei sind einige wesentliche Faktoren noch nicht einmal berücksichtigt, beispielsweise der als gering eingestufte Kampfwert der Armeen der sowjetischen Bündnispartner.
Überlegungen und Spekulationen westlicher Experten über die Fähigkeit des Warschauer Pakts, vor allem der Sowjetunion, zu lokal begrenzten, konventionellen Aktionen »aus dem Stand«, gewissermaßen um Faustpfänder zu nehmen, offenbaren in diesem Zusammenhang einen bemerkenswert vielfältigen Realitätsmangel, der vor allem zu keinerlei politischer Reflexion führt. Theoretisch wäre die Rote Armee sicher zu solchen Aktionen in der Lage, wenngleich das militärische Risiko angesichts des relativ hohen Grades an Einsatzbereitschaft und

Mobilität der NATO-Armeen enorm wäre und letztlich nicht sicher zu kalkulieren ist. Wichtiger aber erscheint, daß eine militärische Faustpfandpolitik die sowjetischen Sicherheitsbedürfnisse nicht stärken, sondern im Gegenteil akut gefährden würde, indem sie den an Ressourcen überlegenen Westen alarmierte und zur Mobilisierung aller verfügbaren Potentiale zwänge. Kein Faustpfand ist denkbar, weder West-Berlin noch sonst eines, dessen Besitz für die Sowjetunion von so großem Nutzen wärc, daß er die zahlreichen langfristigen Nachteile aufwöge. Als Resümee kann auf General *Wolf Graf Baudissin* verwiesen werden, der erklärte: »Eine Lücke im konventionellen oder taktischen Kernbereich ist nach meiner Auffassung nicht vorhanden.«[280] *Baudissin* betont, daß er sich dabei »im Einklang mit der militärischen Lagebeurteilung in Bonn und Casteau« (dem NATO-Hauptquartier) befinde.[281] Dem *worst-case*-Denken im Rahmen der Abschreckungstheorie erscheint – auf beiden Seiten – das Handeln der gegnerischen Supermacht als berechnete Strategie, zumindest als Verfügung über eine Vielzahl politischer und militärischer Optionen, während das eigene Lager über keine solchen Optionen verfügt und daher gezwungen ist, ständig zu reagieren. Die Sowjetunion weiß, daß ihre militärischen Optionen begrenzt sind.[282] Die präzisionsgelenkte Munition (PGM), über die die NATO heute schon verfügt und die laufend verbessert wird (bis zum Grundsatz »fire and forget« unter allen denkbaren Bedingungen[283]), machen konventionelle Armeen für den Angriff zunehmend untauglich, auf Dauer sogar zum »Papiertiger«. Außerdem sind sie »ein großer Schritt . . ., die Schwelle zum nuklearen Massenselbstmord anzuheben, da wir damit den Sowjets versichern, daß wir keine Absicht haben, als erste gegen sie Nuklearwaffen einzusetzen«, so US-General *Eduard B. Atkeson.*

Die »Panzerdebatte« in der sowjetischen Militärliteratur zu Beginn und bis Mitte der 70er Jahre kann als Indiz dafür gelten, daß sich die sowjetischen Militärplaner dessen bewußt sind. Erhöhung des Motorisierungsgrades der operativen Verbände, Steigerung der Mobilität, der Feuerkraft, Änderungen der Taktik, Schwerpunktbildung, Kompetenzverlagerung auf die Bataillons- und Regimentsebene, ändern mittelfristig nichts an der Tatsache. Das moderne Schlachtfeld wird zunehmend automatisiert, die Trefferwahrscheinlichkeit nähert sich der 100-Prozent-Marke. Darüber hinaus zeigen auch einige Vereinbarungen im Rahmen der Entspannungspolitik seit 1969, daß die Sowjetunion auf die Option eines »Angriffs aus dem Stande« offenbar verzichtet hat. Denn angesichts des relativ dichten

Reise- und Besucherverkehrs aus dem Westen in die DDR oder in andere WP-Staaten würden größere militärische Operationen schon im Vorstadium entdeckt werden. Die Vorwarnzeit ist also lang. Dies zeigt auf sehr praktische Weise, daß die Ostpolitik der SPD/FDP-Regierung den Kreml auch zu militärischen Konzessionen bewogen hat, was die Sicherheit in Europa gestärkt hat.

Der Verteidiger wird also durch die Entwicklung der modernen Waffentechnologie auf konventionellem Gebiet begünstigt. Das trägt entscheidend zur Sicherheit der westeuropäischen Staaten in Europa bei. Die Abschreckungsfunktion der modernen Waffentechnologie ist enorm und läßt einem Angreifer keine Chance, dem permanenten Lamento auf westlicher Seite über das wachsende Potential des Warschauer Paktes zum Trotz, bei dem es sich nicht um nüchtere Realitätseinschätzung handelt, sondern um *worst-case*-Denken, um psychotische Annahmen, vielleicht aber auch um den Versuch, durch ständige Schwarzmalerei und Übertreibung der gegnerischen Möglichkeiten den lukrativen Rüstungswettlauf in Gang zu halten, indem man ihn durch Weckung von Angst legitimiert. Dies wäre dann doch eine sehr nüchtern kalkulierte Strategie der Manipulation. Nach übereinstimmender Ansicht müßte der Warschauer Pakt im Verhältnis von 3 : 1 überlegen sein, wenn er sich von einem Angriff gegen die NATO in Mitteleuropa einen Gewinn versprechen wollte, das nukleare Eskalationsrisiko einmal nicht berücksichtigt. Der Warschauer Pakt erreicht diese Überlegenheit bei keiner einzigen Waffengattung[284] und keinem einzigen Waffensystem, weder numerisch noch vor allen Dingen dann, wenn qualitative Kriterien zugrunde gelegt werden.[285] Die *PGM*-Munition *(Precise Guided Munition)* hat das Verhältnis dramatisch zugunsten der NATO verändert. Während des Manövers »*Constant Enforger*« Mitte September 1979 in Hessen betonte der Befehlshaber der Armeegruppe Mitte, US-General *Frederick J. Kroesen,* die ständigen Hinweise auf die »überwältigende Überlegenheit« des Warschauer Paktes könnten ihn nicht beeindrucken. Ein Aggressor müßte nunmehr in einem Verhältnis von 6 : 1 angreifen, um einen Erfolg kalkulieren zu können, »bei einem Verhältnis von 3 : 1 ist dagegen der Erfolg fast schon für den Verteidiger garantiert.« *Kroesen* meinte, man dürfte sich schon auf diese Tatsachen verlassen.[286] Die Zeiten, wo eine auch zahlenmäßig unterlegene Armee Erfolgschancen hatte, wenn sie hochmobil war, Angriffsschwerpunkte bildete und den Überraschungsmoment ausnutzen konnte, wie beispielsweise beim

Angriff der Wehrmacht gegen die Sowjetunion, sind längst vorbei.
Die wachsende Abschreckungsfähigkeit der NATO auf konventionellem Gebiet vermindert adäquat die des Warschauer Paktes. Denn Streitkräfte, die keine Chance haben, stellen keine Abschreckung dar, die Drohung mit ihrem Einsatz ist nicht glaubwürdig. Die Offensivstruktur der Warschauer-Pakt-Armeen sollte nicht darüber hinwegtäuschen, daß dadurch die Verteidigungsfähigkeit des östlichen Lagers gesichert und keine Option für den Angriff, etwa zur Durchsetzung politischer Ziele, beansprucht wird. Die offensive Struktur zum Zwecke der Verteidigung hat historische Ursachen, etwa die Erfahrungen aus dem Zweiten Weltkrieg.[287] Bislang konnte Moskau die psychotischen Übertreibungen auf westlicher Seite politisch nutzen und so tun, als seien die konventionellen Streitkräfte des Warschauer Pakts ein Instrument der Abschreckung. Paradoxerweise ist es die kollektive Psychose des Westens, die den konventionellen Streitkräften des Warschauer Pakts die Glaubwürdigkeit als ernsthafte Option verleiht. Der Westen schreckt sich mithin einstweilen selber ab.
Konventionelle Stabilität in Europa schließt aber gleichwohl keineswegs politische Krisen aus, die in militärische Konflikte umschlagen könnten, wobei die Konfliktursachen durchaus außerhalb Europas liegen können. In einem solchen Fall scheint eine bedenkliche Dialektik aufzutauchen: Gerade die drastische Verminderung der sowjetischen Optionen auf konventionellem Gebiet durch die moderne Waffentechnologie steigert die Eskalationsgefahr eines nuklearen Konfliktes in Europa. Die atomare Schwelle wird erheblich gesenkt.
Diese Gefahr wird durch zwei Faktoren entscheidend vergrößert. Einmal durch die Bereitstellung von Nuklearwaffen, die sich für einen Erstschlag gegen militärische Ziele eignen, nicht zuletzt gegen das nukleare Potential des Gegners. Jede Seite wird daher bestrebt sein, diesen Entwaffnungsschlag auch zu führen, wobei der Zeitpunkt nicht mehr auch nur halbwegs zuverlässig kalkuliert werden kann. Das ist eine grundsätzliche, aber eher theoretische Wahrscheinlichkeit.
Das zweite Gefahrenmoment, womöglich als noch schwerwiegender einzuschätzen, ist praktischer Natur und ergibt sich aus der Bedrohung der Sowjetunion mit eurostrategischen Waffen, die Moskau jedoch als strategische definiert – mit guten Gründen, wie dargelegt. Da sich die Sowjetunion als zweite Supermacht versteht und somit die USA als ihren Hauptkonkurrenten, könnte sie das Risiko schwerlich eingehen, bereits durch

einen Nuklearkrieg in Europa so schwer getroffen zu werden, daß sie ihren Status als Konkurrent der USA verlöre (angesichts der zu erwartenden horrenden Verluste würde daran auch die Tatsache nichts ändern, daß nach einem eurostrategischen Atomkrieg das strategische Potential der Sowjetunion intakt bliebe).

Wenn die Sowjetunion nach herkömmlichem Muster auf den »Nachrüstungsbeschluß« der NATO reagiert, und die bisherigen Äußerungen maßgeblicher Vertreter des Kreml deuten darauf hin, wird sie ihr eurostrategisches Potential auch quantitativ gewaltig steigern, um ihr eigenes Risiko im Ernstfall zu vermindern. (Vgl. den Konfliktforscher *Mechtersheimer:* »Die Sowjetunion würde ihr dann eintretendes qualitatives Defizit durch zusätzliche Mengenrüstung zu kompensieren suchen, so daß die sicherheitspolitische Lage des Westens nach dem Rüstungsschritt der NATO schlechter wäre als zuvor. Die sogenannte Modernisierung der westlichen atomaren Rüstung wird für die Bundesrepublik zu einem selbstschädigenden Ergebnis führen.«[288]). Dies wäre jedoch trotzdem nur dann möglich, wenn gleichzeitig die atomare Schwelle erheblich gesenkt würde, was nur bedeuten kann, daß das Vernichtungsrisiko der westeuropäischen NATO-Mitglieder sowohl zeitlich vorverlegt als auch dramatisch gesteigert würde. Dazu trägt in erheblichem Maße gerade auch die technische Raffinesse der geplanten und beschlossenen eurostrategischen Waffen bei; ihre Mobilität wird von der Sowjetunion die Bereitstellung größerer nuklearer Potentiale erfordern. »Doch nicht nur die größere Zahl an Zielen macht eine Verstärkung des sowjetischen Mittelstrecken-Potentials wahrscheinlich, auch die höhere Mobilität der neuen westlichen Waffen wird die Sowjetunion zu größeren Anstrengungen veranlassen. Der vermeintliche Vorteil der Mobilität der neuen Systeme schlägt also um in eine größere Gefährdung des Stationierungslandes. Auch die Differenzierung des NATO-Votums zwischen genereller Produktion und dem Umfang bedingter Stationierung würde eine sowjetische ›Nachrüstung‹ nicht verhindern können, zumal die neuen amerikanischen Waffen eine ›Überprüfung der Zielplanung für den Konfliktfall und die Hinzufügung neuer Ziele notwendig‹ machen.«[289] *Horst Afheld* teilt diese Ansicht seines Kollegen *Mechtersheimer:* »Die *Pershing-II* würde voraussichtlich im europäischen Kampfgebiet unter den heutigen Möglichkeiten der Luftaufklärung gar nicht erst zum Schuß kommen, sondern von Raketen, etwa den sowjetischen *SS-20,* nuklear vernichtet und mit ihr große Teile unserer Zivilbevölkerung.«[290] Die

flächendeckenden, explosionsstarken nuklearen Waffen erhalten plötzlich wieder eine militärische Funktion. Die »Nachrüstung« schafft für die Sowjetunion de facto endgültig die Situation der strategischen Zwei-Fronten-Bedrohung. Entsprechend wird ihr das strategische Prinzip aufgedrängt, eine Front mit allen verfügbaren Mitteln auszuschalten, notfalls sogar prophylaktisch durch einen vorbeugenden Erstschlag, nach dem Motto: Angriff ist die beste Verteidigung. Nach Lage der Dinge, d. h., nach Abwägung der Risiken und der realistischen Optionen, wird dieses Ziel im Kriegsfall Europa sein.
Der Nachrüstungsbeschluß drängt also die Sowjetunion in eine schwierige Situation. Zusätzlich zu den akuten Bedrohungsängsten der sowjetischen Führung steigert er eine aktuelle bestehende Bedrohung: Er nimmt der Sowjetunion die Möglichkeit, im ohnehin begrenzten Rahmen der Abschreckungskonstellation ihre Interessen in ähnlichem Maße wie die USA noch wahrnehmen zu können. Die Sowjetunion wird im Konfliktfalle aus dem Krisenmanagement heraus und in eine Kapitulationssituation gedrängt. Da auch die sowjetische Führung vor Fehlannahmen nicht gefeit ist, wie die Invasion Afghanistans zeigt, und ebenso dem *worst-case*-Denken unterliegt, würde die Realisierung der eurostrategischen »Nachrüstung« durch die NATO dem längst befürchteten Szenario einen hohen Grad an Wahrscheinlichkeit verleihen, daß Reaktionen auf Fehlannahmen und psychotische Wahrnehmung einen nuklearen Weltbrand, zumindest aber die Vernichtung Westeuropas auslösen. Auf das Risiko der USA, das sich aus dem Einsatz eurostrategischer Waffen gegen die Sowjetunion ergäbe, wurde bereits mehrfach hingewiesen. Da ihr Einsatz unter der Verantwortung der USA erfolgen würde, sind sie für Moskau strategische Waffen. Sollten eurostrategische Waffen von europäischem Boden aus zum Einsatz gelangen, würde der globale strategische Weltkrieg eröffnet, sofern die sowjetische Führung nicht doch noch im letzten Augenblick zurückschreckte. Aber eine solche Annahme wäre blanke Spekulation und in ihrer Gefährlichkeit verantwortungslos. An den erwähnten Versicherungen sowjetischer Politiker und Experten sollte kein Zweifel bestehen; man muß sie als glaubwürdig voraussetzen.

Die Einschätzungen auf seiten der Vereinigten Staaten sind zunächst außerordentlich widersprüchlich. Teils wird die brisante Problematik der eurostrategischen Waffen, nämlich ihre de facto-Identität mit strategischen, erkannt, teils wird sie geleugnet oder gar verdrängt.

Für *McGeorge Bundy,* den früheren Sicherheitsberater der Präsidenten *Kennedy* und *Johnson,* spielt die Kategorie der Atomwaffen, die gegen die Sowjetunion gerichtet sind, keine Rolle. Ob eurostrategische oder strategische, das Risiko sei allemal ein strategisches, daher befreie die Stationierung eurostrategischer Waffen weder die Europäer noch die Vereinigten Staaten aus dem Dilemma der Glaubwürdigkeit der amerikanischen Nukleargarantie. »Viele Jahre lang waren die wichtigsten Waffen der NATO die ihr zugeordneten amerikanischen Unterseeboote«, erklärte *Bundy* Anfang September 1979 vor der Jahresversammlung des Londoner *IISS,* »und sie waren wiederum nur so zuverlässig wie die amerikanische Garantie. Diese Realität kann durch die Stationierung neuer Mittelstreckenwaffen zu Lande nicht verändert werden, und es gibt keinen Grund dafür, daß die Amerikaner diese Stationierungsart ihren Alliierten aufzwingen. Genausowenig kann die grundlegende Garantie am besten dadurch gemessen werden, daß die Zahl der von den USA kontrollierten Mittelstreckenwaffen in der NATO allein mit der *SS-20* und dem *Backfire* verglichen wird. Wenn wir uns ins Gedächtnis rufen, daß diese strategische Welt zwangsläufig bipolar ist, dann müssen wir erkennen, daß im Falle einer ernsten Spannung weder Washington noch Moskau überhaupt in der Lage ist, solche Waffen als eine getrennt einsetzbare oder als eine begrenzte Streitmacht zu betrachten. Jede von den Amerikanern kontrollierte Waffe, die die Sowjetunion erreichen kann, wird mit großer Wahrscheinlichkeit für diese keinerlei Unterschied machen. Daraus folgt, daß der strategische Schutz für Europa so stark oder so schwach wie die amerikanische strategische Garantie ist, unabhängig davon, welche amerikanischen Waffen durch die NATO stationiert sind.«[291]

Der stellvertretende Direktor des *IISS, Gregory Treverton,* pflichtet dieser Ansicht bei: »Es gibt kaum einen analytischen Grund für das Argument, daß der Präsident der Vereinigten Staaten, der mit sowjetischen Truppen konfrontiert ist, dic dabei sind, Westeuropa zu überrennen, mit größerer Wahrscheinlichkeit den Knopf mit der Aufschrift ›landgestützte Marschflugkörper‹ (oder ›Mittelstreckenraketen‹) in Mitteleuropa drücken würde, als daß er den Kampf für die der NATO zugeordneten, auf U-Booten stationierten Fernraketen betätigen würde.«
Im Klartext heißt dies, der amerikanische Präsident wird weder den einen noch den anderen Knopf drücken, weil er damit den

strategischen Krieg auslöst und die Existenz der Vereinigten Staaten als Nation aufs Spiel setzt. Die Einschränkung sei allerdings hinzugefügt: sofern er einen Funken Verstand und Verantwortung besitzt. Inwiefern diese Einschränkung, die ein gewisses Maß an unwägbarer Irrationalität birgt, auf die sowjetische Führung abschreckend wirkt, kann schwerlich abgeschätzt werden.

Entgegengesetzter Ansicht ist der frühere Außenminister *Henry Kissinger.* Er versetzte den NATO-Partnern Anfang September 1979 während einer Konferenz von NATO-Politikern und Experten einen gehörigen Schock, als er kategorisch feststellte, die USA würden auf keinen Fall ihre strategischen Waffen zur Verteidigung Europas einsetzen. »Es ist absurd, die Strategie des Westens auf die Glaubwürdigkeit des gegenseitigen Selbstmordes zu stützen.«[292] *Kissinger* gab den Europäern den guten Rat, die USA nicht immer wieder zu strategischen Garantieversprechen zu nötigen, weil solche Zusagen angesichts der verheerenden Wirkung dieser Waffen, die die Vernichtung der Menschheit bedeuteten, nicht einmal erwogen werden könnten, weil sie nicht ausführbar seien.[293]

Als Lösung des Dilemmas forderte der Ex-Außenminister von den Europäern, der »Nachrüstung« zuzustimmen und weitreichende Mittelstreckenwaffen auf ihrem Territorium zu stationieren, gewissermaßen für ein eigenes atomares Abschreckungssystem – oder im Kriegsfalle Vergeltungssystem – zu sorgen, um die USA von ihrem Risiko, das sie ohnehin nicht eingehen würden, zu entlasten.

Kissingers Forderung, die sich mit der von Bundeskanzler *Schmidt* deckt, wäre logisch, wenn die eurostrategische Streitmacht in die ausschließliche Verfügungsgewalt und Verantwortung der europäischen NATO-Partner gestellt würde, wie etwa im Falle Frankreichs. Dann wären die USA der Verpflichtung ledig. Doch da dies nicht der Fall sein wird, die USA vielmehr die letzte Entscheidungsbefugnis behalten werden, entpuppt sich *Kissingers* (und *Schmidts*) Gedankengang als Scheinlogik; das Risiko der USA, mit dem Einsatz eurostrategischer Waffen den strategischen Weltkrieg zu beginnen und damit ihre eigene Existenz aufs Spiel zu setzen, bleibt unvermindert bestehen. Das Dilemma wird also lediglich von der strategischen Ebene auf die eurostrategische herabgesetzt, um dort als ungelöst weiter zu bestehen.

Wer also wie *Kissinger* die strategische Nukleargarantie der USA in Zweifel zieht, der kann realistischerweise nicht davon ausgehen, daß die Vereinigten Staaten eine »eurostrategische Nukleargarantie« glaubwürdig abgeben können, da es sich nur scheinbar, nur formal-theoretisch um zwei verschiedene Eskalationsebenen handelt; de facto liegt nur eine vor, eben eine strategische.

Weniger präzise, aber für besorgte europäische Ohren nicht weniger beunruhigend, klingen die Vorstellungen von US-Außenminister *Harold Brown*. Wie *Kissinger* scheint er eine strategische Nukleargarantie nicht für realistisch zu halten, trotz einer Fülle gegenteiliger Versicherungen, die als jene Nötigung durch die Europäer verstanden werden können. In seinem bereits erwähnten Jahresbericht sagte er jedenfalls: »Von der Interessenlage der Vereinigten Staaten her betrachtet, braucht die NATO ihre eigene Triade (zur Unterscheidung von der Triade der Streitkräfte der Vereinigten Staaten). Um die Sicherheit Westeuropas gewährleisten zu können, muß die NATO-Triade über nuklearstrategische Streitkräfte *TNF* und nicht-nukleare Streitkräfte verfügen.«[294]
Brown unterscheidet also zwischen strategischen Streitkräften der USA, die offenbar nicht für die Verteidigung Westeuropas gedacht sind, und nuklearstrategischen Streitkräften »der NATO«, womit eurostrategische Waffen gemeint sein dürften. Damit aber wäre ausgesagt, daß sich die USA von einem künftigen nuklearen Szenario in Europa abkoppeln, ohne daß auch *Brown* das Dilemma mit scheinlogischen Argumenten lösen könnte.
Für die Europäer werfen die Abkoppelungsthesen der beiden US-Politiker gleichwohl erhebliche Konsequenzen auf.[295] Sie fühlen sich nämlich sitzengelassen. Darüber hinaus dürften sich die Zweifel an der strategischen Nukleargarantie der USA, die nach den Aussagen *Browns* und *Kissingers,* aber auch anderer Politiker, zur Gewißheit geworden sind, nunmehr auch an der »eurostrategischen Nukleargarantie« ergeben, denn auch diese können ausschließlich die USA abgeben und nur sie können sie im Kriegsfall einlösen. Ob tatsächlich dadurch »eine Verlagerung des Atomrisikos von den USA auf Europa begünstigt würde«, wie *Mechtersheimer* annimmt[296], oder ob die USA ihr Risiko von der strategischen Eskalationsstufe auf die eurostrategische verlagern, hängt von der Perzeption der Sowjetunion und ihrer Reaktion ab.
Unzweifelhaft dürfte allerdings nunmehr feststehen, daß eine Realisierung des »Nachrüstungsbeschlusses« die Sicherheit Westeuropas in dramatischer Weise vermindern würde. Diese

572 zusätzlichen Waffen bilden lediglich neue Ziele für sowjetische Angriffe und Entwaffnungsschläge, ohne daß darüber hinaus garantiert wäre, daß die USA die anderen eurostrategischen Waffen, etwa die *Poseidon*-Raketen, als Reaktion einsetzen und überhaupt nuklear die Sowjetunion angreifen würden. Eine Verwirklichung des Nachrüstungsbeschlusses würde mithin das Vernichtungsrisiko für Westeuropa drastisch steigern, ohne daß sie ein Quentchen mehr Abschreckung der Sowjetunion und damit »Sicherheit« bedeutete. Vor allem aber würde die Kalkulierbarkeit künftiger und durchaus denkbarer Konflikte kaum noch gegeben sein, ein Krisenmanagement unmöglich werden. Die Steigerung des sowjetischen eurostrategischen Potentials und die latente Gefahr eines Erstschlages würde Westeuropa erst recht, samt den 572 neuen Waffen, erpreßbar machen, sofern es Moskau darauf anlegen sollte.[297]
»Der Plan ist mit den Kriterien des Abbaus selbstmörderischer Drohungen unvereinbar«, meint der Philosoph und Physiker *Carl-Friedrich von Weizsäcker*. Es ist alarmierend, wie Politiker wie Bundeskanzler *Schmidt* innerhalb weniger Jahre realistische Positionen zugunsten illusionärer und irrationaler Annahmen geräumt haben. In seinem Buch »*Verteidigung oder Vergeltung*« schrieb *Schmidt*, als nehme er vor mehr als 15 Jahren die gegenwärtige Situation vorweg: »In einer derartigen Entwicklung läge aber gleichzeitig eine ausgesprochen aggressive Provokation gegenüber der sowjetischen Führung, da jedermann weiß, daß einstweilen alle in Europa installierten Mittelstreckenraketen nur zum *first-strike*, niemals aber zum *second-strike* geeignet sind.«[298] Zwar plädierte *Schmidt* damals in seinem Buch für das Prinzip der Abschreckung (nicht aber für den Einsatz nuklearer Waffen, da eine Verteidigung Europas »durch solche Waffen« nicht möglich sei), aber der Nachrüstungsbeschluß erhöht gerade auch die Abschreckung gegenüber der Sowjetunion nicht, wegen des Garantie- und Risikodilemmas der USA und der latenten *first-strike*-Drohung der Sowjetunion. Es ist anzunehmen, daß Moskau das Risiko der USA realistisch einschätzt, d. h., der Abschreckungswirkung künftiger eurostrategischer Waffen keine allzu große Glaubwürdigkeit beimißt. Da jedoch auch die sowjetische Führung vom *worst-case* ausgeht, also von der denkbar schlechtesten und für sie ungünstigsten Annahme, wird ein kräftiger Rüstungsschub ausgelöst, denn nunmehr wird sich auch der Kreml zu einer neuen »Nachrüstung« »gezwungen« sehen.
Die Spiralen des Rüstungswettlaufs bestehen offenbar aus lauter »Nachrüstungen«.

Man muß sich fragen, welche »eigentlichen«, unbekannten Motive die für diesen »Nachrüstungsbeschluß« mitverantwortlichen Mitglieder der Bundesregierung bewogen und geleitet haben. Es fällt schwer, ihnen und ihren Beratern zu unterstellen, die Konsequenzen, etwa im Hinblick auf eine drastische Verminderung der Sicherheit Westeuropas sowie des erhöhten Vernichtungsrisikos im Kriegsfalle, übersehen oder die Konsequenzen für eine Verschlechterung des Ost-West-Verhältnisses einschließlich einer Gefährdung der Ostpolitik nicht bedacht zu haben. »Gerade in einer Phase, in der durch weltweite neue Probleme der Ost-West-Konflikt an realer Bedeutung verliert, wird durch einen rüstungspolitischen Schritt eine politische Konfrontation begünstigt, deren Anlaß selbst in den härtesten Phasen des Kalten Krieges vermieden werden konnte. Es ist nicht zu erkennen, weshalb sich die Bundesrepublik für diese drohende Verschärfung, deren Folgen sie mehr als jedes andere Land treffen würden, mitverantwortlich machen soll. Die sogenannte Modernisierung dient nicht der militärischen Sicherheit, sie schadet ihr. Selten hat es eine Rüstungsmaßnahme des Westens gegeben, die so eindeutig mit einer am Frieden orientierten Außenpolitik unvereinbar ist«, schreibt *Alfred Mechtersheimer.*[299] Hat man sich in Bonn der Illusion hingegeben, auf dem Umweg über ein eurostrategisches Engagement der USA diese doch noch de facto in ein nukleares Garantieverhältnis zwingen zu können, in ein »gemeinsames Boot«[300] oder gar in eine »Schicksalsgemeinschaft« des westlichen Bündnisses? Oder hat sich die Bundesregierung letztlich dem massiven Druck Washingtons beugen müssen, wofür einige Indizien sprechen?

Andererseits war sie neben Washington derjenige Verbündete, der am nachdrücklichsten für eine »Nachrüstung« eingetreten ist und sogar Disziplinierungsaufgaben bei zögernden Partnern wie den Holländern, Belgiern und Dänen übernommen hat. Wollte gar die sozial-liberale Koalition vor der deutschen Öffentlichkeit unter dem massiven permanenten Druck der CDU/CSU-Opposition endgültig den Nachweis erbringen, daß sie die Sicherheitsinteressen ebenso wirkungsvoll vertreten kann, mit Maßnahmen, die manchen Deutschen immer noch beeindrukken? Wird das Hochspielen der eurostrategischen Problematik durch Bundeskanzler *Schmidt* etwa gar insgeheim bedauert, weil es zu Konsequenzen führte, die man so in Bonn nicht gewollt hat, aber möglichst glaubwürdig durchziehen mußte, nachdem eine gewisse Automatik einsetzte? Oder wollte die Bundesregierung nach dem vorläufigen Scheitern der Neutronenwaffe die aus ihrer Sicht verminderte »Glaubwürdigkeit« oder gar »Handlungsfähigkeit« der NATO, demonstrativ und egal um welchen Preis, wieder herstellen, damit die Sowjets nicht zu schwerwiegenden Fehlannahmen verleitet würden? Keine dieser Fragen läßt sich eindeutig beantworten. Zurück bleiben Ratlosigkeit und eine Menge Indizien für die Annahme, daß kollektive psychotische Dispositionen die Rationalität der Analyse und des Handelns trüben, in einem Ausmaß, das erschrecken läßt und offenbar noch nicht voll erkannt worden ist.

Exkurs I:
Beruht das Abschreckungssystem auf einer Psychose?

Der Begriff »Psychose« oder »psychotisch«, der zur Kennzeichnung der Abschreckungstheorie verwendet wird, beansprucht im Rahmen dieser Studie keine exakte wissenschaftliche Explikation. Er wurde statt allgemeinerer Begriffe wie »psychopathologisch« deshalb gewählt, weil er die spezifischen Merkmale dieser seelischen Erkrankung stärker betont, die in der Abschreckungstheorie und den auf ihr beruhenden Denk- und Verhaltensmustern auszumachen sind: der erschreckende Grad an Realitätsverlust, der teilweise Halluzinationen gleichkommt, die Weltuntergangsangst, die Dämonisierung des angenommenen Gegners, die in auf ihn übertragenen (projizierten) eigenen (wahnhaften) Vorstellungen, die Unfähigkeit, eigenes Handeln anhand der Realität zu überprüfen, auch die zu beobachtende Weigerung, Informationen der Außenwelt aufzunehmen und zu verarbeiten, die Bereitschaft zur totalen Vernichtung des Gegners, selbst um den Preis der eigenen, was wiederum einem heimlichen Wunsch nach Selbstmord gleichkommt, die Aufrechterhaltung schließlich von Angst, Mißtrauen nach innen und außen sowie von Feindbildern, die als »Verteidigungsbereitschaft« verharmlost werden. Schließlich, damit verbunden, die Schaffung einer künstlichen Realität als Realitätsersatz, gefaßt in ein logisch anmutendes System von Erklärung, Schlußfolgerungen und Begründungen, wie es ebenfalls typisch für den Paranoiker ist.
Alle diese Merkmale lassen sich in der Abschreckungstheorie und in den von ihr beeinflußten Denk- und Handlungsmustern finden, weshalb ihre Charakterisierung als »psychotisch« legitim erscheint. Sollten fachwissenschaftliche Untersuchungen, die dringend wünschenswert wären, eine spezifischere Diagnose erbringen, täte dies dem vorliegenden Ansatz keinen Abbruch.
Aus psychologischer Sicht erscheint die Annahme nicht abwegig, daß der sogenannte Nachrüstungsbeschluß der NATO vom 12. Dezember 1979 die Abschreckungstheorie wiederherstellen und wieder voll in Funktion setzen sollte. Denn nach einer Entspannungsperiode, die länger als eine Dekade anhielt, drohte das psychotische, irreale Feindbild, das die Abschreckungstheorie aber als ein realitätsgerechtes behauptet, ausgehöhlt, zumindest korrekturbedürftig zu werden. Trotz der ständig wiederholten und variierten Behauptungen westlicher und

nicht zuletzt bundesdeutscher Politiker, Militärs oder Publizisten von der übermächtigen Überlegenheit der sowjetischen Militärmacht vor allem auf konventionellem oder eurostrategischem Gebiet hatte Moskau diese Überlegenheit nicht, wie es danach zu erwarten gewesen wäre, für Bedrohungen oder Erpressungsversuche ausgenutzt. Statt dessen nahm die sowjetische Führung den Gedanken der *Brandt-Scheel*-Regierung auf, eine politische Entspannung einzuleiten und vertraglich abzusichern. Gegen den Widerstand, ja fast schon Polemik, konservativer Parteien und Regierungen setzte der sowjetische Parteichef *Breschnew* darüber hinaus die *Konferenz über Sicherheit und Zusammenarbeit (KSZE)* in Helsinki durch, trotz der Risiken dieser entspannungspolitischen Initiative für die innere Stabilität im östlichen Machtbereich. Erstmals ließ sich auch der Kreml auf Gespräche über einen ausgewogenen, beiderseitigen Truppenabbau in Mitteleuropa *(MBFR)* ein, nachdem er zuvor angeboten hatte, die eurostrategischen Potentiale in die Verhandlungen über eine Verminderung der strategischen Rüstung *(SALT)* einzubeziehen. Die verunsicherte, teilweise sogar abwertende Haltung auf westlicher Seite gegenüber dem einseitigen Abzug von 20 000 sowjetischen Soldaten und 1000 Panzern aus der DDR scheint ein wichtiges Indiz dafür zu sein, daß die Abschreckungstheorie, die solche Gesten ausschließt, an einem sehr empfindlichen Nerv getroffen wurde. Erst der Einmarsch in Afghanistan brachte die angeschlagene Balance wieder ins Lot. Die heftigen, teilweise irrationalen Reaktionen auf diese Maßnahme hörten sich fast wie ein erleichtertes Aufatmen an, weil keine schmerzliche Neuorientierung notwendig wurde. Die Welt war nach dem Schwarz-Weiß-Muster wieder im Lot: hier der freiheitliche Westen, dort der aggressive Osten. Kraß formuliert: Unter den Bedingungen der Abschreckungstheorie verunsichern Bereitschaft zur Entspannung und abrüstungspolitische Gesten des angenommenen Gegners weitaus stärker als aggressive Akte.

Nicht unerwähnt sollte in diesem Zusammenhang auch bleiben, daß Moskau die Tatsache der mit Nachdruck vorangetriebenen französischen Nuklearrüstung ebenfalls (noch) nicht zum Anlaß für politische Drohungen genommen hat.

Eine Politik aber, die dem Vorteil beider Seiten dient und auf dem Prinzip des »do ut des«, des Gebens und Nehmens, beruht, ist mit den Prämissen der Abschreckungstheorie nicht vereinbar, stellt sie vielmehr in Frage. Denn diese geht ja gerade von der Annahme aus, daß der Gegner stets seinen eigenen Vorteil

sucht, dabei seine Strategie und Taktik den gegebenen politischen, ökonomischen und vor allem militärischen Gegebenheiten anpaßt und eine Politik betreibt, die für die jeweils andere Seite den größtmöglichen Nachteil zur Folge haben soll. Abweichungen von diesem Dogma werden als raffinierte Tricks, Finten und Täuschungsmanöver interpretiert, die sich aus der Gesamtstrategie des Gegners ergeben und lediglich dazu dienen, das Hauptziel sowohl zu verschleiern als auch besser und rascher zu erreichen.
Hauptziel des Westens aus sowjetischer Sicht ist es, den Sozialismus als gestaltende Kraft und höchste Errungenschaft der Menschheit zu zerstören; Hauptziel der Sowjetunion aus westlicher Sicht ist die Eroberung und Beherrschung der Welt. Die Entspannungspolitik seit 1969 ist von der CDU/CSU mit dem Argument in Frage gestellt worden, der Westen, vor allem die Bundesregierung, mache sich selbst zum Opfer eines »global angelegten«, aber »temporär befristeten« Täuschungsmanövers des Kreml. In der sowjetischen Invasion Afghanistans sehen Politiker wie *Manfred Wörner* oder *Franz Josef Strauß* den Beweis für den illusionären Charakter der Entspannungspolitik und für das »Ende der Schonzeit«, die die Sowjetunion zu gewähren bereit war.
Aber auch in den Vereinigten Staaten war die Entspannungspolitik allmählich offenbar unheimlich geworden, trotz oder gerade wegen auch der verschiedenen konkreten rüstungskontrollpolitischen Vereinbarungen. Daher begann sich, ohne erkennbaren wirklichkeitsnahen Grund, eine verstärkte Rüstungshysterie bemerkbar zu machen. Auch der Hinweis, daß psychische Faktoren wie der Zwang, die angeschlagene Glaubwürdigkeit nach dem verlorenen Vietnam-Krieg wiederherzustellen, eine Rolle gespielt haben könnten, berücksichtigt lediglich eine zentrale Prämisse des Abschreckungsdenkens.
In der Abschreckungstheorie, die ja keineswegs ein »Grundlagenprogramm« nur für militärisches und rüstungspolitisches, sondern für politisches Handeln schlechthin darstellt, drohte also durch die Entspannungspolitik eine »Lücke« zu entstehen. Der angenommene Gegner begann, aus der ihm zugewiesenen Rolle zu fallen; er hatte, und das machte ihn verdächtig, darauf verzichtet, alle ihm zur Verfügung stehenden subversiven und aggressiven Möglichkeiten auszuschöpfen. Die Abschreckungstheorie muß aber ein »lückenloses« Droh-, Warn- und Vergeltungssystem sein, wie es in allen Dokumenten, z. B. den Weißbüchern der Bundesregierung und Aussagen von Politi-

kern oder Experten als Konzept entwickelt wird. Dem angenommenen Gegner darf auf keiner Stufe der Skala politischer oder militärischer Handlungsmöglichkeiten gestattet werden, Initiativen zu ergreifen oder Optionen zu realisieren, die ihm freien Handlungsspielraum erlauben, da er diesen nur zu seinem Vorteil und zum Nachteil der eigenen Seite ausnutzen würde. Zumindest besteht die Gefahr dazu, wie gering sie auch immer sein mag, aber die Abschreckungstheorie bezieht ihre Legitimität gerade aus ihrem Anspruch, auch den letzten Rest an theoretischer Wahrscheinlichkeit und das minimale Restrisiko zu berücksichtigen. Das eben bedeutet ja »Lückenlosigkeit«. Selbst ein noch so geringer Grad an Wahrscheinlichkeit rechtfertigt aber bereits Gegenmaßnahmen, die vom potentiellen Aggressor als glaubwürdige Entschlossenheit verstanden werden sollen, daß er in Grenzen gehalten werden wird; er soll sie als Warnung ins Kalkül ziehen, diese Grenzen zu überschreiten, andernfalls er unkalkulierbare Risiken auf sich nähme. Es versteht sich von selbst, daß sich die Skala der denkbaren politischen und militärischen Optionen des Gegners, die von der Abschreckungsdoktrin abgedeckt werden müssen, unter dem Zwang, glaubwürdig zu sein, ständig ausweitet und differenziert, bis sie eine letztlich groteske Totalität angenommen haben wird.[1]

Es gilt daher als ausgemachte Sache, d.h. als unbezweifelte Wirklichkeit, daß der jeweils angenommene Gegner nur deshalb noch nicht losgeschlagen habe, weil ihm das Risiko, das die Abschreckung vermittelt, vor Augen steht, untragbaren, unverhältnismäßig hohen Schaden zu erleiden – bis hin zur Vernichtung. Der Westen ist von der positiven Wirkung der Abschreckung ebenso überzeugt wie letztlich auch der Osten; auch sowjetische Politiker weisen stets darauf hin, der westliche Imperialismus hätte sich schon längst in das Abenteuer eines Angriffskrieges gestürzt, da dies seinem Wesen entspreche, wenn nicht die unbesiegbare Macht der Streitkräfte des sozialistischen Lagers ihn davor abgeschreckt hätte.

Im Rahmen der Abschreckungsdoktrin hat daher keine Seite die Chance, ihre u.U. friedlichen Absichten unter Beweis zu stellen oder den Gegenbeweis zu erbringen, nicht in jedem Fall aggressive Optionen nutzen zu wollen, sofern die Möglichkeit dafür gegeben wäre. Abschreckung und Abschreckungsdoktrin halten beide Seiten in der wechselseitig einmal angenommenen Rolle des potentiellen Aggressors fest. *Wörner* und die CDU/CSU sehen daher konsequenterweise in einer »Friedensstrategie« der Sowjetunion »eine militärisch-politische Doppelstrategie mit flankierenden, unmittelbar auf das Gefüge und mittelbar auf die ökonomische Basis zielenden Maßnahmen«.[2] Für Moskau, so wird als sicher unterstellt, ist Entspannung nur eine dynamische, »spezifische Form des Klassenkampfes, um den Sieg des Kommunismus im Weltmaßstab« sicherzustellen. Der Osten biete nur »Rhetorik«, der Westen dagegen substantielle Entspannungsbereitschaft.

Die Abschreckungstheorie schafft sich mithin ihre eigenen Formen der Realitätswahrnehmung und Realitätsinterpretation, die nicht unbedingt mit der »tatsächlichen« Realität übereinstimmen müssen. Sie erklärt den Gegner grundsätzlich für aggressiv und zum potentiellen Aggressor, der ausschließlich durch die angedrohten Vergeltungsmaßnahmen von aggressiven Handlungen abgeschreckt wird, und deutet seine Politik innerhalb dieser beiden Determinanten. Aggressive Akte sind in diesem Verständnis keineswegs nur militärische, vielmehr steht dem Gegner die breite Skala subversiver Möglichkeiten zur Verfügung, von der Sabotage bis zum Umsturz durch ideologische Indoktrination. »Die ›heiße Politik‹ Moskaus, die Wandlungen ihrer Nuancen, das Nachlassen ihrer Intensität in diesem oder jenem Krisenraum, dem gleichzeitig neue Spannungen auf anderen Bühnen der Weltpolitik folgen, darf uns nicht über die Tatsache hinwegtäuschen, daß es sich bei der Ost-West-Auseinandersetzung um einen Dauerkonflikt zwischen zwei antagonistischen Welten handelt«, schreibt beispielsweise der konservative, außerordentlich einflußreiche französische Militärschriftsteller *Ferdinand Otto Miksche,* dessen Sätze ebensogut von konservativen deutschen Wehrexperten wie *Wörner* oder *Strauß* formuliert sein könnten.[3] Denn der »eigentliche Auftrag« des sowjetischen »offensivfähigen Militärsystems« ist es, »durch die Fähigkeit, angreifen zu können, die Atlantikpakt-Länder unter einem lähmenden Druck zu halten und somit die offensive Beweglichkeit sowjetischer Politik sowohl in als auch außerhalb Europas zu gewährleisten«.[4] Die sowjetische Führung könnte anstellen, was sie wollte, in einem solchen psychotisch gefärbten Weltbild würde es sich gleichsam automatisch als berechnete, raffinierte Strategie zum Nachteil des Westens darstellen. Selbst die Niederlagen der sowjetischen Diplomatie und Politik in der Dritten Welt (z. B. Ägypten, Somalia, neuerdings Moçambique, Rhodesien usw.), wie sie *George F. Kennan* nüchtern konstatierte, oder nicht genutzte Optionen wie in Lateinamerika, erscheinen noch als sorgfältig kalkulierte Politik, um den Westen in Atem und Spannung zu halten.

Von ebensolcher »Logik« zeichnet sich die Überlegung des Abrüstungsexperten der CDU/CSU, *Alois Mertes,* aus, der in der sowjetischen Truppenreduzierung aus der DDR und der Intervention in Afghanistan einen unmittelbaren Zusammenhang sieht, nämlich »Teil einer weltweiten Politik, die auch gegen Europa – wenn auch mit raffinierteren Mitteln – eine Strategie der Einflußexpansion betreibt«.[5]

Prüft man die Thesen der Abschreckungsanhänger, wie sie in dieser Studie ausführlich zitiert wurden, genauer, so fällt auf, daß in ihnen die christliche, vor allem im Mittelalter lebendige Vorstellung vom universalen Kampf des Teufels, des Herrn der Finsternis, mit den Kräften des Lichts erkennbar wird. Das Böse ringt mit dem Guten, wobei dieser Kampf nur mit der Vernichtung einer der beiden Kräfte enden kann. Es ist ein totaler Kampf unter Einsatz aller Mittel, Pardon wird nicht gegeben. Einer der mächtigsten und einflußreichsten Anhänger des Abschreckungssystems, der Großverleger *Axel C. Springer,* formulierte dies sogar wörtlich; er glaubt zu »wissen, wer die Teufel unserer Zeit sind, nämlich die Sowjets«.[6]

Der Gegner erscheint zunächst als übermächtig, der alle Mittel einsetzt, die ihm zur Verfügung stehen, militärische, ökonomische, diplomatische, politische, die er offen aggressiv oder verdeckt subversiv handhabt. Die ganze Welt ist sein Operationsgebiet, Angola, Moçambique, Südjemen, Vietnam, Kambodscha, jetzt auch Afghanistan, sind die Etappen seiner Siege.[7] »Moskaus Globalstrategie« ist ein feststehender Topos im Vokabular konservativer Politiker und Experten wie *Strauß, Wörner, Dregger, Miksche* und amerikanischer Senatoren.

Natürlich verfügt der Gegner über herausragende Eigenschaften wie außergewöhnliche Intelligenz – *Miksche* spricht nur von den »Meistern des Kreml« –, taktische Raffinesse, unendliche Geduld, die eine Planung über Jahrzehnte ermöglicht *(Miksche),* darüber hinaus ist der Gegner listig und verschlagen, voller Tücke, Tricks und Täuschungsabsichten, er weiß Verwirrung zu stiften, zu verführen, er beherrscht das Instrumentarium der Propaganda meisterhaft. »Nach wie vor versucht der Kreml, die Entscheidung im Ost-West-Ringen ohne den Einsatz militärischer Mittel indirekt zu erzwingen, indem der Westen in eine Serie von Teilkapitulationen hineinmanövriert wird. Nicht ohne Erfolg spekulieren die von Natur aus geduldigeren Russen auf die Abnutzung der schwächeren Nerven ihrer westlichen Gegenspieler, eine Kunst, auf die sie sich verstehen.«[8]

Das Verhalten der Sowjetunion, ihre militärische Macht, ökonomische Ressourcen und ihre überragenden Fähigkeiten beschwören daher, so *Franz Josef Strauß,* Gefahren von geradezu »apokalyptischem Maßstab herauf«.[9] Der Westen stehe vor einer »gigantischen Herausforderung«. Der Gegner erscheint, mit anderen Worten, als der Teufel, als Dämon, der sich die Welt unterwerfen will, als das Böse schlechthin, für dessen Kennzeichnung die Sprache nicht mehr genügend Superlative bereithält.

Diese Einstellung hat im übrigen Tradition. 1920 bereits sagte der amerikanische Staatssekretär *Bainbridge Colby* dem Sozialismus und der Sowjetunion den Kampf an: »Gegenseitiges Vertrauen kann es nicht mehr geben, Achtung gibt es nicht mehr... Wir können die Agenten einer Regierung nicht anerkennen, offiziell gelassen oder gar freundschaftlich begrüßen, die sich gegen unsere Institutionen verschworen haben und deren Diplomaten nur Agitatoren einer gefährlichen Revolte sein würden.«[10] Nach Ansicht von Präsident *Harry S. Truman* »konzentriert der Sozialismus seine Strategie darauf, die freien Länder eines nach dem anderen zu überwältigen«, durch »militärische Aggression, inneren Umsturz, Wirtschaftskrieg, psychologische Kriegführung, politische Infiltration oder Sabotage« (Techniken, die keine andere Institution der Welt besser beherrscht und häufiger angewandt hat als der amerikanische Geheimdienst *CIA*).

Während der vom *Overman*-Komitee im Februar und März 1919 veranstalteten Hearings wurde die Sowjetunion gar »als Tollhaus« dargestellt, »das mit verworfenen Sklaven belegt ist, die auf Gnade und Ungnade Totschlägern ausgeliefert sind«.[11] *Dwight D. Eisenhower* erinnerte bei seiner Abschiedsrede vom Amt des Präsidenten am 7. Januar 1961 das amerikanische Volk daran, daß »wir mit einer feindlichen Ideologie konfrontiert sind, atheistisch im Wesen, heimtückisch und völlig rücksichtslos«.[12]

Durch alle Äußerungen führender Repräsentanten der Vereinigten Staaten zieht sich jene Dichotomie, jenes Schwarz-Weiß-Raster, das die Sowjetunion dämonisiert und als Ausgeburt des Bösen darstellt, gegen das man sich wappnen müsse, um in einem »langandauernden Konflikt« *(Strausz-Hupé)* einen »ewigen Krieg« *(Jefferson)* zu führen. Die USA hingegen und der Westen erscheinen als Hort der Freiheit und des Rechts. *Woodrow Wilson:* »Unser Ziel ist die Aufrechterhaltung des Rechts, überall in der Welt.« *John F. Kennedy:* »Wir Amerikaner sind die Wächter auf den Wällen der Welt.«[13]

Der Professor für Geschichte an der Harvard-Universität,

Richard E. Pipes, kommt daher zu dem »politisch-relevanten« Ergebnis, daß *Lenin,* der Begründer der Sowjetunion, *Clausewitz* auf den Kopf gestellt habe. Wenn *Clausewitz* im Krieg die Fortsetzung der Politik mit anderen Mitteln gesehen habe, so »verstand *Lenin* die Politik als Fortsetzung des Krieges mit anderen Mitteln. Der Krieg ist das Wesentliche! *Lenin* führte den Krieg sowohl mit politischen wie mit militärischen Mitteln, je nachdem, wie es ihm gerade opportun erschien. Diese Auffassung steht natürlich in diametralem Gegensatz zu der amerikanischen Grundüberzeugung, daß Konflikt und Gewalt Symptome des Versagens sind, Abweichungen vom ›normalen‹ Verlauf zwischenmenschlicher Beziehungen.«[14]
Dieses Schwarz-Weiß-Raster entbehrt so sehr jeglicher historischer Tatsächlichkeit, daß eine andere Qualifikation als »psychotisch« unmöglich wird. Selbst westliche Politiker räumen ein, daß mit Afghanistan das erste Land seit 1945 Opfer einer sowjetischen militärischen Intervention außerhalb des »roten Imperiums« geworden ist[15], wenngleich darin ein Beweis zu entdecken sei für die eskalierende aggressive Gewalt Moskaus, denn »Afghanistan war erst der Anfang«[16]. Demgegenüber haben die USA seit 1945 ungleich häufiger militärisch interveniert und eine Außenpolitik betrieben, die auf Gewalt gegründet ist, auf militärische, aber auch auf politische, ökonomische und auf die Gewalt der »Destabilisierung« fremder, mißliebiger Regierungen durch den allmächtigen Geheimdienst *CIA,* der ebensosehr eine schlagkräftige Untergrundorganisation ist (vgl. Exkurs II). *Juan Bosch,* der 1965 von einer direkten US-amerikanischen Militärintervention verjagte Präsident der Dominikanischen Republik, bezeichnet die Außenpolitik Washingtons denn auch als »Pentagonismus«, d.h. maßgeblich beeinflußt vom Pentagon, dem Verteidigungsministerium und den Militärs.[17]
Auf der anderen Seite wird im Rahmen der Abschreckungsdoktrin zunächst ständig die eigene Unterlegenheit herausgestellt und beklagt (im Westen; die Sowjetunion hat andere »Motivationsrituale«, nämlich Betonung der eigenen Stärke). Seit mehr als 30 Jahren wird auf die »ständig wachsende« oder »besorgniserregend steigende« sowjetische Rüstung und die »erschreckend größer werdenden Disparitäten« hingewiesen, der die NATO, so die bestehende Redewendung, »nichts Gleichwertiges entgegenzusetzen« habe, weder bei den Panzern noch Flugzeugen, weder bei Geschützen noch Mittelstreckenwaffen. *Miksche* spricht gar von der »militärischen Impotenz der westlichen Welt« und dem »allmählichen Verfall der

NATO«[18], der belgische General *Close* entwickelte ein »Blitzkriegskonzept« des Warschauer Pakts, das diesen befähige, in drei Stunden über die Elbe zu setzen und binnen 48 Stunden am Rhein zu stehen. Von angesehenen westlichen Zeitungen wurden diese Spekulationen als »Geheimstudie« verkauft.
»In Mitteleuropa und an den europäischen Flanken sind die konventionellen Kräfte des Warschauer Paktes, vor allem seine Landstreitkräfte, denen der NATO eindeutig überlegen«, stellt das »*Weißbuch*« 1979 fest[19]. Auch *Wörner* sieht natürlich, und zwar seit vielen Jahren, »wachsende Bedrohung« durch die Sowjetunion bei gleichzeitig »nachlassender Verteidigungsbereitschaft«[20]. Der einflußreiche amerikanische Diplomat *Strausz-Hupé* versichert, die Sowjets hätten »nur eine Strategie. Sie wollen den Westen von seinen Rohstoffquellen abschneiden. Sie wollen den Kapitalismus vernichten, indem sie die Völker der Dritten Welt als Lieferanten wichtiger Grundstoffe vom Westen trennen.« Das ist den Sowjets zwar noch nirgendwo gelungen, die Angolaner liefern ihren Rohstoff Erdöl weiterhin auch in den Westen, und die Kubaner würden ihren Grundstoff Zucker ebenfalls liebend gerne im Westen verkaufen, wenn sie nicht durch eine Wirtschaftsblockade daran gehindert würden, aber dem Abschreckungsdenker kommt es ja gerade nicht auf Beweise an, denn die würden seine Theorie gefährden und damit seine psychische Stabilität, sondern auf Unterstellungen. Unterstellungen, Annahmen usw. erfüllen in einer Scheinwelt durchaus die Funktion von Beweisen.
Wer sähe da nicht Parallelen zu den mittelalterlich-christlichen Teufelsbeschwörungen und den Wehklagen über die Schwäche der Kinder Gottes? Als ob »die Welt voll Teufel wär' und wollt' uns gar verschlingen ...«.
Der amerikanische Kriegsheld *Douglas McArthur* wunderte sich 1957, ohne freilich diesen psychologischen Mechanismus durchschauen zu können: »Unsere Regierung hält uns – durch ernste nationale Gefahren – in einem dauernden Angstzustand. Immer taucht hier oder draußen etwas schrecklich Böses auf, bereit, uns zu verschlingen, wenn wir uns nicht fest hinter die Regierung stellen.«[21] Die längst als wahnhaft erkannte und bezeichnete Kommunistenjagd der frühen 50er Jahre in den Vereinigten Staaten unter Führung des Senators *McCarty,* die in einem Klima der Angst und der Denunziation Züge der spätmittelalterlichen Hexenverfolgung und Inquisition angenommen hatte und zahllose Existenzen beruflich oder gesellschaftlich vernichtete, ist durchaus erklärbar im Rahmen dieses

Schwarz-Weiß-Rasters: Die Vereinigten Staaten wegen ihrer »einmaligen demokratischen Staatsform« als »Wächter auf den Wällen der Welt«, als »auserwähltes Volk Gottes« (Senator *Beveridge*), das »auf der ganzen Welt das Recht durchsetzen müsse« *(W. Wilson)*, auf der anderen Seite die Sowjetunion als »Tollhaus« und Unrechtssystem, das Frieden und Freiheit der ganzen Welt gefährdet.

»Abwertung der Empirie« nannte *Dieter Senghaas* dieses kraßstereotype, emotionsgeladene »Denk«-Schema[22], Realitätsverlust aufgrund offensichtlicher psychotischer Symptome sollte es präziser bezeichnet werden. Denn unsere Analyse ergab, daß die Sowjetunion sich durch einen konventionellen Angriff keine sinnvollen Chancen ausrechnen könnte[23], daß im eurostrategischen Bereich Parität gegeben ist (sofern Begriffe wie Parität ebenso wie Disparität, Über- oder Unterlegenheit angesichts der verheerenden Wirkung nuklearer Waffen überhaupt einen Aussagewert haben), daß die »sowjetischen Eroberungen in der Dritten Welt« *(Wörner)* weniger einer raffiniert geplanten »Einkreisungsstrategie« *(Miksche)* zuzuschreiben sind, als vielmehr lange sich abzeichnenden und moralisch meist gerechtfertigten sozialen Revolten, darüber hinaus auch schweren, Lernen oder Erfahrung offenbar ausschließenden Fehlern des Westens, der stets blutige Diktaturen auf Kosten der geknechteten Völker unterstützt und somit die Sowjetunion zwangsläufig in die Rolle der Schutz und Hilfe gewährenden Alternative drängt. Eine nüchterne Einschätzung der Kräftepotentiale, Konfliktursachen und -entwicklungen kann offenbar in einer psychotischen Situation nicht mehr geleistet werden, daher erscheinen die Aufrüstungsmaßnahmen der NATO wirklichkeitsfremd und verharmlost als »Nachrüstung« oder »Modernisierung«, als fast gar nicht von Belang und viel zu wenig, obwohl die einzelnen Maßnahmen, wie sie etwa US-Verteidigungsminister *Harold Brown* in seinem Rechenschaftsbericht 1979 auflistete, einem unvoreingenommenen Betrachter den Eindruck vermitteln könnten, als bereite sich das westliche Verteidigungsbündnis auf einen unmittelbar bevorstehenden Krieg vor: »Auf östlicher Seite über 900 *SS-20* mit 2700 Sprengköpfen und ca. 150 *Backfire* zusätzlich, auf westlicher Seite nichts.«[24]

Doch nach der Beschwörung des Leibhaftigen und Dämons sowie der Klage über die eigene Schwäche folgt in diesem archaisch-mythisch anmutenden Ritual dann doch die Zuver-

sicht, daß die eigene Sache den Sieg davontragen werde. Das Böse muß letztlich dem Guten weichen, die Finsternis dem Licht, darauf beruht die Hoffnung eines irrealen, angsterfüllten Weltverständnisses. Der Westen könne es schaffen, könne den Sowjets die »unüberschreitbaren Grenzen« aufzeigen, wenn er nur wolle, wenn er alle Kräfte mobilisiere, denn die Gerechtigkeit ist schließlich auf seiner Seite. Dieser Tenor durchzog auch die »Rede zur Lage der Nation« Präsident *Carters* vom Januar 1980. *Wörner* sieht trotz der seit Jahren unaufhörlich wachsenden sowjetischen Überlegenheit bei gleichzeitig nachlassender westlicher Verteidigungsbereitschaft und trotz Afghanistan noch die Chancen des Sieges: »Es gibt keinen Anlaß zur Mutlosigkeit. Der Westen hat im weltweiten Ringen um die Freiheit die stärkeren Trümpfe in der Hand. Die Sowjetunion hat weitaus größere Schwächen als wir – auf sie warten schwerwiegendere Probleme in den 80er Jahren als auf den Westen. Wenn wir es wollen, sind wir durchaus auch in der Lage, mit ihrer einzigen tatsächlichen Stärke, ihrer militärischen Macht, Schritt zu halten. Wir können auch im nächsten Jahrzehnt frei und sicher bleiben, wenn wir nur wollen. Von uns also, vom entschlossenen Einsatz unserer überlegenen Mittel, von der Technologie bis zur Ausstrahlung unserer menschenwürdigen Gesellschaft, hängt es ab, ob die Welt wirklich Frieden und eine Entspannung findet, die diesen Namen wirklich verdient.«[25]
Mit Realitätseinsicht sollten diese Worte nicht verwechselt werden; sie verdeutlichen vielmehr jenes dreistufig ritualisierte, magische Weltverständnis: Übertreibung der tatsächlichen Gefahr, Klage über die eigene Schwäche, Äußerung um so größerer Siegeszuversicht. Schließlich will *Wörner,* um im »weltweiten Ringen« zu bestehen, noch mehr Rüstung, damit noch mehr Irrationalität.[26] Die Strophe des frommen Dichters kann also ergänzt werden: »Und wenn die Welt voll Teufel wär' und wollt' uns gar verschlingen, so fürchten wir uns nicht so sehr, es muß uns doch gelingen.«
In dieses Denkmuster gehört auch die Unsicherheit von Politikern, die sich noch Reste von adäquater Realitätswahrnehmung bewahrt haben. Der ehemalige Bundesverteidigungsminister *Georg Leber* beispielsweise warnte in einem Zeitraum von 14 Monaten (von Dezember 1976 bis Februar 1978, soweit anhand des *FR*-Archivs feststellbar) 14mal in Interviews oder öffentlichen Erklärungen vor der bedrohlich wachsenden sowjetischen Gefahr, die zu größter Besorgnis Anlaß gebe, versicherte jedoch 11mal ebenso nachdrücklich, »daß wir im Westen ruhig schlafen können« und die Sicherheit auch militärisch

voll gewährleistet sei. Vor allem bei sozialdemokratischen Politikern ist diese Verunsicherung in der Einschätzung des Kräfteverhältnisses zwischen NATO und Warschauer Pakt, der militärischen Lage und der Rolle der Sowjetunion festzustellen.

Natürlich ist der Psychotiker unfähig, sich in die Situation des Gegners zu versetzen, um dessen Ängste und Bedrohtheitsvorstellungen nachzuvollziehen und zu verstehen. Er hat ja selber mit eigenen Ängsten vollauf zu tun, wird mit ihnen nicht fertig, so daß sie »sein Ich überschwemmen« *(Freud)* und seine rationalen Fähigkeiten, d. h. die Vermittlung zwischen Bewußtsein und Außenwelt, partiell oder teilweise außer Kraft setzen. Daher schafft er sich eine irreale, eine Scheinwelt, wie sie eben in der Abschreckungsdoktrin zum Ausdruck kommt. Und doch wäre es in jedem Fall buchstäblich lebenswichtig, präzisere Vorstellungen von den Ängsten des angenommenen Gegners zu haben, um seine Reaktionen kalkulieren und in vielen Fällen sogar vorhersagen zu können (abgesehen davon, daß ein solches psychologisches Verständnis die einzig denkbare Möglichkeit wäre, durch entsprechende Gesten und Signale Angst abzubauen und Vertrauen zu schaffen, oder, in herkömmlichen politischen Redewendungen formuliert, die gegenseitigen Sicherheitsbedürfnisse zu respektieren und den Interessen beider Seiten gerecht zu werden). Ein Schachspieler, der die Züge des Gegners vorausdenken kann, ist ohne Zweifel in der überlegeneren Position und läßt sich nur schwer überraschen; sein eigenes Spiel wird vor allem »richtiger«.
Doch im Ost-West-Verhältnis ist diese Rationalität, wie gezeigt, nicht oder nur selten festzustellen. NATO und Warschauer Pakt betreiben ihre Rüstungsanstrengungen nach den »Realitäten«, die von Ängsten und daher Fehlannahmen geschaffen werden. Die Dämonisierung des jeweiligen Gegners dient gleichzeitig als Rechtfertigung der eigenen Strategie und Taktik, der Mobilisierung der Kräfte und nicht zuletzt der Legitimierung der Rüstungslasten. Dies bedingt wiederum eine entsprechende Informationspolitik gegenüber den eigenen Medien und der Bevölkerung. Auch Angst kann Solidarität bewirken. In Situationen der Not bzw. einer wahrgenommenen Bedrohung ist Kritik fehl am Platze. Im Gegenteil: Kritisches Räsonieren, Zweifel, Fragen, eigenes Denken werden als Mangel an Solidarität empfunden, eine schwere Form von Vergehen in Notsituationen, die Verrat gleichkommt, weil sich jede Gemeinschaft dadurch in ihrem Sicherheitsgefühl von innen heraus bedroht sieht. Es entsteht eine »Dolchstoßlegende«: Die

sich aufgrund einer psychotischen Abschreckungsdoktrin bedroht fühlende Mehrheit glaubt, daß Dissidenten, Kritiker und »Räsonierer« eben diese Abschreckung in den Augen des Gegners aushöhlen.[27] Ein Teufelskreis. Daher haben Dissidenten in beiden Lagern kein leichtes Leben. Im Osten werden sie unter Kontrolle gebracht durch die bekannten unmittelbaren Formen der Repression, im Westen kontrolliert man sie durch weitaus subtilere, aber dafür auch wirksamere.

Die Abschreckungsdoktrin bewirkt darüber hinaus, daß Völker und Nationen psychisch nicht nur »durchmilitarisiert« werden – der Disziplinierungseffekt aufgrund der ständigen Beschwörung der sowjetischen Gefahr dürfte zumal in der Bundesrepublik hoch sein –, sondern auch enthumanisiert werden. Denn ein Abschreckungssystem, das auf Angst, Mißtrauen und daher auf einem überzeichneten Feindbild beruht[28], das Tötungsbereitschaft mobilisierbar und wachhalten soll, ist ein ungeeigneter Nährboden für Mitmenschlichkeit und gesellschaftliche Solidarität; es ist letztlich auch eine Gefahr für die Freiheit.

Die »psychischen Kosten« dieses Abschreckungssystems müssen daher ungleich höher eingeschätzt werden als die ohnehin gewaltigen finanziellen und sozialen. Denn zur Abschreckung nach außen gesellt sich notwendigerweise die Abschreckung nach innen, eine logische Konsequenz dieses Systems, denn psychotische Angst ist total und unteilbar. Die vielfältigen Überwachungs- und Kontrollsysteme des Verfassungsschutzes, des Bundesnachrichtendienstes, des Bundesgrenzschutzes, des Militärischen Abschirmdienstes oder des Bundeskriminalamtes sind Zeichen dafür, daß der Staat und seine Funktionäre dem Bürger mißtrauen, weil sie ihn für ein potentielles Opfer der subversiven Strategie des angenommenen auswärtigen Gegners halten. Radikalenerlaß, Telefonabhören, Lauschangriffe, Überwachung »des Umfeldes verdächtiger Personen und Organisationen« (so der Leiter des hessischen Amtes für Verfassungsschutz, wobei alle mit diesem Umfeld erfaßten Personen ebenfalls computergespeichert werden – eine legale Umgehung von Gesetzen), Kontrollen und Computererfassung anhand von Listen über Mitgliedschaft in willkürlich als »links« oder »linksextremistisch« definierten Organisationen oder von Listen mit »linken« und »linksextremistischen« Zeitungen oder Zeitschriften, »beobachtende Fahndung« nach grotesken Kriterien, Kooperation zwischen Verfassungsschutz und Personalleitungen von Unternehmen, fragwürdige Zusammenarbeit zwischen Polizeien (wie dem BGS) und Sicherheitsorganen, die wie der Bundesnachrichtendienst ausschließlich für die Aus-

landsaufklärung zuständig sind – als »Amtshilfe« beschönigt; ein riesiges, detailliertes, effizientes und, so muß nach aller Erfahrung angenommen werden, weitgehend im Untergrund wirkendes Überwachungs- und Kontrollnetz, das über ein ganzes Volk geworfen wurde, aus Angst und Mißtrauen entstanden und Angst und Mißtrauen weckend. Selbst wenn einige dieser Maßnahmen mit der Angst vor Anschlägen durch Terroristen zu erklären sind, die psychotische Zustandsbeschreibung in *George Orwells »1984«* ist noch vor diesem Datum Realität geworden.
So entsteht ein Rückkoppelungseffekt: Das psychotische Syndrom erzeugt Feindbilder, weil Informationen aus der Realität und speziell über den Gegner nur selektiv aufgenommen und verarbeitet werden; ergänzende oder gar korrigierende Informationen werden als falsch abgewehrt und nicht zur Kenntnis genommen. Umgekehrt verstärkt das solchermaßen erzeugte Feindbild die Psychose. Verkürzt könnte der Begriff »Psychose« definiert werden als Informationsdefizit, das zu entsprechenden »Reaktionsbildungen« führt wie Haß, Angst, Realitätsersatz usw.
Feindbilder werden häufig auch kulturell vermittelt, über Generationen hinweg, sie können jederzeit aktualisiert werden. Generationen von deutschen Schülern lernten beispielsweise, daß »die europäischen Völker von ihren Anfängen an immer wieder von Völkern aus dem Osten bedroht wurden«. Die Sowjetrussen sind ein Volk im Osten. Der Schluß aus diesen beiden Prämissen folgt geradezu nach dem Muster eines Aristotelischen Syllogismus: Also bedrohen die Russen die europäischen Völker.
Solche groben Geschichtsfälschungen machen indes nur einen kleinen Teil dessen aus, was in diesem Zusammenhang als kulturelles Informationsdefizit bezeichnet werden soll. Die Kenntnis der Kultur, Geschichte oder Sprache der slawischen Völker, der Tschechen, Slowaken, Polen, Ukrainer, Russen steht in keinem Verhältnis zu den Informationen, die schon in der Schule über unsere westlichen Nachbarn – zu Recht natürlich – vermittelt werden. Obwohl in engster Nachbarschaft mit den Slawen lebend und oft genug in dasselbe Schicksal verstrickt, ist den Deutschen im Osten kein Brückenschlag zu den östlichen Kulturen gelungen. Im Gegenteil, die meisten jungen Deutschen überschritten 1941 als Soldaten die Ostgrenze des Reiches zur Sowjetunion in der Überzeugung, eine Kultur- und Zivilisationsgrenze hinter sich zu lassen. Hätten sie und Generationen von Deutschen vor ihnen ein realitätsgerechtes Bild

von den Slawen vermittelt bekommen, wäre die Greuelpropaganda des Nationalsozialismus über den »slawischen Untermenschen« mit all ihren Folgen nicht möglich gewesen.
Feindbilder sind bei Menschen mit höherer Schulbildung übrigens ausgeprägter und auch schwerer zu korrigieren, offenbar deshalb, weil mehr Informationen und damit mehr falsche bzw. einseitige aufgenommen werden. Eine 1963 angestellte Untersuchung ergab, daß wesentlich mehr Oberschüler als Grundschüler den Russen die Eigenschaften brutal, grausam, kriegerisch, feindlich, roh, undemokratisch oder gemein zuschrieben.
Andere Untersuchungen zeigen dagegen, daß die Bundesbürger sich selbst oder den Amerikanern alle positiven Eigenschaften zusprechen (arbeitsam, intelligent, praktisch, fortschrittlich, friedlich), den Russen hingegen keine einzige, dafür aber alle negativen (grausam, rückständig usw.).
Feindbilder entmenschlichen den angenommenen Gegner, damit seine Verfolgung gerechtfertigt wird. Sie wecken aber auch Angst, Angst aber stimuliert Aggressivität. Diese wiederum ist eine Vorbedingung – neben dem »Schutz des Vaterlandes«, der Kultur, von »Weib und Kind« – für die Bereitschaft zum Krieg und für – Heldentum. Zumindest stärkt sie die Zustimmung zu einer Drohpolitik und zur Abschreckung. Feindbilder sind gefährlich, weil sie realitätsfremd sind, nicht nur schlicht und einfach falsch, sondern Ausdruck einer psychotischen Disposition. Dadurch wird auch das eigene Verhalten wirklichkeitsfremd, unangemessen und falsch. Wenn der angenommene Gegner dann auf diese feindselige Haltung entsprechend reagiert, gilt dies als Bestätigung der gehegten Meinung – ein Teufelskreis oder eine sich selbst erfüllende Prophezeiung.
Die dichotomische Struktur der Feindbilder und ihr simples Schwarz-Weiß-Raster werden nicht zuletzt von der Institution vermittelt, die nach der Idee der Demokratie eine Stätte rationaler, objektiver Auseinandersetzung sein sollte, vom Parlament, dem Bundestag. Die wissenschaftliche Auswertung von 8500 Aussagen zum Ost-West-Verhältnis und vor allem zur Charakterisierung der Sowjetunion, ihrer Motive und ihrer Politik, in 264 Reden hat dies relativ eindeutig erwiesen.[29]
Daß die jeweilige politische Führung in den kommunistischen Staaten Osteuropas ebenfalls versucht, Feindbilder zu vermitteln, und zwar durch wesentlich gezieltere Indoktrination, ist bekannt. Diese Feindbildvermittlung ist direkter, zwanghafter und intensiver, damit sie zum »richtigen« (Klassen-)Bewußtsein wird. Gerade deshalb ist sie aber, allen vorliegenden Er-

kenntnissen zufolge, weniger wirksam. Die massiven, jedoch die einfachsten Techniken moderner Massenbeeinflussung und -manipulation ignorierenden Versuche, der Bevölkerung ein wirksames Feindbild einzuhämmern, kommen offenbar nicht an, weil sie als simple Propaganda zu leicht durchschaubar sind und daher unglaubwürdig wirken.

Wenn beispielsweise DDR-Verteidigungsminister *Heinz Hoffmann* »ein klassenmäßig begründetes und konkretes Feindbild« von den Soldaten der Volksarmee fordert, die lernen müßten, »den Klassenfeind und den möglichen Gegner auf dem Schlachtfeld mit den Augen des Soldaten zu sehen, d. h., in ihm den Feind zu erkennen, der uns und dem Sozialismus ans Leben will, dem wir im Kampf überlegen sein müssen, um ihn zu besiegen«, so ist diese Forderung zwar verantwortungslos, bleibt aber ein kaum motivierender und nur verbaler Appell.[30] Mit Appellen und Befehlen lassen sich aber Angst, kritiklose Solidarität mit dem »Arbeiter- und Bauernstaat« oder blinde Verteidigungsbereitschaft nicht hervorrufen; sie wirken daher unglaubwürdig, wobei ihre massive Direktheit eher Mißtrauen weckt und irrationale Überlegungen stimuliert. Tatsächlich führt *Hoffmann* sich selbst ad absurdum, wenn er im gleichen Atemzug die Offiziere der Volksarmee auffordert, verstärkt eine straffe militärische Disziplin und Ordnung durchzusetzen, da man mit der bisherigen Laxheit unzufrieden sei. Wo aber die Ratio am Werk ist, kann sich kein Feindbild entwickeln, sie kann sogar die weitgehenden Informationsdefizite ausgleichen, weil die Versuche der Beeinflussung und das Gefühl, für dumm verkauft zu werden, zu offenkundig sind. DDR-General *Hoffmann* sollte die westliche Militärliteratur und Berichterstattung gründlicher auf ihre verdeckten, indirekten, aber ungleich wirkungsvolleren Manipulationstechniken hin untersuchen.

Wie sehr im Westen diese indoktrinierenden Holzhammermethoden innerhalb repressiver politischer Systeme einerseits falsch eingeschätzt bzw. in ihrer Wirkung überschätzt werden, andererseits das erstaunliche Maß an Fähigkeit zu kritischer Überlegung auch bei Soldaten der WP-Armeen verkannt wird, hat *Wolfgang Strauss* gezeigt.[31] Es existieren vielfältige Informationskanäle mit kritischen, ja, das System selbst in Frage stellenden Analysen und Nachrichten, denen wegen ihres exklusiven und nicht zuletzt wegen ihres »geheimen«, »subversiven« Charakters eine hohe Glaubwürdigkeit zugemessen wird. So betonte der ausgewiesene sowjetische Historiker *Andrej Amalrik* 1976: »Es herrscht Unruhe, Unzufriedenheit im jüngeren Offizierskorps, von Zeit zu Zeit werden Fakten bekannt

über die Existenz verschiedener Widerstandsgruppen in der Armee.«
Das westliche Feindbild darf dagegen als ungleich wirkungsvoller angenommen werden, nicht zuletzt deshalb, weil es, zumindest in Deutschland, eine lange Tradition hat, verbunden mit kultureller Geringschätzung der slawischen Völker. Aber auch amerikanischen Politikern und Publizisten wird man kein Unrecht antun mit der Feststellung, daß sie slawischer Kultur, vor allem russischem Denken und kommunistischer Ideologie, völlig fremd gegenüberstehen und sie allein schon deshalb als bedrohlich empfinden. Kenntnisse und Verständnis sind zumindest minimal.
Es wäre gar nicht notwendig, subtile Manipulationstechniken anzunehmen, obwohl es viele Indizien auch dafür gibt. Psychotische Realitätsverzerrung, die sich als solche aber nicht wahrnimmt, gleichwohl aber eine Informationstheorie begründet, verbunden mit einer hohen Glaubwürdigkeit der Kommunikatoren, der Regierungsmitglieder, der Abgeordneten, Militärs, Publizisten und Journalisten erzielen unter solchen Voraussetzungen eine hohe Wirkung. Das Ergebnis ist das gleiche: unbewußte Selektion von Informationen.
Dieter Senghaas hat auf die Notwendigkeit dieser grotesken Verzerrung hingewiesen, denn »ohne artikulierte oder unterschwellige Verteufelung des Gegners ist Abschreckungspolitik nicht zu begreifen«, weil die total wirkenden Vernichtungswaffen »den absoluten Feind« erfordern, »wenn sie nicht absolut unmenschlich sein sollen. Es sind ja nicht die Vernichtungsmittel, die vernichten, sondern Menschen vernichten mit diesen Mitteln andere Menschen. Die Androhung einer Vergeltung in der Größenordnung gegenwärtiger strategischer Kalküle setzt die Kriminalisierung des Gegners voraus, soll Abschreckungspraxis nicht selbst als kriminell erscheinen. Deshalb wurde zum Teil in der Abschreckungsdiskussion die Wiedergewinnung von differenzierten Begriffen der Gewalt und die strategischen Alternativen zur Völkervernichtung aus moralischen Gründen begrüßt. Ein differenziertes Gewaltspektrum scheint manchen Theoretikern auch unter gegenwärtigen Bedingungen eine solide Grundlage für das herkömmliche Prinzip der Adäquanz von politischen Zielen und einzusetzenden Mitteln zu sein. Es ermöglicht eine Eindämmung der moralischen Skrupel gegen Formen der Kriegsandrohung und Kriegführung, die auf der Höhe gegenwärtiger politischer Zielsetzungen und technologischer Apparate wären. Abschreckungspraxis ist in dieser Hinsicht zwielichtig: Sie

erzwingt eine Kriminalisierung des Gegners und sucht sie doch gleichzeitig weitmöglichst zu relativieren. Da aber die realen Dimensionen von Gewaltandrohung und möglicher Gewaltanwendung bei aller Differenziertheit des Gewaltpotentials monströs bleiben, gleichen die Versuche einer moralischen Rechtfertigung von Vergeltungsdrohungen und Vergeltungspraxis schlechthin einem Täuschungsmanöver. Die Wiederauflage von Doktrinen gerechter Gewaltanwendung vermag das moralische Dilemma einer Abschreckungspraxis mit unvergleichlichen Vernichtungspotentialen auf allen Intensitätsstufen nicht zu bewältigen.«[32]

Bei vielen anerkannten und einflußreichen Politikern und Militärexperten sind sogar deutlich Wahnvorstellungen oder halluzinatorische Symptome festzustellen, so etwa, wenn *Wörner* »zwei, drei, vier Afghanistans« erwartet – ja Europa selbst würde ein Afghanistan, falls nicht gehandelt werde; das bedeutet Steigerung des militärischen Abschreckungspotentials, Boykottmaßnahmen, Senkung der Risikoschwelle, Bereitschaft zu militärischen Gegenmaßnahmen oder die Forderung, NATO-Verbände auch am Persischen Golf zu stationieren.

Wahnvorstellungen sind aber noch deutlicher bei *Ferdinand Otto Miksche* auszumachen, wenn er das schauerliche Bild sowjetischer Optionen malt und den Eindruck erweckt, als würden sie schon in nächster Zukunft von den »Meistern im Kreml« verwirklicht: »Während es unwahrscheinlich ist, daß die Westmächte ihre angeschlagene strategische Lage im östlichen NATO-Bereich zu verbessern vermögen, ist in naher Zukunft ernsthaft mit einer offensiven Balkanpolitik Moskaus zu rechnen. Für das sowjetische Seepotential im Mittelmeer wird der Besitz von Stützpunkten, die von der Sowjetunion aus auch auf dem Landweg erreicht werden können, von brennender Notwendigkeit. Möglichkeiten hierzu bestehen an der adriatischen Küste Jugoslawiens und eventuell auch in Griechenland. Die wichtigsten Häfen Jugoslawiens, Fiume und Pola, liegen nur 200 km von der ungarischen Grenze entfernt und sind mit dem Donaubecken durch Eisenbahnen und Straßen verbunden. Auch Katarro ist nunmehr auf dem Schienenweg zu erreichen. Der Besitz dieser Stützpunkte bedeutet ein solides Fußfassen sowjetischer Seemacht an der Nordküste des Mittelmeeres und böte somit die Möglichkeit, hier die Wartung von Kriegsschiffen durchzuführen sowie Truppen oder Kriegsmaterial einzuschiffen. Anzunehmen wäre, daß ein Volksfront-Italien die Anwesenheit sowjetischer Kriegsschiffe in der Adria und ihre Durchfahrt durch die Otrantostraße in Richtung des

Nahen Ostens oder Nordafrikas kaum als eine Bedrohung seiner Interessen empfinden würde.
Weiter hinten bildet Griechenland die Hintertür zu den türkischen Meeresengen, und es wäre ein Wunder, wenn Moskau es angesichts der letzten Wahlen unterließe, in Athen ebenfalls ›echte fortschrittliche demokratische Bewegungen‹ zu unterstützen. Ziel einer solchen Politik wäre die Isolierung der Türkei, Aufsprengung des Dardanellenriegels, Schiffe des sowjetischen Mittelmeergeschwaders auf der Reede von Patras, Athen und Kreta. Gleichzeitig könnte Moskaus Strategie im Mittelmeer von der Balkanhalbinsel aus durch einen Luftschirm abgedeckt werden. Ohne türkisches Hoheitsgebiet überfliegen zu müssen, würde der Wirkungsbereich der Roten Luftwaffe im Westen bis Gibraltar, im Südosten bis über Ägypten hinausreichen. Ihre Verbindung mit Schwarzafrika könnte durch eine Luftbrücke hergestellt werden, deren wichtigster Stützpunkt das von den Amerikanern leichtfertig aufgegebene Wheelus Airfield in Libyen wäre.«[33]
Abgesehen davon, daß das »Wunder« eingetreten ist und die teuflischen Sowjets *(Axel C. Springer)* es seit den letzten Wahlen in Griechenland unterlassen haben, kommunistische Bewegungen in subversiver Absicht zu unterstützen, auch keine Anzeichen dafür vorliegen, daß »die Meister des Kreml« die instabile, nahezu chaotische Lage der Türkei für sich auszunutzen trachten, sind derlei spekulative Horrorszenarios ein klarer Beweis dafür, wie sich psychotische Phantasie eine Scheinrealität schafft. Denn selbstverständlich fordert *Miksche,* daß die NATO diese Phantastereien zur Grundlage ihrer Planungen und einer offensiven Eindämmungspolitik macht; sie soll so reagieren, als sei es keine Frage, daß die Sowjets tatsächlich eine solche Strategie verfolgten (der resignierende *Miksche* glaubt allerdings nicht, daß die NATO dazu fähig oder auch nur willens sei).

Der Psychotherapeut *Alfred Adler* sieht in der Psychose auch eine starke Bereitschaft zum Selbstmord, die Krankheit selbst wird als »symbolischer Selbstmord« verstanden.[34] In dieser Krankheitstendenz »nimmt dann die Kampfstellung gegen die soziale Umwelt ihre äußersten Positionen ein, geht sozusagen aufs Ganze, um die menschliche Umgebung ›aufs Knie zu zwingen‹«. Der Patient ist innerlich bereit zur »Weltvernichtung«, die seine eigene miteinschließt, er »löst sich von seinem Ich, gibt es preis, um sich nicht mehr vor der Welt ängstigen zu müssen«. Ein »männlicher Protest«, wie *Adler* im übrigen feststellt. Der Kranke muß – und tut es dennoch oft vergeblich – alle Energien aufwenden, um die aggressiven Neigungen am völligen Durchbruch zu hindern. Die Ich-Kräfte, die die Vermittlung und rationale Kommunikation zur Außenwelt, also zur Wirklichkeit herstellen, werden »überflutet« *(Freud)*, unbewußt bleibender Haß, gepaart mit Angst und Aggressivität, droht aufzubrechen, überall werden Feinde ausgemacht, die es zu vernichten gilt, selbst um den Preis der eigenen Existenz. *Sigmund Freud*, der Begründer der Psychoanalyse, glaubte daher noch, daß der Psychotiker einer Therapie unzugänglich sei (im Gegensatz zum Neurotiker etwa), weil der Abbau und die Zerstörung der Ich-Kräfte, letztlich der Personalität, zu weit fortgeschritten sei, um selbst bescheidene Lernprozesse in Gang zu setzen, was aber Voraussetzung für eine Therapie wäre.

Es ist erschreckend, wie viele dieser psychotischen Symptome tendenziell auf die Apologeten der Abschreckungstheorie zutreffen, bei aller Vorsicht vor generalisierenden Aussagen und Übertragungen individueller pathologischer Symptome auf Gruppen oder gar Kollektive. Aber ist nicht ein typisches Kennzeichen der Abschreckungstheorie und ihrer Anhänger eine sogenannte Lernpathologie *(Senghaas)*, d. h. die Unfähigkeit, aus der Geschichte, aus dem Verhalten politisch verantwortlicher Personen, aus den Reaktionen angenommener Gegner unter dem Druck von Gewaltandrohung, aus den entsetzlichen Wirkungen nuklearer Massenvernichtungsmittel usw. zu lernen und notwendige Schlüsse zu ziehen? Das Gegenteil ist jedoch der Fall: Die behauptete und angestrebte »Lückenlosigkeit« dieser Theorie, verwirklicht in einem System, dessen Destruktivität im Anwendungsfalle ohne Beispiel wäre, das *worst-case*-Denken und die Feindbildfixierung blockieren von vornherein jede Lernchance, da der einmal fixierte Gegner nicht mehr aus seiner Rolle entlassen wird, selbst wenn er ehrliche, ernstgemeinte Friedensabsichten äußern würde. Ist es nicht ein Zeichen von alarmierender Lernpathologie, wenn trotz der offenkundigen Gefahren für die Fortexistenz der Menschheit wieder versucht wird, Gewaltanwendung zu einem Mittel der Politik zu machen, sei es, daß Pläne für den selektiven Einsatz taktischer, eurostrategischer oder gar strategischer Atomwaffen entworfen werden, damit der Krieg wieder führbar wird, sei es, daß die beiden Supermächte in »hochexplosiven« Gebieten wie dem Mittleren Osten militärische Gewalt anwenden (die Sowjetunion in Afghanistan, die USA gegen

Iran)? Ist es nicht Lernpathologie, trotz der verheerenden Wirkung von Nuklearwaffen in Begriffen wie »Verteidigung«, »Überlegenheit« (gar bloß zahlenmäßige) oder »Parität« zu denken und zu handeln – durch Einführung immer neuer Waffen und die Auftürmung sinnloser Übertötungskapazitäten? (So der französische Vizeadmiral *Antoine Sanguinetti;* vgl. Anm. 26.)

Schließlich ist auch die Bereitschaft zum Selbstmord in der Abschreckungstheorie eindeutig und klar angelegt, wie unsere Analyse ergab. Die NATO will Kernwaffen einsetzen, wenn der Warschauer Pakt mit konventionellen Kräften durchbrechen sollte, ihr Eskalationsmodell sieht den Einsatz strategischer Sprengköpfe als im Wortsinne letzten Schlag vor. Die Sowjetunion ist zu einer ähnlichen Strategie entschlossen, betont allerdings ihren »präemptiven«, d. h. vorbeugenden Charakter. Da beide Seiten nicht wissen, wie die andere im Kriegsfall reagieren wird, müssen vorbeugende Schläge und Entwaffnungsangriffe sowie eine unkontrollierbare Eskalationsabfolge als sicher angenommen werden.

Präsident *Carters* Sicherheitsberater *Brzezinski* konstatierte Anfang April 1980, daß es nunmehr die europäischen Alliierten in der Hand hätten, ob ein Dritter Weltkrieg verhindert werden könne oder nicht.[35] Selbst wenn der »Sicherheitsberater« die Europäer auf diese makabre Weise unter Druck setzen wollte, die verschiedenen Sanktionen der USA gegen die Sowjetunion und gegen den Iran voll und widerspruchslos mitzutragen, so signalisiert diese Äußerung doch deutlich die Bereitschaft zur »Weltvernichtung« und zum Selbstmord. Die USA, so könnte man *Brzezinski* interpretieren, seien nicht mehr in der Lage oder willens, einen Dritten Weltkrieg zu verhindern, vielmehr bereit, das Risiko seiner Auslösung einzugehen, wenn sie nicht die volle, solidarische Unterstützung der Verbündeten erhielten. Ein Dritter Weltkrieg wegen einer möglichen Fehlinterpretation sowjetischer Absichten in Afghanistan und wegen der Gefangenhaltung von 50 amerikanischen Bürgern, die logische Endkonsequenz des Abschreckungssystems hätte nicht schärfer dargestellt werden können.

Das Dilemma der Atomwaffen ist für denjenigen, der sich einen Rest an Denkfähigkeit bewahrt hat, klar: Man droht mit ihnen, um einen Gegner von erwarteten oder unterstellten Handlungen abzuschrecken, weiß aber »an sich« zugleich, daß diese Waffen nie eingesetzt werden dürfen, da dies zumindest in Europa »die physische und biologische Vernichtung des deutschen Volkes und der Völker Mitteleuropas bedeutet« *(Strauß)* oder »die Überlebenschancen der Europäer ... gleich Null« setzt (General *Bastian*). Dennoch kann es keinen Zweifel daran geben, daß diese Waffen im Kriegsfall, womöglich sogar schon vorbeugend in einem Spannungsfall (den man für ausweglos hält) eingesetzt würden. Nicht nur der CDU-Wehrexperte *Wörner* beharrt darauf, gegen Zweifler und ihre Bedenken polemisierend: »Wer über den Abschreckungswert taktischer Atomwaffen redet, muß dies im Kontext einer hinreichend realistischen Doktrin für den Einsatz dieser Waffen tun.« Denn wer »von einem Krieg abschrecken will, muß ihn kämpfen können«.[36] Der Unterschied zwischen Abschreckung und Kriegführung wird gedanklich bereits eliminiert, was innerhalb dieser »Verteidigungsvorstellung« sogar logisch ist; denn ohne eine Bereitschaft zur Kriegsführung kann es keine Abschreckung geben. Die klassische Abschreckungstheorie beinhaltete notwendigerweise die Bereitschaft und das Risiko, schwere Verluste hinzunehmen und zu erleiden; im Zeitalter nuklearer Massenvernichtungsmittel wird diese Bereitschaft, Verluste zu erleiden, zu einer Bereitschaft zum Selbstmord. Damit aber müßte Abschreckung aufhören, ein rationales politisch-militärisches Verhalten zu sein. Doch das ist nicht der Fall, beide Seiten nehmen das Risiko in Kauf.

Die Autoren der *Würzbach-Berger*-Studie beklagen das offenbar im Volk doch noch vorhandene Maß an Realitätseinsicht: »...Eine Grundproblematik der Politik atomarer Sicherheit besteht darin, daß die westliche Gesellschaft ... kaum mehr bereit ist, unter Umständen die Gesundheit und das Leben zu opfern, um diese Errungenschaften und die freie nationale Selbstbestimmung zu verteidigen.«[37]

Die Stilblüte – eine *Freud*sche Fehlleistung – enthält die makabre Zumutung, kollektiv Selbstmord begehen zu sollen: Die westliche Gesellschaft soll »das Leben« opfern, um Errungenschaften zu verteidigen! Die Autoren rügen die »mystische Verklärung von Abrüstung und Entspannung«, während es *Wörner* für an der Zeit hält, »daß wir Front machen gegen die Perversion der Friedensdiskussion in der Bundesrepublik Deutschland«.[38]

Mit diesem Buch sei der schwache Versuch unternommen, die »Perversion der Friedensdiskussion« noch eine kleine Weile fortzusetzen.

Exkurs II: Die Afghanistankrise im Lichte der Abschreckungsdoktrin

Die militärische Intervention der Sowjetunion in Afghanistan und die Reaktionen der Vereinigten Staaten auf diesen »Überfall« haben die beiden Supermächte in eine Lage manövriert, die zu einer unmittelbaren militärischen Konfrontation zu führen schien, mit all den unabsehbaren Eskalationsgefahren und Konsequenzen. Was läge daher näher, als diese Kritik der Abschreckungstheorie gewissermaßen der aktuellen Realität der Afghanistankrise auszuliefern, um ihre zentralen Aussagen auf ihre Schlüssigkeit zu prüfen. Dieser Versuch sei selbst auf die Gefahr hin unternommen, daß fehlende wichtige oder gar notwendige Hintergrundinformationen über Zusammenhänge sowie über einzelne Maßnahmen der politischen Akteure in der Sowjetunion und den USA ein endgültiges Urteil darüber noch nicht zuließen, ob die Konsequenzen der Afghanistankrise typisch für die Abschreckungstheorie seien. Das Abschreckungssystem, so ergab unsere Analyse, birgt in sich die Wahrscheinlichkeit einer Weltkatastrophe.

Es mag zunächst dahingestellt bleiben, ob der kommunistische Umsturz vom 27. April 1978 gegen das Regime von Ministerpräsident *Mohammed Daud* von der sowjetischen Führung geplant und ins Werk gesetzt wurde und ob er gar Teil der »globalen Eroberungsstrategie« der »Meister des Kreml« ist. Immerhin sprechen einige Indizien dafür, daß Moskau gerade unter Berücksichtigung machtpolitischen Kalküls den bis dahin in Afghanistan herrschenden Zustand für optimal hielt: Ein dominierender sowjetischer Einfluß in Wirtschaft, Militär und sogar Verwaltung, wobei das Land nach außen hin als neutraler Staat galt, allenfalls als Pufferstaat. Afghanistan war auf dem besten Wege, ohne Konflikte mit dem Westen und im Inneren in den sowjetischen Machtbereich integriert zu werden, bis die Regierung *Daud,* für Moskau offenbar überraschend, die kommunistische Partei zu unterdrücken und führende Mitglieder zu verfolgen begann, mithin eine Entscheidung heraufbeschwor.

Gegen die »alten Feudalstrukturen des 18. und 19. Jahrhunderts«[1] hatten sich in Afghanistan revolutionäre Kräfte in der »Bewegung der Jungafghanen« bereits während des Unabhängigkeitskampfes gegen die Briten zu formieren begonnen, also noch vor 1919. Der soziale Sprengstoff, den diese Feudalstrukturen bargen, trotz der ethnischen Zersplitterung, des Traditionsbewußtseins und der Genügsamkeit der in Afghanistan lebenden Bevölkerung, fand im Westen keine allzugroße Beachtung, solange das Land politisch ruhig war und unter König *Zahir Schah* einen relativ neutralen Kurs steuerte, unter seinem Nachfolger *Mohammed Daud* zuletzt sogar einen zunehmend prowestlichen. Es ist erstaunlich, wie wenig die »Russenfurcht« den dominierenden sowjetischen Einfluß und die unmittelbare Grenznähe zu diesem mächtigen Nachbarn ins Kalkül einbezog: Die mit dem Putsch 1978 eingetretene innenpolitische Entwicklung überraschte die westlichen Regierungen völlig.

Zwei Prozent der Großgrundbesitzer Afghanistans kontrollierten vor dem Umsturz 73 Prozent des bebaubaren Bodens und hielten damit 1,5 Millionen Familien oder 60 Prozent der Bevölkerung – landlose Arbeiter, Kleinbauern, Pächter – in fast vollständiger Abhängigkeit.[2] 80 Prozent der Ernteerträge mußten an die Feudalherren abgeliefert werden, weitestgehende Dienstverpflichtungen bis hin zum Kriegsdienst für die Khans waren die Regel, vor allem in den südlichen Provinzen des Hindukusch, Laghman und Nuristan. »Die Ausweglosigkeit der Feudalabhängigkeit wurde vor allem durch das wucherische Kreditsystem (Zinsen bis 300 Prozent) begründet. Die hohen Brautpreise, die enormen Kosten für Begräbnisse und Medizin, Bestechungsgelder für eine korrupte Verwaltung – das alles zwang den Bauern entweder zur Verpfändung oder gar zur Veräußerung seines kleinen Besitzes, den er dann für den Wucherer und Großgrundbesitzer bearbeiten mußte. Rechtlich gab es keine Grundlage für eine Leibeigenschaft in Afghanistan, faktisch herrschte sie überall dort, wo der Bauer zum Pächter oder gar landlosen Arbeiter wurde, und das war der Großteil der ländlichen Bevölkerung, die wiederum fast 90 Prozent der Bevölkerung Afghanistans ausmachte.

Die geringe Produktivität dieser Landwirtschaft mit primitivsten technischen Mitteln und die nur sehr gering entwickelte Geld- und Warenwirtschaft beschränkten daher den Markt auf den Austausch mit den 10 bis 15 Prozent der nicht dörflichen Bevölkerung. Die ländliche Arbeitslosigkeit zwang zudem erhebliche Teile der Bevölkerung auszuwandern und sich im Iran oder den Golfstaaten zu verdingen.«[3] Allerdings unterscheidet sich Afghanistan durch die Tatsache, daß es trotz zaristischer und britischer Invasionen de facto niemals Kolonie war, fundamental von den weitaus meisten anderen Staaten Asiens und der Dritten Welt. Die traditionellen sozialen Strukturen sind nie zerschlagen und die überkommenen Wirtschafts- oder Produktionssysteme, wie primitiv sie auch immer seien, nie unter die kolonialen Interessen einer europäischen Macht gezwungen worden. Diese historische Kontinuität führte offenbar dazu, daß diese Strukturen zwar als drückend, aber nicht als unerträglich und sozial desintegrierend empfunden werden. Soziale Revolten der afghanischen Landbevölkerung, die ja in viele Stämme und Gruppen zerfällt und keineswegs eine Einheit bildet, gegen die Großgrundbesitzer sind so gut wie unbekannt. Abhängigkeit führte nicht zu Existenzbedrohung oder gar -vernichtung, auch nicht zu Marginalisierung (wie etwa heute in Indien), weil der Großgrundbesitzer gleichzeitig traditionelle soziale Verpflichtungen und Hilfeleistungen einhielt wie Bereitstellung von Dünger oder Nahrungsmitteln. Wucherzinsen und damit verbundene Verschuldung führten offenbar erst in neuerer Zeit auch zur erzwungenen Aufgabe des Hofes, doch konnte der frühere Besitzer meist als Pächter seine Existenz weiter sichern. Gleichzeitig vertrat der Großgrundbesitzer, der meist der als »natürlich« empfundenen dörflichen Oberschicht angehörte, die Interessen des Dorfes und seiner Bauern gegenüber den Ansprüchen der Zentralregierung, die ohnehin in diesem agrarischen Vielvölkerstaat faktisch machtlos war.[4] Es bestand somit ein »Gegenseitigkeitssystem« mit starken persönlichen Beziehungen der Bauern zur Oberschicht, eine Art Klientelverhältnis. Es war eine Ordnung, in der sich leben ließ und die ein gewisses Maß an Loyalitätsbeziehungen ermöglichte und garantierte. Die traditionell tiefe Frömmigkeit und Verwurzelung in der islamischen Religion stärkte nicht nur die Position der Mullahs – die islamische Geistlichkeit war vielfach selbst Großgrundeigentümer –, sondern wirkte zusätzlich ordnungsstabilisierend und konfliktdämpfend.

Ohne diese grobe Skizze der sozialen Strukturen Afghanistans ist auch die Geschichte jener Kräfte, die schließlich die Revolution durchsetzten, kaum zu verstehen. Als diese sich zu formieren begannen und nach der Niederlage der Briten 1919 als »Bewegung der Jungafghanen« zusammen mit König *Amanullah* »gegen Großgrundbesitzer, Khans und reaktionäre Geistlichkeit«, so *Norman Paech*[5], kämpften, tobte in der Sowjetunion noch der Bürgerkrieg, und der Name *Lenin* dürfte den Jungafghanen kaum ein Begriff gewesen sein, wenngleich der König die sowjetische Regierung als erster diplomatisch anerkannte. Unter dem Druck der siegreichen Khans mußte *Amanullah* 1928 abdanken, nachdem er die afghanischen Stämme zuletzt mit unsinnigen Verordnungen (so sollten die Männer statt ihrer gewohnten Turbane plötzlich Zylinder tragen) gegen sich aufgebracht hatte. Doch in den 40er Jahren schlossen sich die zersplitterten national-demokratischen und sozialistischen Strömungen in der *Wisch-Zalmian*-Bewegung zusammen, aus der schließlich die *Volksdemokratische Partei Afghanistans (VDPA)* hervorging. Einige ihrer Mitglieder spielten dann eine bedeutende Rolle: *Nur Mohammed Taraki, Hafisullah Amin, Babrak Karmal.* Die führenden Kommunisten und Sozialisten entstammten größtenteils der äußerst schwachen, dafür aber um so emanzipiert-radikaler auftretenden Intellektuellenschicht der Hauptstadt Kabul, die mehr mit missionarischer Erbitterung als mit kommunistisch-ideologischer Überzeugung die feudale Rückständigkeit ihres Landes betrachtete und bekämpfte.

Mohammed Daud, ein Vetter des von ihm gestürzten Königs *Zahir Schah,* setzte die moskaufreundliche Politik zunächst fort; der sowjetische Einfluß und entsprechend die ökonomische Abhängigkeit Afghanistans verstärkten sich. Doch dann begann *Daud,* eine zunehmend zum Westen hin orientierte Politik zu betreiben, gleichzeitig die *VDPA* blutig zu unterdrücken und ihre Mitglieder zuletzt zu verfolgen.[6] Das Land wurde in ein Gefängnis verwandelt, durchsetzt von einem verzweigten Spitzelsystem[7], Hinrichtungen und Folterungen waren an der Tagesordnung. Die Brisanz dieses Kurswechsels *Dauds,* der von den Sowjets als schwere Provokation empfunden werden mußte, wurde im Westen nicht erkannt, die neue Politik aber natürlich gutgeheißen. Westliche Regierungen wie die der Vereinigten Staaten, der Bundesrepublik Deutschland oder Frankreichs weiteten die Zusammenarbeit erheblich aus, was in Moskau als Versuch gewertet wurde, den traditionellen sowjetischen Einfluß zurückzudrängen. Militärische Befürchtungen dürften ebenfalls ins Kalkül gezogen worden sein.

Am 27. April 1978 kam es in mehreren Städten Afghanistans, vor allem aber in Kabul, zu großen Demonstrationen, nachdem einige Tage zuvor einer der bekanntesten Führer der *VDPA* auf offener Straße ermordet worden war. Zwar ließ *Daud* nunmehr die gesamte *VDPA*-Führung inhaftieren und mehrere hundert Menschen dazu, doch den Massendemonstrationen folgte ein Militärputsch, der den Diktator stürzte. Ohne den Mord an dem *VDPA*-Führer und die blutige Repression durch das *Daud*-Regime hätte es vermutlich keinen Umsturz gegeben, zumindest nicht zu diesem Zeitpunkt. Selbst wer eine aktive Beteiligung Moskaus behauptet, wird einräumen müssen, daß *Daud* selbst dazu beigetragen hat, jene Konstellationen und

Bedingungen zu schaffen, die Revolten und Umstürze ausbrechen lassen.
Afghanistan geriet nunmehr in die Schlagzeilen der Weltpresse, wobei das soziale und historische Ursachengeflecht weitgehend verdrängt oder nicht erst zur Kenntnis genommen wurde. Damit entfiel auch jede Notwendigkeit, sich mit dem Versagen oder der Mitverantwortung des Westens zu befassen. Vielmehr wurde auf das gängige, simple Erklärungsmuster für alle Revolten und sozial motivierte Revolutionen seit 1917 zurückgegriffen: Kommunistische Umstürzler, ferngesteuert von Moskau, waren am Werk, um die Weltrevolution wieder ein Stück voranzubringen.
Nach dem Sieg der Revolution machten jedoch die Führer *Taraki* und *Amin,* beide Mitglieder des dominierenden *Khalk*-Flügels der *VDPA,* einen schweren Fehler: Die zunächst zweifellos vorhandene Zustimmung der Bevölkerung und die – von einem sozialistisch-revolutionären Standpunkt aus gesehen – Dringlichkeit der Reformen ließen sie allmählich alle Vorsicht über Bord werfen und blind werden für die Wirksamkeit und auch Bedeutung der alten feudalen Strukturen. Die intellektuellen Revolutionäre zeigten, daß sie sich dem »zurückgebliebenen« Volk entfremdet hatten. Sie interpretierten die objektive soziale Rückständigkeit und die Abhängigkeitsverhältnisse als Repression schlechthin und leiteten daraus den Wunsch des Volkes ab, nun auch die mit dieser Abhängigkeit verbundenen sozialen Bindungen, Lebensweisen, Traditionen, Anschauungen, Glaubenshaltungen aufzubrechen.
Auf dem Papier nahmen sich die geplanten Reformmaßnahmen größtenteils notwendig und vernünftig aus: allgemeine Preissenkungen und -kontrollen[8], Abschaffung der Wucherzinsen, Erlaß der Schulden, Hilfsfonds für Kleinbauern und Landarbeiter, Begrenzung des Landbesitzes auf 10 Hektar, entschädigungslose Enteignung des Großgrundbesitzes sowie seine Aufteilung auf Kleinbauern und Pächter, Abschaffung des Brautgeldes, Heraufsetzung des Mindestalters für heiratsfähige Mädchen, denen im übrigen eine Mitsprache bei der Heirat eingeräumt wurde, breite Alphabetisierungskampagne auch für Frauen, Schulpflicht auch für Mädchen (eine Verstaatlichung aller Produktionsmittel wurde dagegen nicht angeordnet[9]).
Angesichts der historischen Kontinuität aller afghanischen Stämme und Teilgesellschaften und der »Zeitlosigkeit« des Daseinsablaufes müssen diese zahllosen Reformansätze von der Bevölkerung wie eine Sturzflut empfunden worden sein, die

da faktisch über Nacht über sie hereinbrach und vieles von dem einzureißen drohte, was in Jahrhunderten gewachsen war: die vielfältigen Traditionen und vor allem die sozialen Bindungen in den wichtigen Lebensgemeinschaften Familie, Dorfklan, Gruppe, Stammesverband. Diese drohende Roßkur machte die Menschen orientierungslos und wirkte faktisch wie eine Entwurzelung. Es begann sich Widerstand zu regen, zunächst nur psychischer, angstmotivierter. Da es an erfahrenen Beamten und geschultem Personal fehlte, übernahmen großenteils Studenten die Aufgabe, Reformmaßnahmen durchzusetzen, 19- und 20jährige besetzten sogar Positionen von Richtern und Staatsanwälten. Ihr Elan sowie das Bewußtsein, in kurzer Zeit die Versäumnisse von Jahrhunderten aufholen zu müssen, respektierten kein Tabu.[10] Die Bauern erhielten rasch das Gefühl, daß man sie für Unmündige halte, mit denen nach Belieben umgesprungen werden könne.
Die Landreform endete bereits nach wenigen Monaten in einem Fiasko, weil sie dilettantisch und überstürzt ins Werk zu setzen versucht wurde. So hatten beispielsweise die Neubauern ein eigenes Stück Land, aber für das Starthilfeprogramm und die zugesagten Produktionsmittel war kein Geld vorhanden. Teilweise wurden auch, je nach errechnetem Bedarf, willkürliche Umsiedlungsaktionen vorgenommen, die böses Blut schufen. Bald erkannten die Bauern, daß sie schlechter dastanden als zuvor.
Bei dem rigorosen Vorgehen wurde auf Stammesunterschiede ebensowenig Rücksicht genommen[11] wie auf religiöse Bräuche oder die tiefverwurzelte Frömmigkeit, auch nicht auf die Ehre des Mannes in dieser patriarchalischen Gesellschaft, in der die Frau wenig mehr denn als Ware galt. Ihre nunmehr verkündete Gleichberechtigung erschien schlicht als Teufelswerk.
Das Regime wollte bewußt die alten Sozialstrukturen und die dörflichen Beziehungen aufbrechen. Das mißlang ebenso wie der Versuch, die islamische Geistlichkeit als »Opium fürs Volk« zu isolieren. Das Gegenteil wurde erreicht, nämlich eine breite Solidarisierung mit den traditionellen, aber Orientierung und ein gewisses Maß an sozialer Sicherheit gewährenden Kräften. Die Afghanen schlossen sich in unerwartet großer Zahl um ihre Großgrundbesitzer, Dorfältesten und Khans zusammen. Moskau drängte zwar angesichts des sich abzeichnenden Fiaskos die hitzigen, unerfahrenen Revolutionäre wiederholt zur Mäßigung und zu einer langsameren Gangart, fand aber wenig Gehör[12], zumal sich weder *Taraki* noch *Amin* als bedingungslose Anhänger geschweige denn Befehlsempfänger der Moskauer Zentrale verstanden.

Unter diesen Umständen fiel es der entmachteten alten Oberschicht relativ leicht, in dem zerklüfteten Land einen wirksamen, bewaffneten Widerstand zu organisieren. In diesem Klima begannen die im Lande tätigen sowjetischen Experten auf das traditionell stolze und freiheitsbewußte Volk wie ein rotes Tuch zu wirken, vollends dann, als zur Abwehr des immer stärker werdenden Guerillakrieges immer mehr sowjetische Militärberater zur Unterstützung der Regierungsarmee auftauchten; sie wurden nunmehr als Besatzer empfunden.

Die Regierung *Taraki* und vor allem die des Nachfolgers *Amin* verschärften ihrerseits die Repression, indem sie mit immer brutaleren Methoden gegen die Opposition vorgingen, um den Widerstand, den aktiven wie auch den passiven, zu brechen. Die Gefängnisse füllten sich abermals, Folter und politischer Mord wurden wieder eingeführt.

Weltpolitische Dimensionen nahm dieser zunächst innerafghanische Konflikt an, als die Rebellen relativ rasch zu einer Bedrohung für das Regime wurden, nicht zuletzt deshalb, weil sie militärische und finanzielle Unterstützung aus dem Ausland erhielten, aus China, Iran, Pakistan, von arabischen Staaten und selbst von Ägypten.[13] Eine Beteiligung des amerikanischen Geheimdienstes *CIA* ist zwar noch nicht öffentlich erwiesen, doch dürften entsprechende sowjetische Behauptungen nach allen Erfahrungen der Vergangenheit der Wahrheit sehr nahe kommen. Der sowjetische Außenminister *Gromyko* versicherte, im benachbarten Pakistan befänden sich Schulungslager der *CIA,* in denen afghanische Rebellen im Guerillakampf ausgebildet würden.[14] Daß die Aufständischen Stützpunkte, Schlupfwinkel und logistische Basen in Pakistan sowie im Iran haben, wird ohnehin nicht bestritten.

Nicht minder konfliktsteigernd wirkte sich aus, daß der afghanische Widerstand in den westlichen Medien und von Politikern als Befreiungskampf[15] oder »heiliger Krieg« – letztlich gegen Moskau – dargestellt wurde. Was im Iran als Umsturz »verrückter Mullahs« scharf kritisiert wurde, galt im Hinblick auf Afghanistan als islamisch motivierter nationaler Freiheitskampf gegen den Bolschewismus.

Das Prestige der zweiten Supermacht wurde also herausgefordert und damit die Glaubwürdigkeit Moskaus als Vorkämpfer für Befreiungsbewegungen in der Dritten Welt. Verlust an Prestige und an Glaubwürdigkeit kann sich aber heute im Rahmen der psychotischen Abschreckungstheorie, die ja nicht nur eine militärische, sondern auch eine politische und damit totale Doktrin ist, keine der beiden Weltmächte mehr leisten.

In dieser Situation, die immer auswegloser zu werden drohte, putschte *Amin* gegen *Taraki,* der gerade aus Moskau strikte Direktiven mitgebracht hatte, das Fiasko der gescheiterten revolutionären Reformen durch einen gemäßigten Kurs aufzufangen, Konzessionen gegenüber den Khans und den Mullahs zu machen und die Repression einzustellen. Der Putsch gegen den patriarchalisch wirkenden *Taraki,* der unter der Bevölkerung immer noch ein relativ hohes Ansehen genoß und am ehesten die Gewähr für eine halbwegs erfolgreiche Kurskorrektur geboten hätte, warf die Pläne der sowjetischen Führung über den Haufen. *Amin,* offenbar von persönlichem Ehrgeiz und Machtstreben getrieben, behielt die Repression nicht nur bei, er verschärfte sie sogar und zwang Moskau, zunächst gute Miene zum bösen Spiel zu machen. Inwieweit Befürchtungen der sowjetischen Führung, *Amin* habe eine Annäherung an China geplant, zutreffen, kann jetzt noch nicht beurteilt werden; entscheidend ist, daß solche Befürchtungen aufkamen und die weitere Strategie Moskaus stark, wahrscheinlich sogar entscheidend beeinflußten. *Amin* war offenbar mehrmals von Moskau aufgefordert worden, abzutreten und *Babrak Karmal* Platz zu machen, der dem Partschamflügel der *VDPA* angehörte und sich von Anfang an für ein eher behutsames Vorgehen bei der Durchsetzung der Revolution ausgesprochen hatte; *Karmal* hatte ursprünglich sogar eine Koalition mit *Mohammed Daud* eingehen wollen.[16] Die Partscham wollte erst eine Alphabetisierungskampagne nach kubanischem Muster einleiten und das Arbeitslosenproblem lösen, ehe sie daranzugehen gedachte, die Bevölkerung über ihre Zukunft entscheiden zu lassen. *Karmal* plante »für die nächste Generation«, berichtet *Andreas Kohlschütter.*[17]

Präsident *Amins* Weigerung, der Aufforderung Moskaus nach Rücktritt nachzukommen, bedeutete aus sowjetischer Sicht, daß jede wie auch immer geartete Lösung des Konflikts – sei es durch einen Sieg der Rebellen, sei es durch einen einschneidenden Kurswechsel etwa zugunsten Chinas, des Westens oder sogar der neoislamischen Bewegung –, Afghanistan aus dem Einflußbereich der Sowjetunion herausgebrochen hätte. Nach Iran sah die Kremlführung einen zweiten Unruheherd an der Südflanke und unmittelbar an China angrenzend entstehen. Daher entschloß sie sich zur militärischen Intervention. Die Alternative einer friedlichen Lösung war aus ihrer Sicht, und wohl auch objektiv, nicht mehr gegeben.

Die sowjetischen Motive für ein militärisches Eingreifen sind aus Moskauer Sicht teils plausibel, teils jedoch auch von den Kategorien der Abschreckungsdoktrin bestimmt. Von *worst-case*-Überlegungen ausgehend, wobei die Annahme des schlimmsten Falles immer auch eine Projektion eigener Befürchtungen (und Absichten) auf den Gegner bedeutet, die dann als »mit Sicherheit« zu erwartende Maßnahme des Gegners wahrgenommen werden, schien der Kreml überzeugt zu sein, daß die Vereinigten Staaten nach dem Verlust des Iran als »Einkreisungssegment« der Sowjetunion, als Spionage- und Abhörbasis sowie als potentielles Aufmarsch- und Operationsgebiet in einem globalen Konflikt, verstärkt danach trachten würden, das instabil gewordene Afghanistan als neuen Stützpunkt zu gewinnen, womöglich gemeinsam kontrolliert mit China.
Stärker noch könnte Moskau, das die amerikanischen Möglichkeiten und Optionen ähnlich grotesk überschätzt wie umgekehrt, ins Kalkül gezogen haben, daß die USA das *Khomeiny*-Regime im Iran letztlich doch »destabilisieren« würden und sie dies mit relativ hohen Erfolgschancen auch erreichen könnten. Denn, so könnte man die Überzeugungen, die in Moskau angestellt wurden, aufgrund der Indizien nachvollziehen, die islamische Revolution im Iran bedrohe die Vereinigten Staaten und die westliche Welt nicht durch das temporäre Ereignis der Geiselnahme von 53 amerikanischen Diplomaten und Botschaftsangestellten, das im übrigen wirtschaftliche Sanktionen und militärische Drohgesten Washingtons sowie einen Befreiungsversuch mit militärischer Gewalt[18] ausgelöst hat[19], sondern mehr noch durch den Aufruf zur Rückbesinnung auf islamische Wertvorstellungen und Normen, die eine starke Anlehnung der westlichen Industriezivilisationen beinhalten und in der arabischen Welt ein unerwartet großes Echo fanden. Eine Reislamisierung auf breiter Basis mit ihren kulturellen und vor allem politischen Konsequenzen schlösse aber die Gefahr mit ein, daß die Ölversorgung der westlichen Welt in eine starke Krise mit unabsehbaren Konsequenzen geriete. Noch stärker oder gar ausschließlich von der islamischen Religion und ihren Wertvorstellungen geprägte und motivierte Regierungen würden sich ohne Zwiefel nicht in dem Maße als Handelspartner der westlichen Industriestaaten fühlen wie die bisherigen Regierungen. Tatsächlich erscheinen – vom realistischen Eigeninteresse der arabischen Ölstaaten und ihren Volkswirtschaften her gesehen, ihren Entwicklungsmöglichkeiten und Aufnahmekapazitäten – die Einnahmen aus der

Ölförderung in groteskem Maße übersteigert. Der damit verbundene »Import« westlicher Zivilisation wird zunehmend als soziale, gesellschaftliche und kulturelle Verfremdung empfunden. Der nur mühsam niedergeschlagene Aufstand im saudiarabischen Mekka ließ dem Westen die Gefährdungen schlagartig deutlich werden.
Eine solche denkbare Entwicklung wird höchstwahrscheinlich auch in Moskau in Betracht gezogen. Aber selbst wenn die sowjetische Führung nicht von *worst-case*-Überlegungen ausgehen sollte (was unwahrscheinlich wäre), hätte sie realistische Gründe für die Annahme, daß sich an ihrer Südflanke ein Konflikt von potentiell globalem Ausmaß entwickelt, den der Westen, allen voran die Vereinigten Staaten, nicht anders als mit militärischen Mitteln zu lösen versuchen würden. Die Bedeutung des gescheiterten Versuchs der *Carter*-Regierung, die Geiseln in der Teheraner Botschaft mit Waffengewalt zu befreien, liegt weniger in der mit ihm verbundenen Absicht, sondern gerade darin, daß er sowjetische *worst-case*-Überlegungen voll zu bestätigen schien.
Indizien dafür gibt es außer diesem Befreiungsversuch in der Tat genug. Die Entscheidung Washingtons beispielsweise, eine hochmobile, feuerstarke Eingreiftruppe von 100 000 Mann aufzustellen mit der dafür nötigen und noch zu entwickelnden Logistik und Transportkapazität, fiel bereits lange vor dem Sturz *Schah Reza Pahlewis* und selbst vor der afghanischen Revolution. Auch die Diskussion über eine Ausweitung des Operationsgebietes der NATO ist wesentlich älter als die sowjetische Invasion Afghanistans. Schließlich gibt es eine Fülle von Äußerungen maßgeblicher amerikanischer Politiker, die keinen Zweifel daran lassen, daß ein militärisches Eingreifen zum Schutze der westlichen Ölversorgung unumgänglich wäre, sollten es die Umstände erfordern. Auch die Tatsache, daß sich in den USA schon seit Jahren eine Rüstungshysterie breitmacht, die zuletzt in dem »Nachrüstungsbeschluß« der NATO gipfelte, und daß sich die sowjetisch-amerikanischen Beziehungen immer mehr abkühlten, läßt aus Moskauer Sicht, die auch mehrfach artikuliert wurde, den Schluß zu, daß Washington sich auf eine Konfrontationsstrategie vorbereitet.
George F. Kennan sieht im sowjetischen Verhalten Gründe, »die sämtlich eher auf defensive als auf offensive Motive hindeuten«.[20] Ähnlich äußerte sich auch *Herbert Wehner*, ohne allerdings in der eigenen sozial-liberalen Koalition viel Verständnis zu finden.
Aufgrund und nach einer solchen, der Realität eher gerecht

werdenden Analyse, die keine Vollständigkeit beansprucht, wäre die sowjetische Intervention immer noch scharf zu kritisieren gewesen. Jedoch wäre die Rationalität der denkbaren westlichen, vor allem amerikanischen Reaktionen höher gewesen. Vor allem hätte u. U. jener irrational-missionarische Eifer ausgerechnet der Supermacht gebremst werden können, die in diesem Jahrhundert mehr als 60mal direkt oder indirekt militärisch intervenierte, um ihre Interessen durchzusetzen[21], die in Vietnam einen auch gegenüber der Zivilbevölkerung rücksichtslosen Krieg führte und deren Beziehungen zu den Staaten beispielsweise Lateinamerikas nach wie vor von Gewalt bestimmt wird. Auch die Vereinigten Staaten haben, wie die Sowjetunion mit Vietnam oder Afghanistan, mit Regierungen, die von ihnen abhängig waren, Verträge abgeschlossen, die ihnen die militärische Intervention einräumen, etwa mit Nicaragua oder Kuba.[22]

Der sowjetischen Führung unterlief offensichtlich eine Reihe von Fehlschlüssen: Sie unterschätzte die Entschlossenheit von US-Präsident *Carter* und seine Handlungsfähigkeit, vor allem auch die Macht Washingtons, die europäischen Verbündeten zu strikter Loyalität zu zwingen und zur Unterstützung einer Politik zu veranlassen, die in Europa auf interne Ablehnung stieß. Hätte der Kreml dies realistischer eingeschätzt, dann hätte er seine Afghanistanpolitik politisch-diplomatisch sorgfältiger vorbereitet und einen Schock auslösenden militärischen Überfall vermieden. Andererseits ist nicht auszuschließen, daß die Sowjets die *Carter*-Regierung für viel zu unberechenbar und konfrontationsbereit halten, als daß sie mit ihr eine Politik der Interessenabgrenzung noch für möglich erachten.[23]

Unterschätzt wurde in Moskau aber die Reaktion der blockfreien Staaten vor allem der Dritten Welt; die Ressentiments, ja teilweise Feindschaft gegenüber den USA als der alles beherrschenden Supermacht, die ihren Einfluß ja keineswegs mehr in erster Linie militärisch sichert, sondern ökonomische, finanzielle und andere Druckmittel einsetzt, zog die Sowjetunion durch die Intervention in Afghanistan auf sich selbst – ein Beleg für das katastrophale Versagen politischer Führung. Die Begründung des Einmarsches mit dem Hilferuf einer noch nicht existenten Regierung oder – als korrigierende Begründung später nachgeschoben – eines Teils der afghanischen Parteispitze in Opposition zu Präsident *Amin* (was aber ein illegaler »Hilferuf« gewesen wäre, da der afghanisch-sowjetische Freundschaftsvertrag zwischen Regierungen vereinbart wurde) –, war allzu fadenscheinig und beraubte Moskau jeder Glaub-

würdigkeit, verlieh ihr sogar zynische Züge. Militärische Aktionen der beiden Supermächte stoßen seit dem Vietnamkrieg beim »Rest der Welt« zunehmend und mit gutem Grund auf allergische Reaktionen.
Letztlich ignorierte Moskau auch die im Westen vorhandenen Bedrohtheitsängste. Daß die militärische Intervention im Westen als »Griff nach dem Öl« interpretiert werden würde, hätte man auch in der sowjetischen Hauptstadt vorhersehen können. Möglicherweise wäre dann die politische Kosten-Nutzen-Analyse differenzierter ausgefallen. Doch wer selbst nach psychotischen Verhaltensmustern agiert, kann psychotische Ängste des anderen nicht begreifen. Immerhin bewies die Abstimmung in den Vereinten Nationen, die einer vernichtenden politisch-diplomatischen Niederlage der Sowjetunion gleichkam[24], daß in der internationalen Staatenwelt sich die prinzipielle Auffassung durchzusetzen beginnt, derzufolge keine wie immer geartete Entwicklung der innenpolitischen Situation eines Staates die Intervention einer der beiden Supermächte von außen, erst recht keine militärische, rechtfertige.
Da es darüber hinaus im politischen Interesse der sowjetischen Führung lag, den Afghanistankonflikt so rasch wie möglich zu beenden, wurde der militärische Einsatz mit aller Härte und Brutalität geführt, offenbar auch unter Anwendung von Nervengas. Auf die Zivilbevölkerung scheint wenig Rücksicht genommen worden zu sein. Um den Widerstand der Rebellen und ihre Logistik zu treffen, wurden auch Dörfer angegriffen und zerstört.
Es ist nicht bekannt, ob die sowjetische Führung solche Überlegungen angestellt und die Alternativen erwogen hat, um sich trotzdem für die bewaffnete Intervention als dem ihrer Ansicht nach geringeren Übel zu entscheiden. Unbekannt ist ferner, ob und inwieweit die Meinungen im obersten Beschlußgremium, dem Politbüro, geteilt waren. Einige Indizien sprechen dafür, daß der Beschluß mit knapper Mehrheit gegen Staatspräsident und ZK-Generalsekretär *Leonid Breschnew* und Ministerpräsident *Alexeij Kossygin* gefällt wurde.
Im Westen jedenfalls wurden die psychotischen Reaktionen auf sowjetisches Verhalten in bestürzendem Maße aktiviert. Da es allein schon an zuverlässigen Informationen über die Afghanistan-Krise selbst fehlte, geschweige denn an Verständnis für die schwierige sowjetische Position (was nicht mit Rechtfertigung gleichgesetzt werden sollte), somit eine realitätsgerechte Einschätzung der Motive Moskaus unmöglich wurde, erscheint die Intervention innerhalb der Feindbildfixierung der Ab-

schreckungsdoktrin sofort als »Griff nach den Ölquellen«. CDU-Wehrexperte *Wörner* brachte diese psychotische »Überzeugung« stellvertretend für die nicht nur innerhalb seiner Partei vorherrschende Auffassung zum Ausdruck: »Die Kette der sowjetischen Eroberungen reißt nicht ab. Nach Angola, Moçambique, Äthiopien, Südjemen, Laos, Kambodscha ist es nun Afghanistan, das dem brutalen Expansionswillen der Sowjetunion zum Opfer fällt. Das geopolitische Ziel ist klar: der Durchbruch zum Indischen Ozean, die Herrschaft über die ölproduzierenden Staaten des Nahen Ostens – und damit die Kontrolle über die Lebenslinien des Westens: unsere Öl- und Rohstoffversorgung.«[25]
Ähnlich äußerten sich US-Präsident *Carter*[26] und Mitglieder seiner Regierung, vor allem Sicherheitsberater *Brzezinski*, der sich während eines Besuchs in Pakistan einen makabren Scherz erlaubte: Während einer Besichtigung an der Grenze zu Afghanistan entriß er einer Wache die Maschinenpistole und zielte über die Grenze hinüber, wo er die Sowjets vermutete. Eine Geste von eindringlicher psychotischer Symbolik.
Eine etwas vorsichtigere Beurteilung war hingegen bei der Bundesregierung festzustellen. Bundeskanzler *Schmidt* wandte sich öffentlich gegen militärische Demonstrationen des Westens in diesem Gebiet und gegen verbale Kraftmeierei, da »wir die Schnauze davon voll« haben.[27] Noch deutlicher äußerte sich die SPD-Führung; vor allem Fraktionsvorsitzender *Wehner* erregte die Gemüter der CDU/CSU, als er die Motive für die sowjetische Intervention »defensiv« nannte, die er »erklären, nicht jedoch billigen« wolle.[28]
Die These vom sowjetischen Griff nach dem Öl und den »Lebenslinien des Westens« wäre akzeptabel, wenn zuvor eine sorgfältige Analyse ergeben hätte, daß die Sowjets nach Abwägung aller Umstände kein anderes plausibles Motiv für ihr Eingreifen gehabt hätten. Zwar wäre dann immer noch die Gefahr des Irrtums nicht auszuschließen gewesen, aber es hätte eine rationale Auseinandersetzung mit der geschaffenen Realität stattgefunden. So aber entsprang diese Annahme dem *worst-case*-Feindbild und den eigenen psychotischen Ängsten, die als Aggressionsmotiv auf den fixierten Gegner projiziert wurden. Der Projektionsvorgang wird im übrigen dadurch besonders deutlich, daß im Westen selbst, lange vor der sowjetischen Invasion, nicht nur Überlegungen angestellt, sondern mit der amerikanischen Eingreiftruppe konkrete Maßnahmen eingeleitet worden waren, in der Golf-Region militärisch zu intervenieren.

Die Folge war, daß der Westen unter Führung der Vereinigten Staaten nicht auf die wahrscheinlich realen Gegebenheiten, d. h. auf das wahrscheinlichste sowjetische Motiv reagierte, sondern auf die eigene *worst-case*-Annahme. Die Gegenmaßnahmen wurden so bemessen, als stünde zweifelsfrei fest, daß die Sowjetunion es tatsächlich auf die Blockade der Ölwege oder gar die Besetzung der ölfördernden Staaten abgesehen habe. Die *Carter*-Regierung erhöhte drastisch die ohnehin vorgesehenen hohen Steigerungen des Verteidigungshaushalts, den sie für das Etatjahr 1981 auf 158 Mrd. Dollar festsetzte (einschließlich für die *Trident-II*-Raketen sogar 161 Mrd. Dollar).[29] Bis 1985 wird der Rüstungsetat der USA auf 224,8 Mrd. Dollar steigen. Vor allem die Mittel für die Zukunftswaffen wie *Laser*-Abwehr oder *Killer*-Satelliten wurden auf 14,8 Mrd. Dollar angehoben. Die Bundesregierung in Bonn mußte sich abermals dem Druck aus Washington und der CDU/CSU-Opposition beugen und die Steigerungsrate des Verteidigungshaushalts nachträglich auf drei Prozent erhöhen.[30] Die für 1981 vorgesehenen Steuererleichterungen wurden unter einen Finanzierungsvorbehalt gestellt. *Carter,* der das »starke und unübertroffene Verteidigungspotential« der USA rühmte, erklärte den Persischen Golf zum Interessengebiet der Vereinigten Staaten und drohte der Sowjetunion offen mit militärischer Gewalt: »Jeder Versuch einer Macht von außerhalb, sich die Kontrolle über die Region des Persischen Golfs zu verschaffen, wird als Angriff auf die Lebensinteressen der Vereinigten Staaten gewertet werden. Er wird unter Anwendung aller notwendigen Mittel zurückgeschlagen werden, einschließlich der militärischen Gewalt.«[31]

Brzezinski unterstrich diese Absicht und differenzierte sie zugleich: Die USA könnten als Antwort auf einen sowjetischen Angriff auch in einem anderen Teil der Welt mit militärischen Gegenmaßnahmen zuschlagen. Moskau könne bei einer Konfrontation weder das Gebiet noch die Taktik bestimmen. Die angestrebte hohe Beweglichkeit der amerikanischen Streitkräfte sei dabei ein Mittel, mit militärischen Maßnahmen drohen zu können, ohne sich in einem frühen Stadium auf den Einsatz von Atomwaffen verlassen zu müssen.[32] Damit war klar ausgesprochen, daß lokale Konflikte und lokale Konfrontationen als globale Auseinandersetzung verstanden werden. Mit anderen Worten: Die Vereinigten Staaten, d. h. das psychotische Weltbild ihrer politischen Akteure, kennt nur noch globale Konflikte. Dahinter steht die Überzeugung, daß die Auseinanderset-

zung mit der Sowjetunion das Ringen zweier Giganten, eines guten und eines bösen, um die Weltherrschaft ist; daher müsse der gesamte Globus in diesen Kampf einbezogen werden. Politische Differenzierung und eine Reaktion mit angemessenen Mitteln erscheint einem solchen »Denken« als Schwäche.
Es blieb daher nicht aus, daß *Brzezinskis* Erklärung so interpretiert wurde, als behielten sich die USA vor, u. U. militärisch beispielsweise in Nicaragua oder Kuba, Äthiopien oder Angola einzugreifen.
In rascher Folge erließ die *Carter*-Regierung eine Reihe von Boykottmaßnahmen, so Lieferstopps für Weizen, »strategische« oder hochentwickelte Technologie und Dünger. Das Nationale Olympische Komitee mußte unter dem Druck der Regierung die Teilnahme an den Olympischen Sommerspielen in Moskau absagen[33], und befreundete Staaten, vor allem aber die Alliierten, wurden ebenfalls unter Druck gesetzt, diesem Beispiel zu folgen. Die Ratifizierung des *SALT-II*-Vertrages wurde suspendiert, desgleichen die Verhandlung über ein Verbot von chemischen Waffen, die Eröffnung neuer Konsulate verschoben, Flüge der sowjetischen Luftfahrtgesellschaft Aeroflot wurden gekürzt. Der NATO-Rat empfahl seinen Mitgliederregierungen, der Sowjetunion keine Exportkredite mehr zu gewähren, die Europäische Gemeinschaft bot Jugoslawien, der Türkei und den arabischen Staaten demonstrativ verstärkte wirtschaftliche, finanzielle und militärische Hilfe bzw. Zusammenarbeit an.[34]
Demonstrativ auch unterstrich Verteidigungsminister *Brown* in Peking das Interesse der Vereinigten Staaten an einer »stärkeren militärischen Zusammenarbeit mit China«[35], die sowjetischen Einkreisungsängste bewußt schürend. Zusätzlich zu den 386 Stützpunkten und Militärbasen rings um die Sowjetunion (von insgesamt rund 2000 mit 500 000 Mann Besatzung) werden die USA neue Stützpunkte in Somalia, Oman und Kenia übernehmen, bei Bedarf außerdem Basen in Ägypten nutzen.[36] NATO-Oberbefehlshaber *Rogers* heizte das angstbestimmte Klima mit seiner Erklärung weiter an, sowjetische Übergriffe wie in Afghanistan seien jederzeit auch in Europa möglich.[37]
Es war, als bereite sich die westliche Welt auf einen globalen Abwehrkampf vor, Anzeichen von Hektik, Übertreibung, Angst, Haß, Aggressivität, Emotionalität, Bereitschaft zur Weltvernichtung und zum eigenen Selbstmord waren unverkennbar. Die Sicherheitsbedürfnisse bzw. Sicherheitsängste

der Sowjetunion wurden nicht in Betracht gezogen, obwohl die These kaum auf Widerspruch stößt, daß Sicherheit der einen Seite untrennbar mit der Rücksichtnahme auf die Sicherheitsbedürfnisse der anderen Seite verbunden ist.

Reaktionen der Nüchternheit und des Augenmaßes auch führender deutscher Repräsentanten blieben selten und nahmen sich in diesem psychotisierten Klima gewissermaßen »wirklichkeitsfremd« aus. Der SPD-Vorsitzende *Brandt* meinte, die Entspannungspolitik müsse trotzdem weitergehen, und die Deutschen sollten »nicht amerikanischer als die Amerikaner« sein wollen.[38] Bundeskanzler *Schmidt* betonte angesichts des zunächst fast totalen, lebensgefährlichen Kommunikationsstopps zwischen den beiden Supermächten immer wieder, man dürfe nicht weniger, sondern müsse im Gegenteil mehr miteinander reden. Er beklagte, daß den Regierungen der beiden Weltmächte die Fähigkeit zum Krisenmanagement abhanden gekommen sei. Fraktionschef *Wehner* trat dafür ein, mit der Sowjetunion verstärkt in Kontakt zu treten, um die wahren Motive für ihre Afghanistanintervention zu erforschen[39], die er im übrigen als »defensiv« auslegte.

Andererseits betonte Bundesaußenminister *Genscher* bei jeder Gelegenheit die unbedingte Solidarität der Bundesregierung mit Washington, unterstützte vorbehaltloser als etwa der Kanzler die Gegenmaßnahmen *Carters* und unterstrich immer wieder die »Unteilbarkeit der Entspannung«, ohne zu bemerken, daß er damit die Formel *Brzezinskis* übernahm, die »Globalisierung« lokaler Konflikte. Denn Unteilbarkeit der Entspannung heißt eben auch Unteilbarkeit der Spannung, also Krise in Afghanistan und Krise in Europa oder jedem anderen Teil der Welt. Im Zeitalter nuklearer Vernichtungswaffen ist diese undifferenzierte politische Eskalation eine verhängnisvolle Kurzsichtigkeit.

Eine scharfe Absage erteilte *George F. Kennan,* einst Erfinder der wieder so aktuellen Eindämmungsstrategie gegenüber der Sowjetunion, der Reaktion seiner Regierung auf den sowjetischen Einmarsch in Afghanistan.[40] Der frühere Stratege des Kalten Krieges, der aber – eine seltene Ausnahme – offenbar lernfähig ist, rügt nicht nur das ungeschickte Timing der Sanktionen, die in wenigen Tagen ins Werk gesetzt wurden, so daß *Carter* und *Brzezinski* sehr rasch die Trümpfe ausgingen (was von den Sowjets in einem zweiten, ähnlichen Konflikt als Äußerstes an zu erwartenden amerikanischen Maßnahmen vorab kalkuliert werden könnte), sondern kritisiert vor allem »unsere schiefe Interpretation der sowjetischen Motive«. Für deren Beurteilung gebe es »bis zum heutigen Tag nur eine einzige Grundlage ...: unsere eigenen Vermutungen. In den Reden und auch in den Aktionen der sowjetischen Führer finde ich keinen Beleg dafür ... Aber indem wir von einer unbewiesenen sowjetischen Bedrohung ausgehen, laufen wir da nicht Gefahr, die wirklich großen Bedrohungen unserer Sicherheit in dieser Region zu übersehen? Und die haben sich nicht geändert: Unsere selbstverschuldete Abhängigkeit vom arabischen Öl und unsere Verwicklung in eine völlig instabile israelisch-arabische Beziehung.« *Kennan,* einst Berater Präsident *John F. Kennedys,* bestreitet sogar, »daß Afghanistan eine strategische Schlüsselrolle in Südasien besitzt.«[41] Er beharrt darauf, daß die Militärintervention eine »offensichtlich aus defensiven Erwägungen unternommene Aktion« gewesen sei, da Afghanistan »in den Händen einer ausländischen Macht oder gar eines einheimischen *Khomeiny*... eher für Rußland zu einer militärischen oder politischen Bedrohung werden« könnte. Einen »Auftakt zu weiteren militärischen Abenteuern etwa gegen Pakistan oder Iran« sieht *Kennan* nicht.[42]

Klar erkennt *Kennan* auch, ohne es explizit zu formulieren, den Automatismus des Afghanistankonflikts, nämlich die rasche, unkontrollierte Abfolge von Aktion und Reaktion mit sich steigernder, eskalierender Tendenz, die zwar nicht im geringsten konflikteindämmend wirken kann, weil sich eine Supermacht, wenn sie fundamentale Sicherheitsinteressen bedroht sieht, nicht mit Strafmaßnahmen, gleich welcher Art, zur Aufgabe oder zur entscheidenden Kurskorrektur zwingen läßt, wohl aber nach kurzer Zeit vor der Alternative, ja dem Zwang steht, militärische Gewalt anzuwenden, womöglich gar aus Prestigegründen.

Der Afghanistankonflikt lieferte das Schema für die Entwicklung und den Ablauf einer Krise sowie das Versagen von »crisis management«, wie es von der Konfliktforschung schon längst als »Stolperdraht« zur Auslösung eines strategischen Atomkriegs beschrieben wurde. Die mit Nachdruck mehrfach ausgesprochene Androhung von Gewalt stellt die Regierung der USA darüber hinaus vor einen Entscheidungszwang, da Drohungen im Rahmen der Abschreckungsdoktrin auch realisiert werden müssen, um glaubwürdig zu bleiben, andernfalls die Abschreckung aufs Spiel gesetzt würde. Drohungen determinieren in gefährlicher Weise sogar die Nachfolger *Carters,* weil sie deren Glaubwürdigkeit ebenfalls aufs Spiel setzt und ihren Handlungsspielraum bei ähnlichen Krisen einengt. In der Afghanistankrise hat die Abschreckung einstweilen versagt, politisch wie militärisch, um so größer ist der Zwang, ihre Glaubwürdigkeit bei nächster Gelegenheit wiederherzustellen.

Das komplexe, letztlich ausweglose Problem der Abschreckung kommt in der Afghanistan-Krise deutlich zum Ausdruck. Ihren eigenen »logischen« Implikationen zufolge hätte sie »vollzogen« werden müssen durch militärische Gegenmaßnahmen, mit allen den damit verbundenen Risiken; denn Abschreckung heißt auch und nicht zuletzt Bereitschaft zum Risiko. Daß die Vereinigten Staaten den militärischen Konflikt (noch) nicht riskierten, könnte zunächst ein Beleg dafür sein, daß Abschreckung den abschreckt, der sie androht. *Carter* schreckte vor einem Krieg zurück, obwohl im Vergleich zu bisherigen historischen Kriegsanlässen eine militärische Auseinandersetzung als ultima ratio eigentlich unvermeidlich gewesen wäre.[43] Dem tröstlichen Einwand, daß die verfügbaren Nuklearwaffen die ihnen zugeschriebene Abschreckungswirkung getan hätten, steht aber die Tatsache gegenüber, daß lokale militärische Interventionen nach wie vor möglich bleiben, weil der Einsatz nuklearer Waffen im Einzelfall stets als unverhältnismäßig und obendrein zu risikohaft erscheint. Es ist keineswegs auszuschließen, daß eine der beiden Supermächte das Risiko der atomaren Eskalation nicht doch eingeht, weil sie glaubt, es aus Gründen der Glaubwürdigkeit der Abschreckung eingehen zu müssen. Als psychologische Vorbereitung darauf kann die These *Brzezinskis* von der jederzeit möglichen Ausweitung eines lokalen Konflikts zu einem globalen angesehen werden. Aus einer solchen Sicht gibt es dann keine lokalen Konfliktsituationen mehr, sondern nur globale, womit dann auch das Eingehen des vollen Risikos psychologisch gewissermaßen gerechtfertigt wäre. Es wird im übrigen auch dadurch gerechtfertigt, daß der Gegner, in diesem Falle die Sowjetunion, als »Welteroberer« erscheint, dem nur durch volle Risikobereitschaft und, wenn es sein muß, durch Vollzug der Abschreckung mit allen Mitteln begegnet werden könne.
Dem korrespondiert auf der anderen Seite naturgemäß das nicht minder große Risiko, daß die sowjetische Führung die Reaktionen der Vereinigten Staaten auf ihre militärische Intervention und besonders ihr Zurückschrecken vor der Anwendung militärischer Gegengewalt als Ausdruck von Hilflosigkeit und »Selbstabschreckung durch Abschreckung« interpretiert. Sollte Moskau das amerikanische Verhalten – Drohungen und Boykotte, aber keine militärischen Aktionen – für eine verläßlich kalkulierbare Größe in einem künftigen Konflikt halten,

wäre das Risiko eines Krieges zwischen den beiden Supermächten mit unabsehbarem Ausgang heute schon gegeben, ja gewissermaßen programmiert. Angesichts vorstellbarer und realistisch vorhersehbarer Krisen ist der sowjetische Einmarsch in Afghanistan, in ein Land, das seit Jahrzehnten zum Einflußgebiet Moskaus gehört und seit April 1978 kommunistisch regiert wird, ein relativ harmloser Konflikt, eine realitätsgerechte Einschätzung vorausgesetzt. Dennoch ist »aus der modernen Geschichte kein Fall bekannt, wo ein derartiger Zusammenbruch der politischen Kommunikation, wo ein derartiger Triumph zügelloser militärischer Verdächtigungen am Ende nicht zu einem bewaffneten Konflikt geführt hätte«.[44]
Da der frühere US-Außenminister *Henry Kissinger* immer noch als verläßlicher Interpret amerikanischer Politik und Repräsentant einer wünschenswerten Haltung gegenüber der Sowjetunion gelten kann, so verdeutlicht sich in seinen Äußerungen zum Afghanistankonflikt ebenfalls die wachsende Bereitschaft, für künftige Krisen auch militärische Maßnahmen in Erwägung zu ziehen. Die Renaissance der Ansicht, Gewalt sei doch ein brauchbares Mittel zur Fortsetzung der Politik, ist allenthalben im Gange. Psychologisch könnte dies gedeutet werden als Verdrängungsprozeß der nuklearen Wirklichkeit, die Gewaltoptionen an sich ausschließt und nach gewaltfreien Mitteln und Maßnahmen zur Konfliktlösung verlangt.
Eine solche Entwicklung ist also mit einem rapiden Verfall an Realitätssinn zu erklären; offenbar wird emotional in Frage gestellt, was rational nicht bestritten wird, daß nämlich im Zeitalter nuklearer Massenvernichtungswaffen Gewaltanwendung zwischen den beiden Supermächten, ja nicht einmal Gewaltandrohung, ein Mittel der Politik sein dürfe, der unkalkulierbaren Risiken wegen.
Auch *Kissinger* will Gewalt wieder zu einem Mittel amerikanischer Politik gegenüber der Sowjetunion machen, etwa wenn er feststellt, die »Erfolge der Sowjetunion« in Angola, Moçambique, Südjemen oder Äthiopien seien nur wegen der militärischen Schwäche des Westens möglich gewesen.[45] Diese These besagt zunächst, daß der Westen in diesen Ländern ebenfalls hätte militärisch intervenieren müssen (was im übrigen sowohl in Angola als auch in Moçambique geschehen ist), zum anderen aber verkennt sie in lernpathologischer Weise, daß die Ursachen für die Umstürze in diesen Staaten in einem langen Prozeß sichtbar geworden und somit vorhersehbar waren. Die Sowjetunion war objektiv nicht die Ursache, auch nicht die kommunistische Ideologie (etwa dafür, daß in Angola und Moçambique

das portugiesische Kolonialsystem zusammenbrach oder in Äthiopien eine feudale Monarchie gestürzt wurde), aber in seinem psychotischen Dämonisierungszwang verleugnen *Kissinger* und andere Politiker im Westen diese Ursachen, um eigene Fehler und Versäumnisse nicht eingestehen zu müssen. Selbst eigene Fehler werden auf den fixierten Gegner noch projiziert, damit das Feindbild nicht ins Wanken gerät, so wie ein naiv Gläubiger für alle Mißgeschicke den Leibhaftigen als Verursacher sieht.

Die wachsende Bereitschaft der Vereinigten Staaten, militärische Gewalt nicht erst seit Afghanistan wieder zu einer politischen Option zu machen, findet in *Kissinger* beispielhaften Ausdruck. Die drastische Erhöhung des amerikanischen Rüstungsetats hält er nicht nur für unzureichend, es müßten sogar »noch mehr Opfer gebracht werden«.[46] Unverblümt rechtfertigt er wie die *Carter*-Regierung eine Strategie, die gewöhnlich Moskau als Gefährdung des Weltfriedens vorgehalten wird: militärische Interventionen in anderen »Weltgegenden«, sofern es – einziges und offenbar alles legitimierendes Kriterium – die Interessen der Vereinigten Staaten erfordern. »Im übrigen müssen wir nicht nur in der militärischen Gesamtbilanz stark sein, wir brauchen auch lokal einsetzbare Stärke in jenen Weltgegenden, die wir für lebenswichtig halten.« Was »lebenswichtig« ist, bestimmen die Interessen der Vereinigten Staaten. Konsequenterweise spricht *Kissinger* auch nicht von Völkern, Bevölkerungen, Menschen, die möglicherweise eigene, von den USA verschiedene »lebenswichtige« Interessen haben könnten, sondern nur von »Gebieten«:

»Zunächst einmal müssen wir entscheiden, welches Gebiet wir eigentlich garantieren wollen. Dann müssen wir uns klar werden, wogegen wir es verteidigen wollen. Gegen einen militärischen Angriff der Sowjetunion? Gegen Angriffe durch Stellvertreter? Gegen Terroristenüberfälle? Gegen innere Unruhen? Und wenn wir uns darüber klargeworden sind, müssen wir entschlossen handeln und keine Halbherzigkeit aufkommen lassen ... Es wird unmöglich sein, irgendein Garantiegebiet zu verteidigen, wenn dort nicht amerikanische – oder besser noch: westliche – Streitkräfte sichtbar stationiert sind.«

Da es auf diesem Globus keine einzige »Weltgegend« gibt, die nicht zum »lebenswichtigen Interessengebiet« der Vereinigten Staaten erklärt werden könnte, bedeutet diese Analyse *Kissingers,* daß außerhalb des unmittelbaren sowjetischen Machtbereichs und außer China jedes »Gebiet« unter amerikanische Kuratel gestellt werden kann. Der »Rest der Welt« wird de facto zum amerikanischen Interessengebiet erklärt, wobei nach den Vorstellungen dieses repräsentativen Vertreters amerikanischer Politik mit militärischen Interventionen zu rechnen ist, falls instabile Situationen auftreten, die Washington als Gefährdung seiner Interessen interpretiert oder mehr noch als Folge »sowjetischen Expansionsdranges« begreift und damit einer Selbsttäuschung unterliegt.

Im Grunde genommen bewegt sich *Kissinger* in den Bahnen traditioneller Außenpolitik der Vereinigten Staaten, wie sie von Präsidenten wie *Theodore Roosevelt, Woodrow Wilson, William Taft* oder *Calvin Coolidge* vorgezeichnet und von den Präsidenten auch nach dem Zweiten Weltkrieg weiterbeschritten wurden. Die Geschichte der Außenpolitik der Vereinigten Staaten ist eine Geschichte der politischen und militärischen Gewalt. Die fragwürdigen Motive für die zahlreichen Militärinterventionen und Gewaltanwendungen gehen aus den Erklärungen amerikanischer Präsidenten und Politiker eindeutig hervor: *Roosevelt* beispielsweise beanspruchte für die amerikanische Außenpolitik »eine internationale Polizeigewalt auszuüben«[47] und *Wilson* versicherte, er würde die südamerikanischen Republiken schon lehren, »amerikafreundliche Regierungen zu wählen«[48] (was in der Tat bis auf den heutigen Tag geschieht. »Fehlentwicklungen« werden ausgetreten, durch Putsche wie gegen den guatemaltekischen Präsidenten *Jacobo Arbenz,* den Chilenen *Salvador Allende,* durch militärische Interventionen wie gegen den dominikanischen Präsidenten *Juan Bosch* oder durch Boykott und Interventionsversuche wie gegen den Kubaner *Castro.*) *Taft* gründete die Politik Washingtons auf das »Axiom, daß die Regierung in Washington jedem amerikanischen Unternehmen im Ausland alle Unterstützung leisten soll«.[49] Da er das nordamerikanische Volk rassischbiologisch und moralisch für wertvoller hielt als andere Nationen, sprach er ihm das Recht zu, über Kontinente wie Lateinamerika zu herrschen. In diesem Sinne ließ er 1909 das *Bryan-Chamorro*-Abkommen schließen, das den USA das Recht gab, in Nicaragua (ähnlich dem *Platt*-Amendment für Kuba) militärisch zu intervenieren. Senator *Beveridge* rief am 1. September 1900 im Senat aus: »Gott hat aus uns die begabtesten Organisatoren der Welt gemacht, um ... Ordnung zu schaffen ... Er hat die amerikanische Nation zu seinem auserwählten Volk erklärt, um durch uns die Neugestaltung der Welt ins Werk zu setzen. Das ist Amerikas göttliche Mission.«[50]

Die Präsidenten seit 1945 stehen in dieser Tradition, wie zahllose Äußerungen und letztlich ihre Politik selbst dies be-

weisen (*Eisenhower:* »Wir sind mit einer feindlichen Ideologie konfrontiert, universal im Ansatz, atheistisch im Wesen, heimtückisch und völlig rücksichtlos.« *Kennedy:* »Wir sind die Wächter der Freiheit auf den Wällen der Welt.« *Johnson:* »Wir wollen doch für die Völker nur, was sie für sich selber wollen.«[51]).
Eine mystische Verklärung ihrer Freiheitsvorstellung (nicht unähnlich der deutschen Reichsmystik) und – in dialektischer Weise damit verknüpft – der Wille sowie die Notwendigkeit, die Welt ökonomisch zu beherrschen, haben die Vereinigten Staaten blind werden lassen für sozial motivierte Revolten und Rebellionen. (Der frühere Außenminister *Dean Rusk* 1966: »Die USA müssen den Mythos der Unbesiegbarkeit der sozialen Revolution zerschlagen.«) Der amerikanische Freiheitsbegriff resultiert letztlich, wie der Soziologe *Sven Papcke* nachwies, in der Vorstellung von der Freizügigkeit des Besitzes und der Freiheit, Eigentum zu erwerben. Danach bestimmen sich auch die außenpolitischen Interessen der Politik Washingtons, die im Grunde nur eine Fortsetzung innenpolitischer Interessen »mit anderen Mitteln« sind. Eine Konsequenz dieser »Weltsicht« ist, daß die Politik der USA stets besten Gewissens mit blutrünstigen Diktaturen kooperieren kann, Reformbestrebungen aber in anderen Ländern als Bedrohung seiner Interessen – und die von nordamerikanischen Unternehmen – empfindet.
Auch aus *Kissingers* Äußerungen spricht jener Machtwillen, um nicht zu sagen Machtwahn, der eben deshalb zu einem psychotischen Problem wird, weil er als böse oder schlecht definiert, was nicht amerikanisch ist. An die Sowjetunion stellt er die Forderung: »Ich verlange von den Sowjets ja gar nichts Besonderes: Sie sollen lediglich mit ihrem Militär hinter ihren eigenen Grenzen bleiben.«[52] Diese Forderung wäre legitim, wenn sich in erster Linie die USA selbst an sie hielten, statt öffentlich über Eingreiftruppen und über die Notwendigkeit militärischer Interventionen zu spekulieren (was, wie erwähnt, lange vor Afghanistan der Fall war). Andernfalls plädiert *Kissinger* für Sanktionen: »Aufgabe der westlichen Politik müßte es sein, Belohnung und Strafe so auszuteilen, daß phantasielose, kurzsichtige, kleinkarierte Chefbürokraten in Moskau aus Eigeninteresse Zurückhaltung üben.« Abgesehen davon, daß Politiker wie *Willy Brandt* und selbst *Franz Josef Strauß* die »Bestrafung einer Supermacht für Unsinn« halten, da, so auch *Kennan,* die zur Verfügung stehenden wirtschaftlichen Sanktionsmöglichkeiten nach Eintritt des Konflikts keinerlei Druck-

wirkung mehr haben, kann *Kissingers* Alternative »Belohnung oder Strafe« ausgelegt werden als »Friede oder Gewalt«. Der Weltmachtanspruch der Vereinigten Staaten als »God's own people« hat die Tatsache offenbar noch nicht verkraftet, daß ihnen mit der Sowjetunion ein in etwa, zumindest militärisch, gleichrangiger Kontrahent erwachsen ist, gegen den nicht mehr in den traditionellen Kategorien der Überlegenheit Politik gemacht werden kann. Daß die Vereinigten Staaten eben dies dennoch weiter versuchen, ist eine der großen Gefährdungen des Weltfriedens.

So kann die Afghanistan-Krise als Beleg dafür gelten, daß der Ost-West-Gegensatz, der sich in der Abschreckungstheorie gleichsam widerspiegelt, von psychotischen Verhaltensmustern bestimmt wird. Wie sich unter solchen Voraussetzungen eine nukleare Weltkatastrophe vermeiden lassen soll, ist schlechterdings nicht vorstellbar. »Da Kriege in den Köpfen der Menschen beginnen«, heißt es in der Präambel zur Verfassung der UNESCO, »muß in den Köpfen der Menschen Vorsorge für den Frieden getroffen werden.«
Wie aber soll das möglich sein, wenn, wie *Johann Wolfgang von Goethe* resignierend meint, »der Krieg in Wahrheit eine Krankheit ist«?

Anmerkungen

1 *Robert Metzger/Paul Doty,* »Arms Control Enters the Gray Area«, in: International Security 1978/79, Bd. 3, Nr. 3, S. 9.
2 Vgl. entsprechende Presseberichte und Titel wie Frankfurter Allgemeine Zeitung (FAZ) vom 10. 11. 1979 oder Europäische Wehrkunde (EW), 11/1977.
3 Die Welt vom 10. 7. 1977, »Moskaus ›SS-20‹ beunruhigt die NATO«.
4 EW, 11/1977, S. 544.
5 *Alfred Mechtersheimer,* Modernisierung gegen Sicherheit (Manuskript) November 1979, S. 6.
6 Dieter S. Lutz, How much is enough? (=Diskussionsbeiträge des Instituts für Friedensforschung und Sicherheitspolitik Hamburg, Heft 17) Februar 1980, S. 10 ff.
7 *Lothar Ruehl,* »Militärs fordern mehr«, in: Die Zeit vom 2. 11. 1979, S. 4.
8 Weißbuch 1975/76: Zur Sicherheit der Bundesrepublik Deutschland und zur Entwicklung der Bundeswehr, Bonn 1976, S. 31.
9 Zit. nach EW, 4/1979.
10 *Thomas Hobbes,* Leviathan, 1966, S. 97 ff.
11 *Georg Simonis,* Außenpolitik und Abschreckung, Frankfurt/New York 1977, S. 177 ff.
12 Ebda., S. 183.
13 Ebda., S. 184.
14 Ebda., S. 184 und ff.
15 *Michael Poniatowski,* in: stern, Nr. 9, S. 64 ff.
16 *Josef Rattner,* Aggression und menschliche Natur, Frankfurt (Fischer Taschenbuch, Bd. 6173) 1972, S. 162.
17 *Carl von Clausewitz,* Vom Kriege, Bonn 1966, S. 865 ff.
18 Zit. nach *Rattner,* a. a. O., S. 164.
19 Zit. nach *Dieter Senghaas,* Abschreckung und Frieden, Frankfurt (Fischer Taschenbuch, Bd. 6157) 1972, S. 51 ff.
20 Ebda., S. 52.
21 Zit. nach *Simonis,* a. a. O., S. 317, Anm. 80.
22 *Simonis,* a. a. O., S. 200.
23 *Guha,* »Die Sowjetunion und die letzten Waffen«, in: Frankfurter Rundschau (FR) vom 28. 7. 1979.
24 Siehe auch Exkurs II: Die Afghanistan-Krise und die Abschreckungsdoktrin.
25 Auf dieses Problem weist mit Nachdruck General *Gerd Bastian* in seiner Kritik des Nachrüstungsbeschlusses der NATO hin: »Die Lagebeurteilung des Generals Bastian«, in: FR vom 25. 1. 1980, S. 5.
26 *IISS,* The Military Balance 1979–1980, London 1980; *Metzger/Doty,* a. a. O.; *Klaas de Vries,* Draft General Report on »The Security of the Alliance – The Role of Nuclear Weapons«, Oktober 1979, S. 6 ff.; *L. Ruehl,* a. a. O.
27 Weißbuch 1975/76, a. a. O., S. 21/22.

28 Heeresdienstvorschrift 100/101, Juli 1973.
29 *IISS,* The Military Balance 1979–1980, ferner Militärpolitik, Dokumentation zum Problem der Taktischen Nuklearwaffen in Europa, 1/1977, S. 10.
30 *Metzger/Doty,* a. a. O., S. 11.
31 *Helmut Schmidt,* Verteidigung oder Vergeltung, Stuttgart 1968, S. 121.
32 *Pat Towell,* in: Wireless Bulletin from Washington, S. 14.
33 Weißbuch 1975/76, a. a. O., S. 20. Der Bundesregierung ist bewußt, daß ein Krieg mit Waffen verhindert werden soll (indem man ihren Einsatz androht!), deren Zerstörungskraft so hoch ist, daß sie »bis zur vollständigen Zerstörung der Menschheit führen kann«.
34 *Samuel T. Cohen/William R. Van Cleave,* »Western European Collateral Damage from Tactical Nuclear Weapons«, in: Rusi-Journal, 2/1976.
35 Ebda., S. 24.
36 FR vom 11. 12. 1976.
37 *Gert Krell,* Neue Technologien und Rüstungskontrolle (Manuskript), Frankfurt 1977, S. 25 ff.
38 Weißbuch 1975/76, a. a. O., S. 23.
39 *Jorma Miettinen,* Modernization of NATO's Tactical Nuclear Weapons (Manuskript für die Pugwash-Konferenz) München 1977.
40 *Cohen/Van Cleave,* a. a. O., S. 35.
41 Ebda.
42 *Towell,* a. a. O., S. 15.
43 *Cohen/Van Cleave,* a. a. O., S. 36.
44 *Gert Krell/Peter Schlotter,* Zur Diskussion über die taktischen Atomwaffen in Europa (Manuskript) Frankfurt 1977, S. 62.
45 Ebda., S. 31.
46 Ebda., S. 40.
47 Ebda., S. 34.
48 Ebda., S. 34.
49 Ebda., S. 43 ff.
50 FAZ vom 21. 7. 1977.
51 »Zur Problematik der Taktischen Nuklearwaffen in Europa«, in: Militärpolitik, 1/1977, S. 70.
52 Ebda., S. 71.
53 Ebda., S. 73.
54 Ebda., S. 58/59.
55 Ebda.
56 *Hubertus Hoffmann/Rolf Steinrücke,* Rüstung und Abrüstung im euronuklearen Bereich, Washington/Bonn 1979, S. 6/7.
57 EW, 12/1977, S. 601.
58 Vgl. *Lutz,* a. a. O., S. 2 ff.
59 EW, 12/1977, S. 590.
60 Vor dieser Gefahr warnt z. B. der SPD-Vorsitzende *Willy Brandt,* in: FR vom 13. 10. 1979.

61 So der CDU-Bundestagsabgeordnete und frühere Bundesverteidigungsminister *von Hassel*, in: FR vom 19. 11. 1979.

62 So z. B. der einflußreiche US-Senator *Sam Nunn*, der *Breschnews* Angebot als »wohlgezielten Torpedo« gegen die Verteidigungsbereitschaft der NATO bezeichnete, in: FR vom 13. 10. 1979.

63 *Ehrhard Forndran*, »Die Dynamik des gegenwärtigen Rüstungsprozesses«, in: Sicherheitspolitik vor neuen Aufgaben, hrsg. von *Karl Kaiser* und *Karl Markus Kreis*, Frankfurt 1977, sowie *Gert Krell*, Neue Technologien und Rüstungskontrolle (Manuskript), Frankfurt 1977, S. 25 ff.

64 So Generalleutnant *Samuel Wilson* in einem Senatshearing, in: FR vom 24. 8. 1977.

65 FR vom 30. 7. 1979. Dieses System funktioniert etwa so, daß sämtliche Geräusche im Meer von Sonargeräten an einen riesigen Computer weitergegeben werden, der die für sowjetische Atom-U-Boote typischen Geräusche herausfiltert und die Position des Schiffes bestimmt.

66 So der Militärexperte *Donald Brennan* vom Hudson-Institut, New York, in: FR vom 15. 5. 1979, S. 12.

67 So *George F. Kennan*, in: Der Spiegel, 7/1980, S. 105.

68 *Carl Friedrich von Weizsäcker*, Wege in der Gefahr, München (dtv) 1976, S. 118.

69 Vgl. dazu die Begründung von *Simonis*, a. a. O., S. 224 ff.

70 FR vom 18. 1. 1980.

71 Vgl. *Raymond E. Burrel*, »Strategic Nuclear Parity and NATO Defense Doctrine«, in: National Security Affairs, Washington, Juli 1978, S. 14.

72 *Philip Hughes*, »Planning U.S. General Purpose Forces«, in: The Theatre Nuclear Forces, Washington 1977, S. IX.

73 *Schmidt*, a. a. O.

74 Die hier angegebenen Zahlen stützen sich auf *IISS*, The Military Balance, a. a. O., *Metzger/Doty*, a. a. O.; Weißbuch 1979.

75 *Friedhelm Reich*, »SS-20, eine Datenanalyse«, in: Wehrtechnik, Nr. 8/1979, S. 14 ff.

76 Ebda.

77 Sowjet War Machine, London 1978, S. 220.

78 *Brauch/Dragsdahl/Rusman*, Gründe zur Unterstützung des Appells für ein nukleares Waffenmoratorium (Manuskript), November 1979, S. 8.

79 *Dieter S. Lutz*, Das militärische Kräfteverhältnis im Bereich der euronuklearen Waffensysteme, (=Forschungsberichte des *IFSH*, Heft 12) Oktober 1979, S. 19.

80 *IISS*, The Military Balance, a. a. O., S. 118.

81 Ebda.

82 Das Weißbuch 1979 nennt 150 Stück, *Metzger/Doty* geben 190 an.

83 *ACT*, Backfire Plagues NATO, Januar 1979, Nr. 1.

84 So das Weißbuch 1979 und *Metzger/Doty*. Military Balance,

a. a. O., geht von 50 verfügbaren Bombern dieses Typs in 1979 aus.

85 Jane's all the World Aircraft, 1976/77.

86 *Metzger/Doty,* a. a. O., S. 34.

87 *ACT,* a. a. O., S. 1.

88 Ebda.

89 *Hoffmann/Steinrücke,* a. a. O., S. 99 ff.

90 Weißbuch 1979, S. 124.

91 *Simonis,* a. a. O., S. 201.

92 z. B. Weißbuch 1979 oder: Antwort der Bundesregierung auf die Große Anfrage der Fraktionen der SPD, FDP und CDU/CSU vom 16. 2. 1979, Bundestagsdrucksache 8/2587, im folgenden zitiert als: Antwort der Bundesregierung.

93 *IISS,* The Military Balance, a. a. O.

94 Ebda.

95 *Metzger/Doty,* a. a. O.

96 »The Effects of Nuclear War. Congress of the United States, Office of Technology Assessment«, Washington 1979, in: *Lutz,* How much is enough, a. a. O., S. 20 ff.

97 FR vom 11. 9. 1979.

98 In einer kritischen Studie für die SPD-Bundestagsfraktion weist *Manfred Schulte* zu Recht darauf hin, daß der Faktor »Eindringfähigkeit« für Raketen mit 1 hätte angegeben werden müssen. Das schwächt jedoch den Wert der *IISS*-Analyse nicht ab. *Manfred Schulte,* »Zur Datendiskussion des Kräfteverhältnisses bei den Nuklearwaffen großer Reichweite in Europa *(LRTNF)*«, in: Mitteilung der Fraktion der SPD im Deutschen Bundestag, Arbeitsgruppe Sicherheitsfragen, Bonn, 26. 11. 1979, S. 2.

99 *Lutz,* Das militärische Kräfteverhältnis, a. a. O.

100 *Metzger/Doty,* a. a. O., S. 20.

101 Vgl. FR vom 4. 1. 1980.

102 Süddeutsche Zeitung (SZ) vom 9. 10. 1976.

103 *Lutz,* How much is enough?, a. a. O.

104 World Military and Social Expenditures, Washington, Juli 1979, S. 14.

105 Zit. nach *Carola Bielfeldt/Gert Krell/Stephan Tiedke,* Aufrüstung durch Rüstungsvergleiche (Manuskript), Frankfurt 1973.

106 General a. D. *Michail A. Milstein,* Die Wirklichkeit ist anders, in: FR vom 30. 4. 1979, S. 2.

107 *C.F. von Weizsäcker,* a. a. O.

108 So *Wolfram von Raven,* in: EW, 10/1979, S. 482.

109 Ebda., S. 485.

110 So *Uwe Nehrlich,* in: EW, 7/1979, S. 328 ff.

111 *Klaas G. de Vries,* General Report on the Security of the Alliance, North Atlantic Assembly, November 1978, S. 22.

112 Vgl. *Brauch/Dragsdahl/Rusman,* a. a. O., S. 22.

113 SALT and the NATO Allies, Bericht des Unterausschusses für europäische Angelegenheiten des Außenpolitischen Senatsausschusses, Washington 1979, S. 11.

114 Vgl. EW, 4/1979, S. 166.
115 SALT and the NATO Allies, a. a. O., S. 13.
116 Ebda., S. 14.
117 Vgl. EW, 4/1979, S. 166.
118 Strategic Nuclear Parity and NATO Defense Doctrine, a. a. O., S. 15ff.
119 *Anton-Andreas Guha,* Die Neutronenbombe oder: Die Perversion menschlichen Denkens, Frankfurt (Fischer Taschenbuch, Bd. 2042) 1977, S. 67.
120 Vgl. *Metzger/Doty,* a. a. O., *Burrell,* a. a. O.; SALT and the NATO Allies, a. a. O.
121 So *Michael T. Klare,* Letter from Washington (Manuskript), 15. 1. 1979.
122 EW, 4/1979, 163–168.
123 Ebda., S. 165.
124 Vgl. *Johannes Steinhoff,* Wohin treibt die NATO? Probleme der Verteidigung Westeuropas, München (dtv) 1978, S. 155/156.
125 *Burrell,* a. a. O., S. 13.
126 *Fred Ch. Iklé,* »SALT and Nuclear Balance in Europe«, in: Strategic Revue, Frühjahr 1979.
127 *Michael J. Brenner,* »Strategy and European Defense: A Critical Reappraisal«, in: International Affairs 51, Januar 1975, S. 23 ff.
128 *Philipp W. Dyer,* »Will Tactical Nuclear Weapons Ever be Used?« in: Political Science Quaterly 88/6, 1973, S. 215.
129 Zit. nach *Burrell,* a. a. O., S. 21.
130 Vgl. auch EW, 11/1977, S. 543.
131 *Burrell,* a. a. O.
132 *Colin S. Gray,* »Deterrence and Defense in Europe: Revising NATO's Theatre Nuclear Posture«, in: Strategic Review 3/1975, S. 66.
133 *Guha,* Die Neutronenbombe, a. a. O., S. 144.
134 *Manfred Wörner,* »Taktische Nuklearwaffen und die Verteidigung Europas«, in: EW, 12/1977, S. 600 ff.
135 Ebda.
136 *Steinhoff,* a. a. O, S. 139.
137 Dies betont mit Nachdruck auch General *Bastian,* vgl. FR vom 25. 1. 1980.
138 *Wörner,* a. a. O., S. 605.
139 *Hoffmann/Steinrücke,* a. a. O., S. 6/7.
140 EW, 10/1979, S. 481 ff.
141 Davon 92 mit einem Einfach-Sprengkopf, 216 mit einem Achtfach-Sprengkopf. Vgl. *Gert Krell,* Das Militärische Kräfteverhältnis bei den nuklearstrategischen Waffen (=*HSFK*-Report), Frankfurt, Februar 1980, S. 35.
142 *Steinhoff,* a. a. O., S. 145. Allerdings kann auch *Steinhoff* das atomare Dilemma nicht lösen, sondern bleibt dessen Widersprüchlichkeit verhaftet: Einerseits nennt er die Nuklearwaffen »politische Waffen ... Sie sind keine Waffen der Kriegführung« und äußert schwerste Bedenken schon gegen ihren selektiven

Einsatz; andererseits geht er davon aus, daß allein die bloße Existenz dieser Waffen und die potentielle Verfügbarkeit über sie die Sowjetunion vor einem Angriff abschrecken.

143 EW, 11/1977, S. 541.

144 So *Steinhoff,* a. a. O., S. 143; *Burrell,* a. a. O., S. 28.

145 Vgl. Oberstleutnant *Horst Prayon,* »Abschreckung 2000«, in: EW, 7/1978, S. 334 ff. *Prayon* gibt ein »offenes Geheimnis« preis: »Der Sowjetunion bleiben noch zwei Jahrzehnte Zeit, bis ihr China militärisch gefährlich werden kann. In dieser Zeitspanne soll für die Sowjets in Europa die Entscheidung gefallen sein.« *Prayon* wäre, seinen Ausführungen zufolge, der »Denkschule« um *Menault* zuzuzählen: Vernachlässigung der konventionellen Streitkräfte zugunsten »weitreichender nuklearer Vernichtungsmittel, die jedem Aggressor für den Fall internationaler Gewaltanwendung untragbaren Schaden androhen«. Auf ein aktuelles Beispiel bezogen: Da sich die Sowjetunion mit der Invasion Afghanistans einer »internationalen Gewaltanwendung« schuldig gemacht hat, soll ihr der Westen nunmehr »nukleare Vernichtungsmittel« androhen – und sie womöglich auch einsetzen...

146 Zit. nach EW, 7/1978, S. 336.

147 Vgl. *Mechtersheimer,* a. a. O., S. 13.

148 EW, 7/1978, S. 326.

149 Ebda., S. 321.

150 EW, 7/1979, S. 321 ff.

151 FAZ vom 10. 2. 1979.

152 EW, 4/1979, S. 161 ff.

153 Vgl. *Hoffmann/Steinrücke,* a. a. O., S. 152 ff.

154 *John G. Tower,* »Amerikanische Sicherheits- und Außenpolitik«, in: EW, 7/1978, S. 321.

155 So *Wladimir Tulinew,* »Wie der Mythos von der sowjetischen militärischen Bedrohung fabriziert wird«, in: Sowjetunion heute, 18/1979, S. 18.

156 EW, 4/1979, S. 162.

157 Der Spiegel, 7/1980, S. 105.

158 Ebda., sowie *George F. Kennan,* »Die russische Gefahr ist viel Einbildung«, in: Die Zeit, Nr. 2/1980, S. 14.

159 *Klare,* a. a. O., S. 1.

160 *Kennan,* in: Die Zeit, a. a. O.

161 Ebda.

162 *Klare,* a. a. O.

163 New York Times vom 30. 11. 1978.

164 *Harold Brown,* »Schwerpunkte des amerikanischen Verteidigungsprogramms«, in: Europa-Archiv, Folge 16/1979.

165 *Guha,* »Der strategische Atomkrieg ist wieder denkbar«, in: FR vom 15. 5. 1979.

166 *Tower,* a. a. O.

167 Ebda.

168 *Kennan,* a. a. O.

169 The Defense Monitor, Mai 1979, S. 7.
170 FAZ vom 7. 3. 1979.
171 *Kennan,* a. a. O.
172 FR vom 10. 2. 1979.
173 *Klare,* a. a. O., S. 8.
174 New York Times vom 14. 12. 1978.
175 *Brown,* a. a. O., S. 415 ff. Vgl. auch »Das Programm der Bundesregierung für die Beschaffung von Waffen der ›Dritten Generation‹«, vorgetragen von *Dr. Karl Schnell,* Staatssekretär im Bundesverteidigungsministerium, in: EW, 8/1979, S. 379 ff.
176 EW, 7/1979, S. 358.
177 The Defense Monitor, Mai 1979, S. 4.
178 *Brown,* a. a. O., S. 426.
179 The Defense Monitor, a. a. O.
180 *Klare,* a. a. O., S. 4.
181 FAZ vom 11. 6. 1979; Basler Zeitung vom 12. 6. 1979.
182 *Brown,* a. a. O., S. 427.
183 Ebda., S. 432.
184 EW, 7/1979, S. 358.
185 *Brown,* a. a. O., S. 427.
186 General *Samuel Wilson,* FR vom 24. 8. 1977.
187 FR vom 16. 11. 1978.
188 Stern Nr. 8/1980. Die Bewaffnung der B-52-Bomber mit Cruise Missiles, die Atomsprengköpfe haben, ist dabei noch nicht berücksichtigt.
189 FAZ vom 11. 6. 1979.
190 Ebda.
191 Washington Post vom 8. 11. 1978.
192 So *Brown,* a. a. O., S. 439.
193 The Defense Monitor, a. a. O.
194 Ebda.
195 FR vom 8. 2. 1980.
196 *Klare,* a. a. O., S. 7.
197 The Defense Monitor, a. a. O., S. 6/7.
198 Ebda.
199 FR vom 23. 1. 1980.
200 Der Spiegel vom 11. 2. 1980, S. 145.
201 Vgl. *Joachim Hackethal,* »Liebe Grüße aus Moskau«, in: Zeit-Magazin, Nr. 15/1979, S. 4 ff.
202 Vgl. EW, 2/1977, S. 66; FAZ vom 4. 12. 1976.
203 Vgl. *Brown,* a. a. O., S. 430; The Defense Monitor, a. a. O., S. 4; *Hoffmann/Steinrücke,* a. a. O., S. 99 ff.; *Mechtersheimer,* a. a. O., S. 3.
204 Vgl. dafür *Peter Corterier,* Entwurf eines Gesamtberichts über die politischen Entwicklungen im Bündnis, Dok.-Nr. W 145, PC (79) 5, deutsche Fassung, S. 69.
205 Ebda.
206 *Erhard Rosenkranz,* »Die praktische Relevanz von Handlungsoptionen im Bereich der Rüstungs-, Abrüstungs- und Rüstungskon-

trollpolitik«, in: *Baudissin/Pott/Rosenkranz,* Fünf Beiträge zur Diskussion über Sicherheitspolitik und Rüstungstechnologie (=*IFSH*-Diskussionsbeiträge, Heft 7) Dezember 1977, S. 6.
207 *Rosenkranz,* a. a. O., S. 7/8.
208 *Alfons Pawelczyk,* »Keiner kann den Sieg über den anderen erringen«, in: FR vom 7. 9. 1979, D-Ausgabe.
209 *Erhard Rosenkranz,* »Das Feindbild der NATO und die gebotene Korrektur dieser Planungsgrundlage«, in: Friedensanalysen, Bd. 1, Frankfurt 1975, S. 87 ff.
210 Ders., Der politische Stellenwert des militärischen Gleichgewichts, in: Sicherheitspolitik vor neuen Aufgaben (Sonderdruck), Frankfurt 1976, S. 281.
211 Vgl. *Hugo Portisch,* Friede durch Angst, Wien 1972, S. 238 ff.
212 Vgl. *Corterier,* a. a. O., S. 72.
213 Ebda.
214 Antwort der Bundesregierung, a. a. O., S. 22.
215 FR vom 22. 1. 1979.
216 Antwort der Bundesregierung, a. a. O., S. 22.
217 *Brauch/Dragsdahl/Rusman,* a. a. O., S. 18.
218 Der Spiegel, Nr. 20/1979, S. 144.
219 *Nicolai Portugalow,* Der ungeschickte Trompeter, (Manuskript; aus Sowjetskaja Rossia), 1979, ohne Datum, S. 3.
220 Antwort der Bundesregierung, a. a. O.
221 Ebda., S. 21.
222 Ebda., S. 20.
223 *Leonid Samjatin,* Der Westen steht vor einer entscheidenden Wahl (Manuskript, Ansprache im sowjetischen Fernsehen), ohne Datum, S. 4.
224 Vgl. General *M.A. Milstein,* a. a. O.
225 *Sergej Achromejew,* »Militärische Entspannung aus sowjetischer Sicht« (Interview mit APN, Manuskript), Herbst 1979, ohne Datum, S. 4.
226 So auch *Valentin Falin,* früher Botschafter der Sowjetunion in Bonn und stellvertretender Informationsdirektor beim ZK der KPdSU, »Akt des gesunden Menschenverstandes und des guten Willens« (Interview mit der sowjetischen Nachrichtenagentur Nowosti, Manuskript), Herbst 1979, ohne Datum, S. 4.
227 Ebda., S. 7 und *Portugalow,* a. a. O., S. 3.
228 Zit. aus New US Missiles in Europe: Security or Menace? World Peace Council, Helsinki, November 1979, S. 8 ff.
229 Antwort der Bundesregierung, a. a. O., S. 22.
230 *Pasti,* New US Missiles, a. a. O.
231 Stern, Nr. 47, S. 28.
232 *Milstein,* a. a. O.
233 *Samjatin,* a. a. O., S. 2.
234 So auch *C.F. von Weizsäcker,* a. a. O., S. 224.
235 Vgl. *Nino Pasti,* der »offiziellen amerikanischen Dokumenten« entnimmt, daß die USA einen Atomkrieg auf Europa beschränken wollen, a. a. O.

236 So auch die Prawda in ihrem Kommentar vom 1. 2. 1979.
237 *Helmut Schmidt,* »SPD/FDP-Koalition auf Abrüstungs- und Entspannungskurs«, in: Koalition auf Entspannungskurs, hrsg. von Rolf Seeliger, München 1979, S. 45.
238 *Pawelczyk,* a. a. O.
239 *Guha,* »Die Sowjetunion und die letzten Waffen«, in: FR vom 28. 7. 1979, S. 12.
240 FR vom 31. 1. 1979.
241 FR vom 1. 2. 1979.
242 FR vom 15. 5. 1979 und 31. 5. 1979.
243 Deutsche Presse-Agentur (dpa) vom 5. 10. 1979.
244 FR vom 4. 10. 1979.
245 FR vom 12. 10. 1979.
246 Ebda.
247 *Resnitschenko,* in: stern, a. a. O., S. 26.
248 International Herald Tribune vom 10. 11. 1979, S. 8.
249 Ebda.
250 FR vom 13. 10. 1979.
251 Ebda.
252 dpa vom 23. 10. 1979.
253 *Pawelczyk,* a. a. O.
254 Ebda.
255 *Alfons Pawelczyk,* »Die Entspannungspolitik muß als Element der Sicherheitspolitik genauso ernst genommen werden wie die Verteidigungspolitik«, in: Koalition auf Entspannungskurs, a. a. O., S. 30.
256 *Pawelczyk* in FR vom 7. 9. 1979.
257 Vgl. »Sicherheitspolitik im Rahmen der Friedenspolitik«, Leitantrag des SPD-Parteivorstandes für den Bundesparteitag der SPD in Berlin, Dezember 1979, S. 28; im folgenden zitiert als Leitantrag.
258 Ebda., S. 13.
259 *Pawelczyk* in: FR vom 7. 9. 1979.
260 Zit. nach *Brauch/Dragsdahl/Rusman,* a. a. O., S. 21.
261 Ebda.
262 *Alfons Pawelczyk,* »Das strategische Gleichgewicht bleibt unverändert«, in: FR, Ostern 1978, S. 14, D-Ausgabe.
263 FR vom 30. 7. 1979.
264 FR vom 23. 11. 1979.
265 Leitantrag, a. a. O., S. 27 f.
266 FR vom 13. 12. 1979, S. 2.
267 SALT and NATO Allies, a. a. O., S. 24/25.
268 *Lothar Ruehl,* »Kernwaffen in Europa: Ein Beschluß ohne Spitzfindigkeiten«, in: Die Zeit vom 16. 11. 1979.
269 Ebda.
270 Associated Press (AP), Nr. 249 vom 5. 6. 1979.
271 Ebda.
272 FR vom 12. 9. 1979.
273 *Mechtersheimer,* a. a. O., S. 7.

274 *Manfred Wörner,* »Die Zukunft unserer Sicherheit« (Rede vor dem sicherheitspolitischen Kongreß der CDU am 11./12. Januar 1980), Bonn 1980, S. 11; im folgenden zitiert als Redemanuskript.

275 *Hans Apel,* Rede auf der sicherheitspolitischen Informationstagung der SPD-Bundestagsfraktion in Bremen am 20. 5. 1979 (Manuskript), S. 5.

276 Zit. nach *Brauch/Dragsdahl/Rusman,* a. a. O., S. 20.

277 Vgl. z. B. *Hans Rühle,* »CMS, NATO and the European Option«, in: Strategic Revue, Herbst 1978, S. 46 ff.; *John C. Schlarfen/ Kristine S. Wilcox,* »Speculations on Soviet Reactions on the US Cruise Missile«, in: Military Revue, Juni 1977, S. 65 ff.

278 Das *Stockholm International Peace Reserarch Institute (SIPRI)* gibt den *CEP*-Wert für die Cruise Missiles mit 10 m an. Reinbek (rororo-aktuell, Bd. 4186) 1975, S. 100 ff.

279 Vgl. dazu die realistische Einschätzung bei *Corterier,* a. a. O., S. 64, ohne daß jedoch daraus die Konsequenz gezogen würde, die Sicherheitsinteressen der Sowjetunion zu berücksichtigen. Durch die Einkreisung vermindern sich auch die militärischen Optionen der Sowjetunion in taktischer wie strategischer Hinsicht nicht unerheblich, was eine Verminderung der angenommenen Bedrohung Westeuropas bedeutet.

280 *Guha,* Die Neutronenbombe, a. a. O., S. 150.

281 Im Gegensatz zu *Graf Baudissin* meint General a. D. *Steinhoff,* daß ein überfallartiger konventioneller Angriff des WP in Mitteleuropa – mit Einschränkungen auch an den Flanken – durchaus gute Erfolgschancen hätte; alle anderen strategischen Optionen schließt *Steinhoff* aus. Vgl. *Steinhoff,* a. a. O., S. 49 ff. Die Frage, weshalb die Sowjets diese Option des Angriffs »aus dem Stand« nicht schon längst wahrgenommen haben, da der rapide Fortschritt der Aufklärungs- und Nachrichtentechnologie in absehbarer Zeit auch diese Option zunichte machen wird, beantwortet der General nicht. Der frühere Inspekteur der Bundeswehr, General a. D. *de Maizière,* hält wiederum den massiven WP-Angriff in Mitteleuropa für die wahrscheinlichere Option, Angriffe »aus dem Stand« schließt er aus.

282 *Guha,* »Die Sowjetunion und die letzten Waffen«, a. a. O.

283 *Schnell,* a. a. O.

284 Vgl. *Steinhoff,* a. a. O., S. 45, oder General a. D. *Harald Wust,* in: FR vom 10. 8. 1979.

285 *Bielfeldt/Krell/Tiedke,* a. a. O., sowie *Anton-Andreas Guha,* Die Zahl als Waffe, in: FR vom 16. 3. 1973, Wochenendbeilage.

286 FR vom 19. 9. 1979.

287 Vgl. *Guha,* Die Neutronenbombe, a. a. O., S. 82 ff.

288 *Mechtersheimer,* a. a. O., S. 15.

289 Ebda.

290 *Horst Afheld* in: Der Spiegel, a. a. O.

291 Zit. nach *Brauch/Dragsdahl/Rusman,* a. a. O., S. 11.

292 Zit. nach *Corterier,* a. a. O., S. 69.

293 dpa vom 1. 9. 1979.
294 *Brown,* a. a. O., S. 431.
295 Der SPD-Bundestagsabgeordnete *Peter Corterier:* »Provokatorische Bemerkungen von Dr. Henry Kissinger«, in: *Corterier,* a. a. O., S. 64.
296 *Mechtersheimer,* a. a. O., S. 14.
297 Vgl. *C.F. von Weizsäcker,* »Gefahren der Rüstung in den achtziger Jahren«, in: Die Zeit vom 16. 11. 1979.
298 *Schmidt,* Verteidigung oder Vergeltung, a. a. O., S. 97.
299 *Mechtersheimer,* a. a. O., S. 16.
300 FR vom 13. 3. 1980.

Exkurs I: Beruht das Abschreckungssystem auf einer Psychose?

1 So *Senghaas,* Abschreckung und Frieden, a. a. O., S. 75 ff.
2 *Wörner* in: EW, 3/1980, S. 121.
3 *Ferdinand O. Miksche,* »Westeuropas Lage in einer gefährdeten Welt«, in: Armee für den Frieden, hrsg. von *K.E. Becker/D. Dietrich/E. Lutz/V. Stahl,* Hannover 1980, S. 64.
4 Ebda.
5 *Alois Mertes,* Vortrag auf dem sicherheitspolitischen Kongreß der CDU am 12. 1. 1980 (Manuskript).
6 *Axel C. Springer,* »Wir stehen zu den USA, komme was mag«, in: Die Welt vom 26. 4. 1980, S. 3. Begrüßungsansprache für den früheren US-Präsidenten *Richard M. Nixon,* der zur Vorstellung seines Buches mit dem makabren Titel »Der dritte Weltkrieg hat schon begonnen« in West-Berlin weilte.
7 *Wörner,* Die Zukunft unserer Sicherheit (Redemanuskript), a. a. O., S. 6.
8 *Miksche,* a. a. O., S. 64.
9 FR vom 3. 1. 1980.
10 Zit. nach *Sven Papcke,* in: *Juan Bosch,* Der Pentagonismus, Reinbek (rororo-aktuell Bd. 1151) 1969, S. 121.
11 Ebda.
12 Ebda., S. 120.
13 Ebda., S. 122.
14 *Richard E. Pipes,* in: EW, 2/1980, S. 58.
15 *Wörner,* in: EW, 3/1980, S. 120.
16 *Hans Rühle,* »Der Nachrüstungsbeschluß – eine notwendige Nachlese«, in: EW, 2/1980.
17 *Juan Bosch,* Der Pentagonismus, a. a. O.
18 *Miksche,* a. a. O., S. 65.
19 Weißbuch 1979: Zur Sicherheit der Bundesrepublik Deutschland und zur Entwicklung der Bundeswehr, S. 118.
20 *Wörner,* Redemanuskript.

21 Zit. nach *Bosch,* a. a. O., S. 105.
22 *Senghaas,* a. a. O., S. 82.
23 Vgl. *Guha,* Die Zahl als Waffe, a. a. O.
24 *Rühle,* a. a. O., S. 60.
25 *Wörner,* Redemanuskript.
26 Vgl. dazu *Antoine Sanguinetti,* Vizeadmiral a. D.: »Immer mehr Europäer protestieren dagegen, daß ihre Sicherheit von vermehrten Waffenvorräten abhängig sein soll, was militärisch völlig unsinnig ist.« Zit. aus: New US Missiles in Europe: Security or Menace?, Helsinki 1979, S. 19.
27 Vgl. *Albrecht/Schierholz/Schlotter,* Zur Diskussion um Militärpolitik (Manuskript), 1976, S. 9 ff.; *Guha,* Neutronenbombe, a. a. O., S. 103 ff.; FAZ vom 6. 8. 1977.
28 Vgl. Friedensanalysen, Schwerpunkt: Feindbilder, Frankfurt 1975.
29 Ebda.
30 FR vom 5. 3. 1980.
31 *Wolfgang Strauss,* »Vom Sinn und Unsinn des Feindbildes«, in: Armee für den Frieden, a. a. O., S. 75 ff.
32 *Senghaas,* a. a. O., S. 83.
33 *Miksche,* a. a. O., S. 66.
34 Vgl. *Rattner,* Aggression und menschliche Natur, a. a. O., S. 74 ff.
35 FR vom 11. 4. 1979.
36 *Manfred Wörner,* »Taktische Nuklearwaffen und die Verteidigung Europas«, in: EW, 12/1977, S. 605.
37 *Hoffmann/Steinrücke,* a. a. O., S. 6.
38 *Wörner,* Redemanuskript.

Exkurs II: Die Afghanistankrise im Lichte der Abschreckungsdoktrin

1 *Norman Paech,* »Revolution in Afghanistan oder sowjetische Invasion?«, in: druck und papier vom 11. 2. 1980, S. 26 ff.
2 Ebda.
3 Ebda., S. 26.
4 *Jan Grevemeyer,* »Der Widerstand ruht in den Dörfern«, in: blätter des informationszentrums dritte welt (iz3w), S. 24 ff.
5 *Paech,* a. a. O., S. 27.
6 Ebda.
7 FAZ vom 13. 12. 1974.
8 *Karl-Heinrich Rudersdorf,* Afghanistan – eine Sowjetrepublik? Reinbek (rororo-aktuell, Bd. 4643) 1980, S. 52.
9 Ebda., S. 53.
10 *Andreas Kohlschütter,* »Erst nach Amins Tod kam Moskau zu seinem Ziel«, in: druck und papier, a. a. O., S. 30.

11 Ebda.
12 Ebda.
13 Vgl. Der Spiegel vom 14. 1. 1980, S. 104, Interview mit Rebellenführer *Zia Nasseri Khan.*
14 FR vom 28. 4. 1980.
15 So *Wörner,* Redemanuskript, S. 9.
16 *Kohlschütter,* a. a. O.
17 Ebda.
18 FR vom 26. 4. 1980.
19 FR vom 12. 4. 1980.
20 Der Spiegel vom 11. 2. 1980, S. 146 ff.
21 *Sven Papcke,* in: *Bosch,* a. a. O., S. 123.
22 *Robert Conrad,* Revolution in Nicaragua: Der historische Hintergrund (Manuskript), 1978, S. 11 ff.
23 Vgl. auch *Theo Sommer,* »Der Kreml glaubt den Worten nicht«, in: Die Zeit vom 4. 4. 1980, S. 3.
24 FR vom 16. 1. 1980.
25 *Wörner,* Redemanuskript, a. a. O.
26 FR vom 25. 1. 1980.
27 FR vom 14. 4. 1980.
28 Rheinische Post vom 19. 3. 1980.
29 FR vom 23. 1. 1980.
30 FR vom 19. 1. 1980.
31 FR vom 25. 1. 1980.
32 AP vom 22. 2. 1980.
33 FR vom 14. 4. 1980.
34 FR vom 17. 1. 1980.
35 FR vom 8. 1. 1980.
36 FR vom 9. 1. 1980.
37 FR vom 17. 1. 1980.
38 FR vom 16. 1. 1980.
39 FR vom 26. 1. 1980.
40 Der Spiegel, a. a. O.
41 Zit. aus druck und papier, a. a. O., S. 30.
42 Ebda.
43 So *Kennan* in: Der Spiegel, a. a. O.
44 Ebda.
45 *Henry Kissinger,* »Eines Tages muß doch verhandelt werden«, in: Die Zeit vom 8. 2. 1980, S. 9.
46 Ebda.
47 *Bosch,* a. a. O., S. 122.
48 Ebda.
49 Ebda., S. 117.
50 Ebda., S. 118.
51 Ebda., S. 122.
52 *Henry Kissinger,* »Keine Kritik an Kanzler Schmidt«, in: Die Zeit vom 8. 2. 1980, S. 10.